데이터가 지배하는 세상에서 성공하는 법

알고리즘 리더

데이터가 지배하는 세상에서 성공하는 법

알고리즘 리더

마이크 월시 지음
방영호 옮김

알ㅍㅏ미디어

마이크 월시가 구식 경영모델에 반기를 들었다. 전쟁의 기술이 아닌 정원사의 기술이 필요한 시대라며 리더십의 미래를 그렸다. 위대한 비전이 위대한 정원사를 만든다. 하나의 생태계를 구성하여 그 성질을 이해하고 영양분을 공급하며 잘 돌봐서 불확실한 상황에 직면해서도 꿋꿋이 버텨 풍성한 결실을 보게 하라. 월시의 10가지 원칙은 위대한 정원사가 되는 방법론이지만, 월시는 또 '어떻게'가 아닌 '왜'가 중요하다는 점을 열정적으로 설명한다. 우리 세상을 인간성 풍부한, 살기 좋은 곳으로 만들기 위해서 말이다.

−알리 파르사Ali Parsa, 인공지능 건강관리 서비스 기업 바빌론 헬스Babylon Health의 CEO

우리 삶에 영향을 미치고 동기를 부여하며 누구라도 바로 실천할 수 있는 지혜로 가득 차 있다. 상황에 이의를 제기하고 조직을 변혁시키는 글로벌 경영의 선구자들, 기발한 아이디어와 통찰로 무장한 알고리즘 리더의 시대가 왔다. 오늘날 디지털 시대에 비즈니스 리더들이 반드시 읽어야 할 필독서이다.

－대니얼 흄Daniel Hulm, **사탈리아**Satalia CEO

처음에는 매우 어렵게 다가왔지만, 책장을 넘길수록 깊은 공감을 불러일으킨다. 갈수록 복잡다단해지며 더는 단순한 규칙이 통하지 않는 세상에서 성공 비결을 찾는 사람들에게 필요한 성공 교본이다. 마이크 월시의 실제 경험과 깊은 통찰의 결정체인 10가지 원칙이 앞으로 나아가는 데 훌륭한 나침반이 될 것이다.

－마이클 번게이 스테이너Michael Bungay Stainer, **『좋은 리더가 되고 싶습니까?**The Coaching Habit』 저자

위대한 알고리즘 기업은 인간적인 조직문화 위에서 형성된다. 마이클 월시는 알고리즘 시대의 주인공은 감정 없는 로봇이 아니라 살아 숨 쉬는 인간이라며 알고리즘의 미래를 설득력 있게 그려간다. 목적과 영향력, 의사결정권과 자율권, 위치 설정과 협업, 보상을 넘어 동기부여에 반응하는 인간이 알고리즘 시대를 이끌어갈 것이다.

－브라이언 핼리건Brian Halligan, **허브스팟**HubSpot CEO

알고리즘과 인공지능이 만드는 미래 세상에 관한 흥미롭고 유익한 정보로 가득하다. 알고리즘 기술이 처음에는 어렵고 복잡해 보이겠지만, 비즈니스 리더에게 보내는 메시지는 단순하다. 새로운 툴로 자신의 기술을 끌어올려라! 아니면 로드킬을 당하든가!

—비벡 와드와Vivek Wadhwa, 하버드 로스쿨 '노동 및 근로 생활 프로그램' 부교수

마이크 월시는 다년간 전 세계를 돌며 기술 기업의 경영자들과 대화를 나누며 어디서도 얻을 수 없는 심오한 통찰을 얻었다. 그 결과 기술이 우리 세상을 바꾼다는 주제로 우리 모두를 깨우칠 영향력 있는 책을 내놓았다. 이 책은 우리의 사고방식을 전복시킬 것이다. 풍부한 사례와 최고의 인용문으로 가득해 초고속 미래 여행이 실현되고 자신이 속한 업종과 직업에 대한 새로운 관점을 얻을 것이다.

—멜리사 쉴링Melissa Schilling, 『기술혁신의 기발하고 전략적인 관리
Quirky and Strategic Management of Technological Innovation』 저자

디지털 시대의 리더십 교본이 탄생했다. 인간 리더들이 20세기를 이끌었다면, 21세기는 현대의 작업현장에 사용되는 기술과 인간, 둘의 관계를 깨우친 리더들이 주도한다. 알고리즘과 빅데이터의 시대가 쏟아내는 기회뿐만 아니라 함정까지 밝히고 있어 지금의 리더들이 지혜롭게 새로운 시대를 준비할 수 있다.

—애덤 알터Adam Alter, 《뉴욕타임스》 선정 베스트셀러 『멈추지 못하는 사람들』과
『드렁크 탱크 핑크Drunk Tank Pink』 저자

알고리즘과 자동화의 영향력을 소재로 한 글을 수없이 읽었지만, 마이크 월시의 이 책은 단연 독보적이다. 알고리즘 기술의 복잡성을 여실히 보여주면서 실용적인 교훈과 직업의 미래상을 제시한다. 스마트 휴먼과 스마트 머신의 협업 방법을 알려주는 디지털 시대의 필수 교본이다.

—데이비드 엡스타인David Epstein, 《뉴욕타임스》 선정 베스트셀러
『스포츠 유전자The Sports Gene』와 『늦깎이 천재들의 비밀Range』 저자

무서울 정도로 훌륭한 작품이 탄생했다. 오늘날 인공지능은 변화의 바람을 거세게 몰고 오며 우리 삶을 통째로 뒤흔들고 있다. 시의적절하게 탄생한 이 책에서 마이크 월시는 다가올 수십 년의 미래상에 대해 흥미진진한 통찰을 제공한다. 알고리즘 시대를 대비하는 사람이라면 늘 이 책을 교과서처럼 옆에 두기를.

—에페 카카렐Efe Cakarel, 온라인 영화 스트리밍 서비스 MUBI의 CEO

인공지능 시대의 서막이 열렸다. 마이크 월시는 파괴적 혁신을 몰고 올 새로운 알고리즘 시대의 비밀을 파헤치고 간결한 지침을 제시한다. 세계 어디에서 활동하든지 간에 디지털 시대에 적합한 사고와 행동을 실천하고 나날이 불확실성이 커지는 미래에 대비하기 위한 훌륭한 지침서가 될 것이다.

—포터 에리스먼Porter Erisman, 전직 알리바바 임원이자 『알리바바의 세상Alibaba's World』 저자

마이크 월시는 늘 미래 이야기를 잘 풀어내는 탁월한 입담꾼이다. 그런데 이 책은 그 이상이다. 미래에 관해 사고하는 방법 외에 미래로 나아가는 실질적이고 실용적인 프레임워크를 제시한다. 아! 물론, 스토리 또한 흥미진진하다.

–제네비브 벨Genevieve Bell, 문화인류학자이자 인텔 상호작용 및 경험연구소 소장,
오스트레일리아 국립대학 특훈 교수

미래에 관한 올바른 질문을 고찰하고자 하는 사람에게 마이크 월시의 이 책은 좋은 출발점이 된다. 인공지능 시대에는 프라이버시, 특권, 영향력, 평등 그리고 진실까지 다양한 가치의 개념을 다시 들여다봐야 한다. 이 책은 전략과 프레임워크에 관한 지침서일 뿐만 아니라 지혜가 가득한 이야기로 우리 눈앞에 닥친 현실을 직시하게 한다.

–숀 고울리Sean Gourley, 데이터 분석회사 프라이머Primer CEO

세상에 변하지 않고 그대로 유지되는 것은 없다.

-주세페 토마시 디 람페두사의 소설 『일 가토파르도Il Gattopardo』

:
차례

이 책의 활용법 • 14

프롤로그 알고리즘 리더의 시대가 왔다 • 16

 PART 1. 사고를 전환하라

1장 미래에서부터 되짚어나가라

우리는 알고리즘에 둘러싸여 있다 • 44

점점 더 똑똑해지는 기계 • 48

미래 고객을 위한 플랫폼을 만들어라 • 53

미래를 살아갈 아이에게 배운다 • 57

기기가 아닌 경험이 중요하다 • 61

2장 10퍼센트가 아닌 10배를 목표로 하라

기하급수적 성장모델로 바꿀 수 있다 • 78

조직을 변화시킬 때 필요한 것 • 81

가장 가치 있는 자산, 데이터 • 84

조직 내 지식창고의 열쇠를 풀어라 • 88

기업이 존재하지 않는 미래 • 92

3장 갈수록 중요해지는 컴퓨팅 사고력

제1원칙, 사고하라 • 98

컴퓨터처럼 사고하기 • 103

자신의 지능을 높여라 • 106

알고리즘 혐오에서 벗어나기 • 111

컴퓨팅 사고의 효과를 높이는 법 • 116

4장 불확실성을 기꺼이 받아들여라

불확실한 시대엔 도박사처럼 세상 바라보기 • 122

어떻게 회의를 해야 하는가 • 127

의사결정을 내리는 법 • 133

알고리즘 두뇌집단을 만들어라 • 136

실험은 해법이 아닌 질문을 검증하는 과정 • 139

PART 2. 일을 재해석하라

5장 무엇이 성공하는 조직을 만드는가

중요한 것은 프로세스가 아니라 원칙이다 • 148

교도관이 아닌 정원사처럼 • 153

성공하는 팀 설계의 비밀 • 156

IBM이 재택근무를 포기한 이유 • 161

조직문화에 데이터를 이용하라 • 164

6장 일하지 말고 일을 디자인하라

나의 존재 이유에 이의를 제기하라 • 173

바빌론의 성공에는 이유가 있다 • 177

프로세스 자동화를 넘어서 • 183

직원들 각자 직무를 설계한다 • 186

제조업체 롤스로이스는 어떻게 서비스업체가 되었을까 • 189

7장 피할 수 없는 자동화, 그 이후

오래된 일자리에서 새로운 일을 찾는다 • 195

재교육-재장전-재충전이 시급하다 • 200

팀의 변화를 꾀하는 메타팀을 만들어라 • 204

일을 바꾸지 말고 재해석한다 • 208

기계가 하지 못하는 예외적인 것을 찾아라 • 211

PART 3. 세상을 바꿔라

8장 답이 X면, Y라고 물어라

페이스북과 애플의 중요한 차이 • 220

기계도 편향적일 때가 있다 • 229

작동방식을 알기 어려운 AI에 대한 우려 • 235

AI 프로그램의 잘못일까 • 239

나무가 아닌 숲을 보라 • 243

9장 의심이 들 때는 인간에게 물어라

　표준화하지 말고 인간답게 • 247

　갈수록 인간의 판단이 중요해진다 • 252

　소수가 아닌 모두를 위한 해법 • 258

　설계자처럼 사고하는 법 • 262

　완전한 자동화는 어렵다 • 267

10장 목적을 좇다 보면 이익은 따라온다

　일하는 목적을 찾게 하라 • 273

　알고리즘으로 인한 불평등의 덫 • 278

　100년 전 테일러리즘의 부활? • 281

　우리 자신을 위한 플랫폼을 구축하라 • 284

　조직의 성패를 쥐고 있는 알고리즘 리더 • 286

에필로그 이끌 것인가, 끌려갈 것인가 • 292

참고 문헌 • 295

이 책의 활용법

이 책은 10가지 원칙을 바탕으로 세 단계에 걸친 변화의 여정을 보여준다. 먼저 자신의 마음 구조에서 출발해, 그다음 함께 일하는 사람들에게로 확장하며, 최종 자신을 둘러싼 세계로 확대해간다.

PART 1. 사고를 전환하라.
PART 2. 일을 재해석하라.
PART 3. 세상을 바꿔라.

그간 알고리즘 리더 대부분은 아날로그 시대 리더와는 다르게 사고하고 행동한다는 전제를 가지고 상세한 연구를 진행하였다. 통찰력 있는 지도자들을 비롯해 글로벌 혁신가들과 수없이 대화를 나누었으며, 10년간 자문과 컨설팅 업무를 진행하였다. 이러한 오랜 활동의 결과물로 10가지 원칙을 도출하였다. 각각의 항목을 일련의 지침으로 삼아 읽어나가도 되지만, 10가지 원칙이 일종의 체크리스트가 아니라 새로운 방식으로 문제를 검토하고 의사결정을 내리기 위한 실질적인 틀이라는 점을 유념하기 바란다. 이 책은 처음부터 끝까지 읽어도 되고, 아니면 순서에 상관없이 가장 관심이 가는 원칙에 초점을 맞춰 해당 부분을 먼저 읽어도 된다.

의사결정이나 자원 할당, 새로운 벤처투자 등에서 리더들은 쉽게 결정하지 못하는 상황에 직면하곤 한다. 그리고 이런 상황에서 적절한 해법을 찾아야 한다. 이 책을 읽어나가면서 현재 처한 어려움에 10가지 원칙을 적용하여 기회를 만들어보자.

각 장 끝에 해당 내용을 짧게 요약하여 정리했다. 더불어 조직의 변화를 도모하기 위한 핵심 활동을 고찰하도록 핵심 질문을 제시한다.

실제로 변화가 필요한 대상이 회사나 업종일까? 변혁의 대상은 바로 자기 자신이다. 이 무서운 사실을 받아들이지 않고 파괴적 기술혁신을 도모하는 실수를 범하지 말아야 한다.

알고리즘 리더의 시대가 왔다

뿌리줄기라는 것은 시작도 끝도 없다. 그것은 항상 중간에 있고
무언가의 사이에 있으며 중간자적 위치, 즉 인테르메조에 있다.

－질 들뢰즈Gilles Deleuze와 펠릭스 가타리Félix Guattari

경험하지 못한 세상

탑승구의 광경은 평소와 다르지 않았다. 사람들 행렬 주위로 가방
과 장난감이 넘쳐났다. 근심에 찬 부모들이 그 앞을 이리저리 돌아다
녔다. 그들 뒤로는 일등석 승객들 무리가 해당 구역 탑승권을 쥐고
시선을 수하물 쪽으로 돌린 채 자신들의 가방도 곧 검사받기를 기다
리면서 휴대전화를 눌러댔다.

4월의 어느 일요일 늦은 오후, 안개가 자욱했다. 탑승 예약한 승객
들이 탑승권을 손에 쥐고 보안대를 통과해 유나이티드 항공 3411편
에 올랐다. 항공기는 시카고에서 출발해 오후 5시 40분 루이스빌에
도착 예정이었다. 승객 중 누구도 이미 실행에 들어간 자동화 시스템

을 주의 깊게 살피는 사람은 없었다.

예정된 출발 시각보다 대략 30분 이른 시간이었다. 승객들이 탑승권 바코드를 스캔 받을 때 울리는 일정한 알림 소리가 들리더니 게이트 담당 직원의 안내방송이 흘러나왔다. 항공권이 초과 예약된 탓에 루이스빌로 가야 하는 유나이티드 항공 직원들에게 좌석을 넘겨줄 지원자가 필요하다는 말이었다. 담당 직원은 탑승권을 포기하는 승객에게 4백 달러 상금과 시카고에 있는 호텔 1박 숙박권을 제공하겠다고 말했다. 하지만 승객 중 누구도 담당 직원의 제안을 받아들이지 않았다. 21시간을 기다려서 다음 항공편을 잡아야 하기에 전혀 놀라운 일이 아니었다.

그즈음 승객들 대부분은 항공기에 탑승했다. 지원자가 전혀 없는 상황에서 탑승을 포기할 지원자를 받겠다는 방송이 기내에 계속 흘러나왔다. 상금은 8백 달러까지 치솟았다. 그런데도 아무런 반응이 없자 한 항공사 관계자가 긴장한 얼굴로 항공기에 탑승하더니 항공기에서 내릴 승객들을 무작위로 선정하겠다고 선포했다.

물론, 실제로 무작위로 진행된 부분은 전혀 없었다. 항공기의 컴퓨터 시스템이 복잡한 데이터 처리와 계산으로 좌석을 포기할 승객들을 선별했다. 그렇게 선정된 승객 네 명 중 셋은 어쩔 수 없이 항공사의 요청을 수락했지만, 한 승객은 끝까지 거부했다.

오후 5시 21분, 타일러 브리지스라는 승객이 트위터에 영상을 올렸고, 해당 영상은 곧이어 입소문을 타고 퍼져나갔다. 동영상 내용은 소름 끼치고 말로 설명하기 어려울 정도였다. 한 승객이 얼굴에 피를 흘린 채 기내 복도 중앙으로 치달으며 소리쳤다. "집에 가야 해요! 집에 가야 한다고요!" 그러고는 소리쳤다. "그냥 죽여. 죽이라고!"

곧이어 또 다른 동영상들이 소셜 미디어에 등장했다. 한 동영상에서는 경찰관들이 나타나 승객들을 항공기 밖으로 데려가는 모습이 보였다. 또 다른 영상에서는 한 남자가 시카고 항공청 보안요원들로부터 자리에서 거칠게 끌려나가 바닥에 질질 끌려 항공기 밖으로 쫓겨나고 다른 승객들이 이에 저항하며 소리치는 모습이 보였다. 이후 그렇게 끌려나간 사람이 그 네 번째 승객이라는 사실이 알려졌다. 바로 끝까지 좌석을 포기하지 않았던 승객이었다. 그는 켄터키주 루이스빌에 거주하는 데이비드 다오였다.

다오는 63세 베트남계 미국인 의사로 1970년대에 베트남에서 의대를 졸업한 후 사이공이 함락되자 미국으로 이주했다. 폐 전문 의사 자격이 있는 다오는 다음 날 아침 진료 일정 때문에 내릴 수가 없었다.

그러나 항의하는 다오를 항공사 보안팀이 강제로 끌고 나갔다. 보안팀은 폭력을 썼으며 그 과정에서 뇌진탕이 일어나고 코뼈가 부러지고 앞니 두 개가 빠지는 등 많은 상처를 입었다. 다오가 쫓겨나고 나서 유나이티드 항공의 승무원이 빈자리를 차지했다. 결국 3411 항공편은 예정된 출발 시각보다 거의 두 시간 늦게 이륙했다. 그런데 지금까지의 사건은 이야기의 서두에 불과했다.

사건이 일어난 당일 저녁, 온라인은 뜨겁게 달구어졌다. 다오가 폭행당하며 끌려 나가는 장면을 본 사람들이 계속해서 해당 영상을 인터넷에 퍼트렸다. 이에 유나이티드 항공은 승객을 강제 퇴거한 사유를 설명하기 위해 언론에 성명을 발표할 수밖에 없었다. 성명서의 내용은 다음과 같았다.

시카고 오헤어 국제공항을 출발해 루이스빌로 가는 3411 항공편에서 오버부킹이 발생했습니다. 우리 팀이 다음 항공편을 이용할 지원자를 모집한 이후, 한 승객이 끝까지 항공기에서 내릴 것을 거부하였고, 공항 경찰 등 보안담당자들에게 출동을 요청하였습니다. 항공편의 예약 초과 사태가 벌어진 점에 대해 사과드립니다. 퇴거 조처된 승객에 대한 자세한 사항은 관계 당국에 보고될 것입니다.

오버부킹은 항공편 여행객들이 지금까지 수용해온 폐해라고 할 수 있다. 항공사는 예약해놓고 나타나지 않는 승객이 어느 때라도 일정 수가 발생한다고 추정한다. 그에 따라 항공표를 초과해서 판매한다. 이런 관행은 일정 조정이 수월한 승객들에게 보상을 지급하고 대체 항공편을 이용하게 하면 된다는 생각에서 기인한다. 하지만 당시에는 어떤 승객도 자리를 포기하려 하지 않았다.

그와 같은 결과가 단지 빈약한 고객 서비스의 결과였다고 생각할 수도 있다. 그렇지만 유나이티드 항공은 고객 응대 면에서 평판이 좋지 않았다. 기타를 파손하고 수하물을 분실하는가 하면 애완동물을 죽이는 항공사라는 우스갯소리가 인터넷에 떠돌았다.

그러나 3411 항공편의 문제가 게이트 담당자나 기내 승무원의 잘

못이라기보다 매우 다른 유형의 실패는 아니었을까? 유나이티드 항공은 엄격한 규정에 따라 운영되었다. 엄격한 규정은 대부분 데이터와 알고리즘으로 통제된다는 점이 중요하다. 유나이티드 항공에서 항공 알고리즘 교본을 거스를 권한을 가진 직원은 거의 없었다. 직원들은 절대적으로 규칙을 따라야 한다는 압박을 받았다.

일련의 알고리즘이 그날처럼 운명적인 사건을 만들었다. 효율성의 극대화에 최적화된 직원 일정 관리 알고리즘은 승객들이 이미 탑승을 마쳤음에도 승무원이 비행 30분 전에 탑승하도록 결정했다. 그다음, 수익 극대화에 최적화되어 전반적으로 오버부킹 비율을 통제한 일드 매니지먼트yield-management 알고리즘은 내쫓긴 승객들에게 허용되는 최대 보상을 8백 달러로 설정했다. 마지막에는 고소비층 승객들을 만족시키도록 최적화된 고객가치 알고리즘이 '재수용re-accommodation'되더라도 별문제를 일으키지 않을 법한 알뜰 여행객들을 선별했다.

여기서 '재수용'이라는 말은 유나이티드 항공사의 최고경영자인 오스카 뮤노스Oscar Munoz가 다오에게 폭력을 행사해 강제 퇴거시킨 사실을 설명하면서 처음으로 사용했다. "유나이티드 항공에서 발생한 이번 사건은 우리 모두에게 매우 안타까운 일입니다." 뮤노스는 한 미디어와의 인터뷰에서 이렇게 말했다. "이 승객들을 재수용하게 된 상황에 대하여 사과드립니다."

그날의 위기가 발생하기까지 뮤노스는 1년 반 정도 최고경영자로 일했다. 뮤노스는 카리스마 넘치고 유쾌한 성격에 직원들의 신망을 받았지만, 출신 배경은 변변치 않았다. 그는 캘리포니아 남부에서 어린 시절을 보냈으며, 멕시코 출신인 아버지는 현지 식료품점에서 고기 자르는 일을 했다. 펩시코와 코카콜라 같은 유수 기업을 거치며 성장한 뮤노스는 미국의 화물 운송기업 CSX의 최고운영책임자COO가 되면서 실제로 경영자로서 비상한다. 거기서 뮤노스는 상품 부문의 수익성을 한층 높이고 운용 효율을 강화하는 방향으로 철도운송업을 능란하게 운영해나갔다. 또한 총수의 지위에서 12년 넘게 일하면서 시가총액을 네 배나 증가시켰다.

뮤노스가 최고경영자 자리에 오른 것은 유나이티드 항공이 곤경에 처했을 때였다. 당시 회사는 정부 관리들이 연루된 뇌물 스캔들로 곤욕을 치르고 있었을 뿐 아니라 2010년 콘티넨털 항공과의 합병으로 인한 부작용에 시달리고 있었다. 2015년에는 사우스웨스트 항공과 함께 정시 도착률이 가장 낮은 항공사로 꼽혔다. 도덕성이 땅에 떨어졌고, 직원들이 이탈했으며, 유나이티드 항공사의 최대 주주인 두 헤지펀드 회사가 변화를 요구하고 나섰다.

뮤노스는 CSX에서 직원 이탈과 운영 원칙의 부실이 일으키는 위험을 직접 체험한 바 있었다. 그러하기에 직원들과 신뢰를 다시 쌓고 엄격하게 통제하는 정책을 즉시 수립했다. 최고경영자직을 수락하고 일주일이 지난 후 뮤노스는 회사를 대표하는 조종사들에게 이메일을 보내어 이렇게 약속했다. "우리는 지금보다 더 잘할 수 있습니다." 분석가, 항공업계, 심지어 노조의 초기 반응까지 긍정적이었다.

그로부터 한 달이 지날 무렵 뮤노스는 심각한 심장마비 증세를 보이며 생사를 오갔다. 다행히 심장이식 수술을 받고 가까스로 목숨을 구했다. 건강을 회복한 뮤노스는 유나이티드에서 새 생명을 얻은 것이나 다름없으며, 회사 역시 자신처럼 재탄생할 수 있다는 희망적인 모습을 시사했다. 뮤노스는 미국에서 가장 존경받는 기업가가 되었고, 유나이티드 항공 또한 모든 면에서 호조를 보였다.

그 무렵에 데이비드 다오가 좌석을 포기하지 않는 사건이 일어났다.

처음 뮤노스가 보인 반응이 직원 편에 서기 위해서였다는 점에서는 이해할 만하다. 어쨌든 직원들은 회사의 지침을 글자 그대로 따랐다. 사건이 일어난 직후 뮤노스는 '업무를 방해하고 공격적이라며' 다오를 탓하는 내용과 함께 직원들에게 그들의 판단을 지지한다는 메모를 보냈다. 이후 전 세계적인 분노에 직면하자 그는 재빨리 태도를 바꿨다.

그럼에도 분노는 수그러들지 않았다. 불과 한 달도 안 되어 위신이 땅에 곤두박질쳤다. 뮤노스는 계속해서 궁색한 변명을 늘어놓을 수밖에 없었으며, 의회에서 증언까지 해야 했다. 다오와는 법정 밖에서 합의했으며, 예정된 이사회 의장 겸직을 포기해야 했다. 불과 몇 달 전 《피알 위크PR Week》가 올해의 커뮤니케이터로 뮤노스를 지명했는데, 순식간에 상황이 달라졌다.

뮤노스는 어디서부터 실수했을까? 그는 모든 면에서 기업가로서 본보기를 보여준 인물이었다. 원칙과 공정을 중시하는 그는 직원들의 존경을 한 몸에 받았다. 고객 서비스를 침해하면서 운영 원칙에 초점을 뒀지만, 그렇다고 낮은 마진율과 경쟁이 치열한 업종에서 불합리한 절충안은 아니었다. 뮤노스의 접근법이 왜 잘못되었는지 파악하려면 다른 관점에서 문제를 들여다봐야 한다.

정비 일정, 분기별 예산, 비용 절감, 영업 할당량, 마진 개선 같은 개념을 중시하는 시대에서 뮤노스는 이상적인 리더였다. 그렇지만 분명 이런 개념들이 중요하긴 해도, 기업이 생존하는 데 더는 충분조건이 될 수 없다. 이런 개념들은 인력이나 자산 같은 개념을 중요시하는 아날로그 세상에서 만들어진 것들이다.

아날로그 세상에서는 보통 여러 일이 비교적 측정하기 쉽고 예상 가능한 수준에서 발생한다. 기업들은 흔히 상품과 플랫폼에 투자하고 장기간의 제품 수명주기에 따라 개발 비용을 상각했다. 개발 계획을 수립하면서 세부적인 예산안을 도출했으며, 그러면 관리자들이 분기별, 월별, 주별, 아이템별로 판매 성과를 면밀히 살폈다.

아날로그 세상에서 리더의 역할이 훨씬 간단했다는 의미가 아니다. 오히려 성숙기 산업에서는 시장 점유율을 두고 치열한 전쟁이 벌어진다. 다윈의 적자생존이 지배하는 환경에서는 특별한 유형의 리더, 즉 공격적이고 가차 없으면서 어떤 희생을 치르더라도 이기겠다는 사고방식을 가진 리더가 요구된다. 그렇지만 다양한 규칙과 역학 관계가 지배하는 새로운 시대에는 새로운 리더십이 필요하기 마련이다. 이런 측면에서 뮤노스는 항공 사업의 성패를 결정한 주요 요인이 다름 아닌 알고리즘이라는 점을 인식하지 못한 채 문제에 봉착했다. 유나이티드 항공은 고객 서비스가 아닌 알고리즘의 설계에 문제가 있었다.

기술 기업에서 일해야만 알고리즘을 중요시한다는 법은 없다. 오늘날 기업들은 대부분 알든 모르든 알고리즘으로 운영된다. 요즘 자동차를 봐도 알 수 있다. 바퀴 달린 하나의 소프트웨어 플랫폼이 아닌가? 2015년 폭스바겐 기술자들이 미국에서 디젤 차량의 배출가스 환경 기준치를 맞추고자 주행시험으로 판단될 때만 배기가스 저감 장치가 작동하도록 소프트웨어를 조작했다. 실제 주행할 때는 연비 절감을 위해 산화질소를 기준치 이상으로 배출하게 했다. 그들의 최고위층 관계자들은 눈 뜨고 지켜보기만 했다. 당시 규제 당국은 폭스바겐 전체를 범죄 기업으로 낙인찍었다.

세상 모든 것이 알고리즘으로 돌아간다고 해도 과언이 아니다. 세상에 대한 정보는 데이터를 통해 우리에게 도달한다. 또한 우리가 세상을 변화시키려고 하는 판단과 시도가 데이터로 표현된다. 알고리즘은 결코 추상적인 개념에 머물지 않는다. 알고리즘은 현실 세계의 도전을 컴퓨터 계산으로 이어주는 기능을 한다. 그래서 우리는 날이 갈수록 복잡해지는 세상에서 문제해결 도구로 알고리즘을 이용한다.

알고리즘은 작업 방식뿐만 아니라 문제해결과 인적 관리 방식에 대한 심오한 암시를 주는 것은 물론 상품과 서비스에 대한 설계와 전달을 구체화한다. 또한 알고리즘은 이를 다룰 줄 아는 사람들에게 매우 효과적인 기회를 구현한다. 어떤 면에서 알고리즘은 잘 정립되면 구체화된 논리의 형태를 띤다. 요컨대 알고리즘은 세상에 대한 지식과 경험, 통찰을 습득하도록 해주는 한편, 그 지식을 플랫폼에 구축하여 우리 대신 자체적으로 문제해결에 나서기도 한다. 어떤 것들은 결정론적으로, 어떤 것들은 무작위적으로 연산작업의 효율을 높인다.

3411 항공편에서 일어난 극적 상황은 유사한 알고리즘 모델을 가진 대부분 항공사에서 일어날 법한 일이었다. 그게 아니어도 금융에서 유통, 물류, 보험 등에 이르는 다양한 업종에서 유사한 사건이 일어날지도 모른다. 사실, 매우 다양한 기업에서 일어난 심각한 스캔들이나 전략적 도전의 근본 원인이 알고리즘에 있는 것으로 확인된다. 이런 추세는 갈수록 늘어나고 있다.

예컨대 신용정보기관인 익스페리안Experian, 에퀴팩스Equifax, 타겟Target이 고객 정보와 알고리즘 보안에 대한 관리 부실로 엄청난 양의 데이터를 유실했다. 또한 페이스북Facebook의 최고경영자 마크 저커버그Mark Zuckerberg는 고객 정보를 반복해서 오용하고 제삼자가 페이스북의 알고리즘을 조정하도록 허용하는 등 무책임한 태도를 보인 탓에 연방의회 증언대에서 연일 의원들의 질문세례를 받아야 했다.

그뿐인가. 우버Uber의 한 기술자가 구글의 자회사인 웨이모Waymo 소유의 알고리즘과 데이터, 연구 자료 등 자율주행차 생산의 핵심 기술을 훔친 일이 있었다. 이후 2018년 2월 우버는 웨이모에 소송 합의금으로 2억 4,500만 달러 상당의 주식을 양도하면서 웨이모의 기술을 사용하지 않기로 합의했다.

알고리즘은 이미 우리 곁에 있다. 기업들이 알고리즘을 기반으로 조직을 운영해나가는 방식에 비밀이 담겨 있다. 유나이티드 항공의 최고경영자 뮤노스가 무너진 이유도 거기서 찾을 수 있다. 그런데 우리의 미래에 알고리즘이 어떻게 그토록 중요한 대상이 되었을까? 아날로그 시대에 역량을 키운 사람은 어떻게 진정한 알고리즘 리더로 성장할 수 있을까?

알고리즘 시대의 리더 vs 아날로그 시대의 리더

성공에 이르는 길이 다양하듯 위대한 알고리즘 시대의 리더가 되는 방법이 하나로 정립된 것은 아니다. 이 책을 쓰는 목적은 오늘날과 같은 새로운 환경에서 성장 가능성을 보이는 여러 리더의 개인적 특성과 인지구조, 전략적 접근법을 들여다보는 것이다. 이는 알고리즘 시대를 사는 우리 자신의 반응을 실제로 발견하는 과정이다. 그 출발점에 서서 아래와 같이 알고리즘 리더를 간단히 정의한다.

알고리즘 리더는 자신의 의사결정과 운영방식, 창의적 결과를 디지털 시대의 복잡성에 성공적으로 적용한 사람이다.

새로운 시대에 성공하는 리더가 되려면 다양한 접근법, 차별화된 역량, 색다른 사고방식을 갖춰야 한다. 그런데 혹자는 실존적 질문을 던지고 싶을지 모른다. '알고리즘 시대의 리더라는 발상 자체가 시대에 뒤떨어진 건 아닐까?'

앞으로 기업이 직원들뿐만 아니라 의사결정과 프로세스 모니터링, 자원 관리와 관련한 알고리즘 플랫폼으로 구성된다면, 경영자는 정확히 어떤 역할을 할까? 중대한 의사결정에 관여하지 않으면서 리더의 역할을 할 수 있을까? 번듯한 직책 없이, 부하직원들 없이 관리자가 될 수 있을까? 따르는 사람들이 없는데도 리더가 될 수 있을까?

리더 하면 우리는 이런 이미지를 떠올리곤 한다. 고전 신화나 명작영화에 등장하는 주인공, 성공한 기업의 경영자, 뉴스 기사를 장식하는 유명인 등 주로 비범한 능력의 소유자가 영웅적 행위로 변화를 일으키고 적에 맞서 사람들을 지켜주며 번영이 보장된 곳으로 안전히 인도하는 인물 말이다.

그런데 알고리즘 시대에는 경쟁자와 협력자, 로컬과 글로벌, 상사와 부하직원, 중심과 변두리, 고객과 상품, 인간과 기계를 구분하던 경계가 모호해진다. 데이터와 알고리즘은 20세기의 기업조직과 업계, 사회라는 잘 정돈된 모델을 무의미하게 하며 복합적이고 역동적인 방식으로 우리를 연결한다.

아날로그 시대의 리더가 위계조직의 사다리를 오르면서 성장했다면, 알고리즘 시대의 리더는 유기적인 생태계와 매우 흡사하게 상호연결된 전체성에서 조직을 운영해야 한다.

그런 점에서 기업가나 자유계약직 종사자는 유리하다. 소규모 조직에 몸담고 있다는 사실은 다양한 역할을 해야 함을 의미하는데, 이 점을 이미 이해한다는 말이다. 이를테면 사업 규모에 상관없이 복합적인 상품이나 서비스를 출시하기 위해 공급업자 및 기술업체와 협업하는 방법을 이미 알고 있다. 소규모 기업을 운영하고 있다 해도 리더로서의 가치는 조직 편성표상의 위치나 명함의 직함에 따라 결정되지 않고 인맥 지도에 따라 정해진다.

대규모 조직의 관리자들도 이처럼 진정한 가치가 어떻게 창출되는지 배워야 한다. 21세기를 주도하는 기업조직에 관련한 정보는 기업 연락처 목록에만 있는 게 아니다. 정보는 어디에나 존재한다. 통찰은 누구에게나 열려 있다. 그다음에 조직을 변화시킬 위대한 아이디어는 3만 5,000피트 상공에서 작동하는 제트엔진이 전송한 라이브 데이터처럼 우리의 서버 로그server log에 존재하거나 정비 기술자들이 현장에서 작성한 기록에 숨겨져 있을지도 모른다. 혹은 상품이나 서비스 그 자체에 녹아 있을지도 모른다.

리더로서 발휘하는 진정한 영향력은 부하직원이 얼마나 많은가가 아니라 직원, 협력자, 플랫폼을 연결하는 활동을 얼마나 잘 수행하는가에 따라 드러난다. 조직적 네트워크를 성장시키고, 힘을 불어넣을 때야말로 최상의 가치를 더하게 된다. 기업 피라미드의 최상부에 오른다고 이루어지는 일이 아니다.

알고리즘 리더로 변화할 때

1970년대에 두 프랑스 철학자 질 들뢰즈와 펠릭스 가타리가 정보의 구성에 관한 기존 철학적 관념에 반기를 들었다. 두 사람의 주장에 따르면, 예부터 나무 형태를 모델로 삼아온 서양의 사유에는 수직적이고 직선적인 연속성이라는 한계가 있었다. 또한 언어학, 정신분석학, 논리학, 생물학, 인간조직 이론 등을 막론하고 연구 분야와 원칙의 과잉에 빠진 서양의 사유를 나무 모델(그들이 수목형이라고 부르는 모델)이 지배해왔다는 점에 주목했다. 나무 모델은 우리가 위계적 시스템을 사용하여 지식에 접근한다는 것을 의미한다. 바로 나무가 그러하듯 뿌리에서 자라나는 지식을 뜻한다.

들뢰즈와 가타리는 세상을 묘사하는 모델이 인간 사회와 문화의 다양성을 설명하기에 충분하지 않다는 점을 발견했다. 그들의 관점에는 자연 세계에서 훨씬 더 적합한 은유가 있었다. 바로 리좀rhizome이었다.

리좀은 대나무나 연, 생강 같은 식물의 줄기가 굵어져서 생기는 뿌리줄기를 지칭한다. 뿌리줄기는 땅속에서 뻗어 나가며 그 마디에서 또 새로운 뿌리를 땅 아래로 뻗어낸다. 또한 뿌리줄기는 새로운 줄기들을 땅 표면 밖으로 뻗어내기도 한다. 리좀은 재생산뿐만 아니라 그로부터 번식하는 모든 새로운 식물을 위한 영양소와 에너지를 저장하는 데 사용되는 복합적인 네트워크라고 할 수 있다. 만약 정원에서 덩굴옻나무나 쐐기풀 같은 침입종을 제거하려 한 적이 있다면, 뿌리줄기의 억제할 수 없는 힘을 체험했을 것이다. 잡초를 파내고 나서 땅에 작은 부분만 남아도 새로운 식물이 생겨날 정도다.

나무가 몸통과 출입구를 하나씩 가지고 있는 반면에 뿌리줄기는 곁가지들과 탐색하는 뿌리가 있고 이런 이유로 다수의 입구를 가지고 있다. 또한 뿌리줄기는 끊임없는 연결성을 가지고 있다. 시작도 없고 끝도 없다. 이런 측면에서 들뢰즈와 기타리의 주장에 따르면, 분명한 기원이나 근원이 없는 것, 이런 다양한 영향력을 가진 복잡한 지형이 역사와 문화에 의해 형성되며, 이런 현상은 리좀을 통해 이해할 수 있다.

리좀은 또한 알고리즘 시대의 리더십을 이해할 때 유용하다.

아날로그 시대의 리더가 경직된 나무, 즉 부하직원들(뿌리에서 생겨나는 가지)을 거느리고 관리 프로세스라는 뿌리 시스템의 지원을 받았다면, 알고리즘 리더는 분명히 그와는 다른 리더상이다. 리좀과 마찬가지로 알고리즘 시대의 리더는 명확히 정립된 위계질서나 구조 없이 성장한다. 또한 통제자가 아닌 연결자다. 알고리즘 시대의 리더는 뿌리 시스템의 핵심 부분이다. 뿌리 시스템은 중앙도 없고 변두리도 없으며, 리더에게 의존해 영양소를 공급하고 그 연결성을 확장한다. 대나무 가지 하나가 숲 전체를 책임질 수 없는 것처럼 리더가 혼자서 팀이나 조직의 운명을 책임지지 않는다. 그렇다고 하여 영향력을 발휘하지 못하거나 잡초처럼 퍼져나가지 못하고 회복력을 갖지 못한다는 의미가 아니다.

인공지능이 데이터 간의 연결을 끊임없이 엮어나가는 시대에는 구조와 체계, 질서에 관한 전통적 관념, 그 모두에 이의를 제기해야 한다. 리좀은 이 점을 상기시킨다.

인공지능과 빅데이터에 얽힌 일화를 술술 풀어낸다고 알고리즘 리더라고 말하지 않는다. 알고리즘 리더가 되려면, 자기 자신의 자아를 억누르는 법을 배우며 자신의 지위를 뒷받침하는 조직 체계를 기꺼이 허물어뜨리고 자신이 모든 결정을 내려야 한다는 생각을 버려야 한다. 또한 조직을 운영하고 관리할 때 팀에 자율성을 부여하면서 자신이 늘 옳은 모습을 보여야 한다는 생각에서 벗어나야 한다. 이뿐만 아니라 기존보다 더 열린 형식의 업무제휴와 작업처리 방식을 기꺼이 받아들이고 생소하고 불확실한 미래를 수용해야 한다.

최근 넷플릭스Netflix가 세계 최대 온라인 동영상 서비스업체로 발돋움하며 전 세계의 TV 시청 방식을 뒤바꿔놓는 과정을 지켜보면서 루퍼트 머독Rupert Murdoch과 존 멀론John Malone, 테드 터너Ted Turner를 비롯한 언론계 거물들이 과거에 어떻게 사업을 운영했는지 문득문득 궁금해졌다. 넷플릭스의 최고경영자 리드 헤이스팅스는 어떻게 그토록 성공을 거두었을까? DVD 대여 서비스를 인터넷 스트리밍 방식으로 전환하는 등 힘겨운 과도기를 거치는 동안 헤이스팅스는 어떻게 넷플릭스를 단기간에 전 세계적인 미디어업체로 성장시켰을까? 넷플릭스가 성공한 원인은 무엇일까? 알고리즘을 이용해서일까, 아니면 알고리즘 리더가 회사를 운영했기 때문일까?

영화사 레프트 뱅크 픽처스Left Bank Pictures의 최고경영자이자 공동 창업자인 앤디 해리스Andy Harries를 만나던 날, 머릿속에 흥미로운 생각이 스쳐 지나갔다. 해리스는 〈콜드 피트Cold Feet〉, 〈프라임 서스펙트Prime Suspect〉, 〈월랜더Wallander〉, 〈아웃랜더Outlander〉, 〈더 퀸The Queen〉 등 유수의 드라마를 제작한 세계 최고의 드라마 제작자다.

당시 해리스는 드라마 〈더 퀸〉의 소재를 바탕으로 영국 왕실에 관한 TV 쇼를 방영할 계획을 세웠다. 이에 자신의 아이디어에 관심을 가진 미국 주요 방송국 관계자들을 만나고 다녔다고 한다. 그런데 수없이 숙고하고 토론하는 시간을 가지고도 일을 한 발짝도 추진하지 못했다. 마지막으로 넷플릭스의 최고경영자 리드 헤이스팅스와 최고 콘텐츠 책임자 테드 사란도스Ted Sarandos를 만나게 되었다.

해리스는 런던에 소재한 그의 사무실에서 내게 커피 한 잔을 주면서 당시 두 사람과의 만남이 여러모로 참 의아했다고 말했다. 헤이스팅스와 사란도스는 해리스와 함께 회의실에 들어가자마자 방송을 소개할 틈도 주지 않고 준비가 다 되었다고 말했다. 또한 파일럿뿐만 아니라 정규 시즌 방송까지 방영하기로 했다(미국 드라마는 보통 시험작인 파일럿을 제작해 방영한 후 반응이 좋으면 시즌을 진행한다-옮긴이).

넷플릭스 팀은 다른 방송국과 달리 일찍이 시청자 데이터를 분석한 것은 물론 방송의 성공 가능성을 예측한 뒤였다. 그들은 시청자들의 취향을 파악하고 그에 잘 맞는 방송을 정확히 알았다. 더 나아가 영국 시장에 머지않아 진입할 것이고 방송도 성공을 거둘 것이라고 확신했다. 그리고 그들은 옳았다. 영국 여왕 엘리자베스 2세의 일대기를 그린 전기 드라마 〈더 크라운The Crown〉의 세 번째 시리즈가 현재 제작 중이다. 이 드라마는 에미상 '드라마 부문 최우수 작품상'에 두 차례나 오른 바 있다.

알고리즘 리더는 의사결정과 문제해결 방식에서 존재감을 드러낸다. 리드 헤이스팅스 팀이 콘텐츠를 구상하고 다루는 방식, 콘텐츠를 시청자와 플랫폼에 연결하는 방식, 콘텐츠를 소개하고 배포하는 방식은 전통 미디어 기업 경영자들의 방식과 확연히 다르다.

전 세계 무수한 고객 중 특정 고객이 언제 어느 때 무슨 일을 하고 무엇을 원하는지 정확히 알 수 있다면, 세상이 어찌 달라 보이지 않겠는가? 그런 니즈needs를 고도로 개인화된 방식으로 충족시키기 위해 머신러닝machine learning(인공지능의 한 분야로 컴퓨터가 학습할 수 있도록 하는 알고리즘과 기술을 개발하는 분야-옮긴이)과 알고리즘, 자동화를 어떻게 활용하지 않겠는가?

헤이스팅스 같은 리더들이 처음부터 그런 관점을 견지한 것은 아니었다. 현재 리더의 위치에 있는 사람들은 대부분 아날로그 시대의 리더로 출발해 역할을 수행해왔다. 그 때문에 데이터와 알고리즘 시대에 적응하고 발전해나갈 수 있도록 결정해야 하고, 시대 변화에 맞춰 가치관을 수정해야 한다.

직업 세계의 판도가 바뀐다

지금부터 알고리즘, 인공지능, 자동화로 인해 일자리를 비롯한 직업 세계의 판도가 뒤바뀌는 과정을 들여다볼 것이다. 일각에서는 다소 부정적인 관점으로 기계 시대가 되어 졸지에 직업 자체가 사라질 것이라고 주장한다. 이 부분을 파헤쳐보자.

나는 고등학교 졸업 후 회계와 법을 복수 전공하기로 했다. 그런데 여름 방학 동안 두세 달을 지하창고 같은 곳에 갇혀 보험회사 감사 기록을 취합하는 일을 하고 나서 회계가 나와 맞지 않는다는 사실을 알게 되었다. 그때부터 내게는 법조계로 진출하는 목표만 남았다.

법률 사무실은 꽤 보수적인 곳으로 육중한 가구, 목재로 된 벽면, 설립자들의 초상화, 수많은 가죽 장정의 책이 떠오른다. 졸업하고 사회 초년생이 된 첫날, 불편하고 끔찍이도 어울리지 않는 새 양복을 처음으로 갖춰 입었다. 나는 회의실에서 대기 중인 다른 신입사원들 틈바구니에서 애써 자신 있는 표정을 지었다. 회사 대표를 만나기까지 그리 오랜 시간이 걸리지 않았다. 대표는 엄한 표정으로 나를 응시했다. 그 앞에는 소송 관련 자료들이 높이 쌓여 있었다. 동그랗게 말아놓은 서류, 종이를 철하는 집게, 베이지색 서류철이 가득했다.

"아, 새로 들어온 친구군…." 대표는 최상위 포식자만이 가질 수 있는 여유를 부리며 웃음을 지어 보였다. 그가 서류철을 가리키며 손짓했다. "자네, 이 서류들 보이는가? 오전에 다 검토해서 틀린 철자가 없는지 확인해야 하네."

"철자를 확인하라고요?" 나는 놀란 표정으로 서류철을 쳐다보며 기어들어 가는 목소리로 말했다. 내가 왜 로스쿨에서 힘들게 5년을 보냈는지 의문이 들었다.

"그래." 그가 대답했다. "여기에 있는 변호사들은 쓸모가 없네. 이들이 작성한 변호인 의견서들은 하나같이 오류투성이라네. 그것들을 찾는 게 자네 일이야."

"그런 오류를 잡는 소프트웨어 같은 건 없나요?" 내 앞에 펼쳐진 잡일로 몇 년을 보낼 생각을 하자 답답한 마음에 물었다.

"없다네. 실제로 우리가 일일이 한다네." 그는 내 말을 묵살하는 손짓을 하며 한숨을 쉬었다. "자네 일이야."

간단히 말해서, 나는 오래가지 못했다. 내가 인턴 일과 법조계 일을 완전히 그만두었을 때 내 머릿속에 이런 생각이 스쳐 지나갔다. "이 변호사들이 기초적인 기술조차 사용하지 못한다면, 그들에게 과연 희망이 있을까?" 어쩌면 그들 대부분이 소프트웨어로 대체되는 처지가 되리라는 짐작이 들었다. 어쨌든 기존보다 개선된 템플릿과 전문가 시스템, 문서분석 소프트웨어를 활용하여 수많은 법률 관련 일을 처리할 수 있을 것 같았다.

하지만 당시 순진했던 모습을 떠올리면 민망해서 몸이 움츠러든다. 내가 법률 사무소에서 일했던 것은 20년이 훌쩍 지난 일이다. 현재도 법률 분야는 기술로 대체되지 않았을 뿐만 아니라 역사상 그 어느 때보다 많은 변호사가 활동하고 있다. (그런 생각을 했다니 끔찍하다!) 어떻게 그런 헛다리를 짚었을까?

그런데 지금 많은 사람이 나와 비슷한 실수를 저지르는 것 같다. 로봇이 모든 직업을 사라지게 할 거라고 주장하는 사람들은 자동화와 고용의 관계가 단순하다고 여긴다. 단지 직무의 일부분이 자동화되는 게 아니라 어느 시점에 직무 전체가 자동화될 것이라고 그들은 주장한다. 그렇지만 기술로 인해 직업이 사라지기보다 직업이 '변화'하는 현상이 벌어지는 경우가 많다. 나중에 확인하겠지만, ATM(현금자동입출기)이 설치되었다고 하여 은행의 입출금 창구가 사라지는 않았다. 결과적으로 은행 창구직원의 수가 늘어났다. 은행 지점을 열면 비용이 더 절감되었기 때문이다. 은행 업무의 자동화로 인해 직접 돈을 세는 일에서 고객과 관계를 형성하는 일로 은행 창구직원의 직무가 바뀌었다.

다시 법조계 친구들 얘기로 돌아가 보자. 얼마 전 이디스커버리 eDiscovery 소프트웨어가 유행하기 시작했다. 이 소프트웨어는 소송 관련 문서 검토, 정보 수집, 자료 취합처럼 신출내기 변호사가 다룰 법한 소송 관련 업무의 상당 부분을 처리한다. 인간이 작업할 때보다

이디스커버리를 활용할 때 비용이 훨씬 더 절감된다. 이런 이유로 판사들이 전자정보를 허용하는 사례가 늘어났고 그로 인해 변호사의 일은 더 늘어났다. 다시 말해, 변호사의 일이 자동화되면서 법률서비스에 대한 접근성이 매우 높아졌고 그에 따라 변호사를 찾는 수요도 늘어났다.

알고리즘이 인간을 대체하는 부분이 많겠지만 인간에게 주어진 책임은 더욱 늘어난다. 오스카 뮤노스에게 일어난 일을 떠올려보자. 유나이티드 항공 3411편에서 발생한 사건에 뮤노스는 형편없이 대응했다. 알고리즘이 고유의 리더십을 대체하지는 못한다. 기계가 우리에게 전달하는 것을 해석할 수 있어야 하며, 그 결론이 적절한지 윤리에 어긋나지 않는지 판단해야 한다. 인간보다 영리한 기계의 역량을 활용하여 최적의 결과를 낼 줄 아는 실제 인간이 여전히 필요하다.

인간과 달리 알고리즘은 매번 같은 결론에 도달한다. 월요일 아침이든 금요일 오후든, 날씨가 춥든 덥든, 유사한 사례를 수없이 다룬 후에도 변함이 없다. 그런 특성 때문에 알고리즘이 공정한 판단을 내놓지 못한다는 말이 아니다. 오히려 정반대다.

알고리즘은 인간이 수집한 데이터와 인간에 관한 정보를 바탕으로 학습한다. 반면에 우리는 어디서 데이터를 수집할지, 어떤 성공 기준을 활용할지, 어떤 게 사실처럼 보이는지 선택하고 판단한다. 그렇게 하면서 그 모든 것을 우리의 관점, 편견, 편향에 끼워 넣는다. 결국 우리 자신과 우리 세계를 표현하는 것이다. 미래에 우리가 직접 의사결정을 내리는 일이 줄어들지라도 리더들은 의사결정을 대신할 알고리즘을 설계하고 개선하며 그 유효성을 입증하는 일에 많은 시간을 들여야 한다.

누구나 알고리즘 리더가 될 수 있다. 아마존이나 구글, 페이스북 같은 거대 알고리즘 기업에서 일하지 않아도 상관이 없다. 대기업과 중소기업, 전통 기업과 기술 기업을 막론하고 알고리즘과 데이터가 모든 유형의 기업을 변화시키고 있기 때문이다.

그 때문에 중국에서 자동차 부품을 만드는 큰 공장을 운영할 때도 브루클린에서 소규모 세탁소를 운영할 때도 직원과 고객, 공급자 들을 적절히 관리하는 문제 이상의 것들에 의해 성공과 실패가 좌우된다. 즉, 전형적인 사업 수단을 관리하는 역량보다는 데이터와 정보를 제대로 활용하는 역량이 미래를 결정하는 요인이 되었다.

두 사례를 비교해보자. 하나는 대기업, 다른 하나는 소규모 기업에 관한 내용이다. 만약 자동차 제조업체를 운영하고 있다면, 물리적 공장은 디지털 발자국(인터넷을 사용하면서 웹상에 남겨둔 다양한 디지털 기록-옮긴이)을 남긴다. 기계의 성능, 생산라인의 배치, 작업 흐름과 공정의 설계는 모두 데이터로 표시된다. 데이터는 판독과 관리를 할 수 있으며 알고리즘에 의해 최적화할 수 있다. 또한 데이터는 복제할 수 있으며 어느 곳에서나 완전히 템플릿으로 변환하여 설치할 수 있다. 이를테면, 중국 선전(深圳)에서 설계된 디지털 설비를 폴란드 바르샤바에서 복제할 수 있다는 말이다. 달리 말해, 공장 운영에 관한 데이터가 공장에서 가장 핵심이다.

비슷한 사례로, 소규모 세탁소를 운영할 때도 고객과의 관계, 회계 시스템, 연료와 화학 원료 소모량, 아르바이트 직원의 일정 관리 등이 모두 디지털 발자국으로 남는다. 이 디지털 발자국은 머지않아 머신러닝과 인공지능을 사용하는 클라우드 기반 소프트웨어에 의해 월간 운영비용을 최소화하는 방향으로 최적화될 것이다. 세탁소라는 물리적 공간에서 일한다 해도 의사결정, 고객과의 소통, 일상 활동의 대부분을 코드code가 이끌어갈 것이다.

앞으로 기업의 미래는 조직의 규모와 상관없이 알고리즘을 기반으로 형성된다. 이는 지금도 벌어지는 일이다. 한번 생각해보자. 현재 소속된 조직에서는 알고리즘을 기반으로 어떤 프로세스가 가동되고 있는가? (고객과 협력업체, 직원 들이 자동화 시스템에 따라 그들의 일상과 의사결정, 경험이 형성되고 있는가?)

머신러닝 팀을 구축하고 자체 알고리즘을 설계하며 전체 업종의 판도를 뒤집을 만한 역량을 보유하지 못했을 수도 있다. 그런 역량이 21세기의 불확실성을 헤쳐나가고 성공하는 리더가 되기 위한 필수 조건은 아니다. 하나의 출발점으로서 생존을 목적으로 기계와 싸우고 있지 않다는 방증이다. 어쨌든, 아직은 기계와의 전쟁이 일어나지 않았다.

우리는 미래와 싸우려는 좋지 않은 습관이 있다. 굴삭기와 터널 파기 대결을 펼친 존 헨리John Henry, IBM의 빅 블루Big Blue와 체스게임을 한 가리 카스파로프Garry Kasparov, 구글의 인공지능 알파고AlphaGo를 상대로 한 세계 최고의 바둑기사 이세돌 등 우리는 우리가 만든 혁신과 맞붙는 아이디어를 자주 낸다. 그렇지만 인간이 기계와의 대결에서 패배했을 때, 기계를 만든 인간이 진정한 승자일까? 리더는 '기계가 얼마나 영리한가?'가 아니라 '인간에게 영리함이란 어떤 의미일까?'라는 물음을 고찰해야 한다.

알고리즘 시대에 살아남기 위해 기계보다 '더 영리하지 않아도 된다'. 똑똑해지기 위해 어떤 능력을 갖춰야 하는지만 알면 된다.

똑똑함이란 불필요한 단계를 피하고, 시간이나 자원을 허비하지 않고, 새로운 접근법과 신선한 아이디어에 열린 태도를 갖는 등 일 처리에 적합한 방법을 아는 능력이다. 그렇다고 무턱대고 새로운 유행을 따르는 태도를 의미하지는 않는다. 그보다는 최신식 사고를 활용하고 그것을 실제 문제에 잘 적용하는 방법을 아는 것이다. 오늘날 영리함은 50년 전, 심지어 5년 전에 의미했던 바와도 다르다.

기계가 인간보다 더 영리해진 시대에 똑똑해진다는 것은 무언가 새로운 것이 되어야 함을 의미한다.

PART 1
- - - - - - - - - - - -
사고를 전환하라

미래에서부터
되짚어나가라

나는 자연의 숨겨진 실재를 발견하는 데 딱 맞는
희귀한 자질을 가졌다고 스스로 생각한다.

−에이다 러브레이스Ada Lovelace, 최초 컴퓨터 프로그래머

10년 후 우리의 삶은 어떻게 달라질까?

자율주행차가 도로를 돌아다니고 하늘을 나는 드론이 물품을 배달하며 공장이 완전히 자동으로 돌아가고 더 얇고 매끈하며 빠른 기기들이 세상에 넘쳐나는 모습이 그려질 것이다. 이 모든 일은 지금의 환경과 기술개발 수준에서 실제로 가능하지만, 현재 우리의 일상에 큰 변화가 일어나지는 않았다. 그럼에도 앞으로 10년 안에 기술적 하드웨어가 획기적으로 발전하지는 않더라도 극적인 변화가 일어날 한 가지가 있다. 바로 우리의 체험이다.

우리는 일상에서 대화하고 물건을 사고 돈을 지불한다. 혹은 여행을 가고 연애할 대상을 찾기도 하고 직업을 구한다. 그런데 이런 활

동을 하는 과정에서 체험하는 일들이 알고리즘으로 인해 달라질 가능성이 커졌다. 미래에는 머신러닝과 컴퓨테이션을 기반으로 데이터를 잘 활용하여 알고리즘 플랫폼 분야에서 기하급수적 발전이 일어날 것이다. 또한 알고리즘으로 인해 운영상의 발전이 일어나겠지만, 그보다는 새로운 알고리즘 체험이 만들어져 엄청난 비즈니스 가치가 창출되는 영역이 생겨날 것으로 보인다.

우리는 알고리즘에 둘러싸여 있다

우선 흔히 하는 오해부터 풀어보자. 알고리즘은 연산으로 마법을 부려 기계에 생명을 불어넣는 따위의 기술이 아니다. 비유하자면 케이크 만드는 비법에 더 가깝다. 문제를 해결하기 위해 단계별로 진행되는 과정이라고나 할까. 이를테면 가족의 생일 파티에 쓸 케이크가 필요할 때(문제), 우리는 각종 재료를 준비하여 비법에 맞게 섞은 다음 오븐에 굽는다(과정).

알고리즘이라는 개념 자체는 현대의 컴퓨터 기술보다 수천 년이나 앞서 등장했다. 그 기원은 고대로 거슬러 올라간다. 당시 위대한 사상가들 또한 알고리즘을 이용하여 난제를 풀어나갔다.

예를 들어 집 뒤편으로 나무가 우거져 그늘이 진 직사각형 모양의 마당이 있다고 상상해보자. 그 마당을 직사각형 석재타일로 덮기로 했다. 그런데 석공이 어느 정도 크기의 타일을 주문해야 하냐고 묻자

머리가 좀 복잡해진다. 전체 면적 38 × 16피트의 표면을 타일로 고르게 덮으려면, 타일의 최대 크기가 얼마나 되어야 할까?

그리스 수학자 유클리드Euclid는 이러한 딜레마를 해결할 방법을 알았다. 마당에 타일을 까는 작업은 일종의 수학적 퍼즐로 두 숫자의 최대공약수GCD를 계산하여 해결할 수 있다. 즉, 두 숫자를 각각 두 수의 곱으로 나누어 약수를 냈을 때, 공통된 약수 중 가장 큰 숫자가 최대공약수가 된다. 유클리드는 기원전 300년경 저술한 『기하학 원론』에 최대공약수를 내는 방법을 요약했는데, 이는 오늘날 우리가 사용하는 알고리즘 중 가장 오래된 것이다.

이른바 유클리드 알고리즘은 한 단계의 아웃풋output이 다음 단계의 인풋input으로 활용되는 식으로 일련의 단계를 거쳐 진행된다. 그러면 이제 머릿속으로 그렸던 뒤뜰로 나가 살펴보자. 한번 해볼까?

먼저 뒤뜰에서 16 × 16피트에 해당하는 정사각형 면적 두 부분, 그에 더해 6 × 16 면적에 해당하는 나머지 부분에 타일을 붙인다고 가정하고 시작해본다. 바닥 전체에 붙일 타일의 크기를 계산하려면, 나머지 부분을 분할하는 작업을 해야 한다.

다행히 그 작은 공간에 정사각형 모양의 6 × 6피트 타일 두 개를 붙이고 그보다 더 작은 나머지 부분을 남길 수 있다. 이 나머지 부분은 직사각형으로 마음속에 그려볼 수 있다. 이번에는 면적이 4 × 6이 된다. 그다음 4 × 4 면적의 정사각형 타일로 해당 부분을 채운다. 이제 2 × 4 면적에 해당하는 조그마한 직사각형 공간이 남는다. 매끈한 석재타일을 이처럼 분할하는 일은 어렵지 않다. 이제 2 × 2 크기의 타일 두 개만 있으면 된다. 우리는 지금 뒷마당 전부를 타일로 덮을 해법을 찾았다. 즉 수학적 문제를 고찰하여 16과 38의 최대공약수가 2라는 사실을 밝혀냈다. 이 해법을 실생활에 적용한다면, 우리의 뒷마당을 깔끔하게 정돈하기 위해 타일 작업자에게 타일의 정확한 치수를 알려줄 수 있다. 그러면 작업자는 2 × 2 크기의 타일을 준비할 것이다. 이보다 더 큰 크기의 타일로 작업할 경우 타일 사이에 틈이 생기거나 겹치는 부분이 생길 수 있다.

지금까지 유클리드 알고리즘으로 계산한 과정을 살펴보자.

$$38 \div 16 = 2 + 6(\text{나머지})$$
$$16 \div 6 = 2 + 4(\text{나머지})$$
$$6 \div 4 = 1 + 2(\text{나머지})$$
$$4 \div 2 = 2 + 0(\text{나머지})$$

각 단계에서 전 단계의 약수를 이전 나눗셈의 나머지 수로 나누고, 이렇게 나머지 수가 0이 나올 때까지 같은 방식으로 나눗셈을 계속한다. 나머지가 0이 될 때 나오는 수가 최대공약수다.

걱정하지 마라. 수학을 예로 든 것은 이번이 처음이자 마지막이다. 간단한 핵심을 전달하고 싶어 수학을 예로 들어 설명했다. 알고리즘은 인풋과 아웃풋이 있다. 매 단계에서 결과가 창출되며, 우리는 그 결과를 다음 단계에서 인풋으로 투입할 수 있다.

이 개념을 확장하면, 우리는 알고리즘으로 현실 세계의 복잡다단한 문제를 해결할 수 있다. 컴퓨터공학에서 꾸준히 연구되는 문제 중 하나인 '순회하는 외판원 문제'Traveling Salesman Problem, TPS'를 예로 들어 보겠다. 문제가 발생하는 과정을 살펴보자.

백과사전을 판매하는 외판원이 목록에 있는 다수의 지역을 방문해야 한다면, 한 번 방문했던 지역에 다시 가지 않고 최단 경로로 다시 돌아올 수 있는 순회 경로는 무엇일까? 생각보다 답을 구하기가 매우 어렵다. 이는 가장 효율적인 방법으로 물품을 배달해야 하는 물류회사가 늘 고민하는 질문이다.

예컨대, 세계적 물류운송업체인 UPS는 ORION(운송 물품에 관한 상세한 사항, 커스터마이징된 온라인 맵 데이터 등 배송기사에게 최적화된 운송 경로를 계산해주는 엔진-옮긴이)이라는 운행거리 최적화 툴을 이용하여 배송기사가 정시에 물품을 배송할 수 있게 해준다.

우리는 알고리즘에 둘러싸여 살아간다. 현금자동입출금기에서 현금을 찾을 때, 온라인에서 산 물건을 우리 집 주소로 배송하라고 요청할 때, 얼굴 인식으로 스마트폰의 잠금을 풀 때, 인스타그램 등의 SNS에서 친구의 사진을 볼 때, 음원 서비스에서 개인 맞춤 플레이리스트를 탐색할 때, 넷플릭스 같은 영상 콘텐츠 사이트에서 추천 목록을 보며 영화를 고를 때, 알고리즘이 늘 배후에서 작동하며 우리의 니즈를 예상하고 그에 응답한다.

점점 더 똑똑해지는 기계

수천 년 동안 알고리즘은 우리 주변에 존재해왔지만, 딥러닝deep learning 분야가 놀라운 발전을 거듭하면서 이제 우리는 실제 알고리즘 시대를 살아가고 있다.

딥러닝이 출현하면서 컴퓨터는 수백만 개의 인풋과 아웃풋이 포함된 데이터 세트에서 스스로 학습하며 진화하고 있다. 따라서 할머니가 전수해주신 파스타 소스 비법(감히 수정하지 못하는 방법) 같은 고정된 지침을 반복해서 따르지 않더라도 머신러닝 알고리즘에 기반한 시스템이 작동하는 과정에서 스스로 적응해나간다. 근본적으로 이제는 기계가 스스로 자신의 교본을 작성할 수 있다.

언제부터 가능했을까? 어떤 면에서는 2012년 12월 세계 최대 이미지 인식 경진대회인 ILSVRCImageNet Large-Scale Visual Recognition Challenge에서 토론토대학의 슈퍼비전SuperVision 팀이 우승을 거두었을 때가 터닝포인트였다. 2010년부터 열린 이미지넷 대회는 매년 소프트웨어 개발팀들을 초청하여 물체 검출과 이미지 인식 분야에서 우열을 가린다. 이 대회에서 제프리 힌튼Geoffrey Hinton, 알렉스 크리제브스키Alex Krizhevsky, 일리아 수츠케버Ilya Sutskever가 알렉스넷AlexNet이라는 신경망 모델을 선보이며 우승을 거머쥐었다. 알렉스넷은 인간의 뇌 구조를 모델로 한 나선형 신경망을 사용해 심층 신경망을 구현한 것이다.

2010년 우승팀이 28.2퍼센트의 오류율을 보인 반면, 2012년 슈퍼비전 팀은 16.4퍼센트의 오류율로 우승했다. 2012년 대회에서 준우승한 팀의 오류율은 26.2퍼센트였으니 얼마나 대단한 업적을 이뤘는지 알 수 있다. 그 이후 기계가 이미지를 신뢰도 있게 이해하는 능력이 무서운 속도로 상승했다. 2017년 중국 출신의 우승팀은 단 2.25퍼센트의 오류율을 보였다. 이는 어쩌면 매우 똑똑한 인간이 달성할 수 있는 수치보다 훨씬 뛰어난 기록이다.

인간의 뇌와 약간 비슷한 알렉스넷의 나선형 신경망은 작은 신경망 층들로 구성되었으며, 각각의 신경망은 이미지의 일부를 분석하여 중요한 특징을 추출해냈다. 하나의 층에 수집된 것에서 나온 결과들이 이후 겹쳐져 전체 이미지 표상을 생성한다. 이 활동은 아래에 있는 층에서 반복되었으며, 그로 인해 알고리즘이 이미지의 특징들을 이해했다.

알렉스넷이 출현한 이후 딥러닝과 머신러닝의 차이가 분명해졌다. 종전의 머신러닝 응용 분야에서는 정의된 특징들을 찾아내도록 알고리즘이 프로그램화되었다. 반면에 딥러닝에서는 인공 신경망이 입력층에서 생성된 데이터를 분석하여 그 특징들을 정의할 수 있다.

오늘날 나선형 신경망은 우리의 사진을 자동으로 태깅tagging하고 동영상을 분석하고 자율주행차를 제작, 통제하는가 하면 R&D를 최적화하는 등 우리의 실생활에 성큼 들어와 있다. 그런 기술은 딥러닝 알고리즘을 실용적인 도구로 만들 저렴하고 효율적인 컴퓨테이션이 등장하고 나서 비교적 최근에 개발되었다. 알렉스넷은 영리한 알고리즘으로, 충분한 운영 처리능력을 갖추면 학습을 통해 더 똑똑해질 것이다.

컴퓨터는 지난 50여 년 동안 비즈니스 설계의 중추를 담당했다. 인간이 프로그래밍을 어떻게 하느냐에 따라 컴퓨터가 영리하게 일을 처리했다. 기계가 신속히 방대한 학습을 하는 능력은 변화를 불러일으켰다. 이전 시대에는 컴퓨터가 정보 처리와 업무 자동화의 영역에서 핵심 기능을 했던 반면 알고리즘의 시대인 지금 그 기능이 완전히 달라졌다. 머신러닝 덕분에 이제야 비로소 새로운 현실을 접하게 되었다. '컴퓨터가 인간을 능가하는 시대'가 현실로 다가왔다.

'똑똑함'이나 '지능' 같은 개념은 명확히 정의되지 않으면 오해를 불러일으킨다. 물리학자이자 우주론자인 맥스 테그마크Max Tegmark가 쓴『맥스 테그마크의 라이프 3.0』에서는 복잡한 목표를 성취하는 능력을 지능이라고 설명한다. 테그마크는 또한 '복잡한 목표'가 이해, 자기 인식, 문제해결을 비롯해 여러 가능한 측면을 망라하는 문제라고 넓게 정의한다. 그는 이 책에서 '범용 AI(범용 인공지능AGI이라는 용어로 더 잘 알려져 있다)'를 만드는 일은 AI 연구의 성배와 같다고 말한다. 범용 AI는 학습을 포함해 사실상 어떤 목표든 달성할 수 있다.

우리가 '좁은 범위의 AI'라고 생각할 만한 유형도 있다. 테그마크가 지적했듯이 IBM의 체스 컴퓨터 '딥블루'는 체스게임이라는 매우 좁은 범위의 임무를 달성했다. 다른 상황에서 다른 게임을 할 때는 임무를 달성하기가 매우 어려웠을 것이다. 딥블루가 체스게임에서 출중한 실력을 발휘했다고 하지만, 틱택토tic-tac-toe(가로와 세로, 대각선 방향으로 한 줄을 자신의 모양으로 채우면 이기는 게임-옮긴이) 게임에서는 네 살짜리 아이한테도 졌다.

나중에 살펴보겠지만, 영국 AI 업체 사탈리아의 창업자 대니얼 홈은 기계가 진정한 AI가 되려면 '목표 지향적 적응 행동goal-directed adaptive behavior'을 보여주어야 한다고 주장한다. '목표 지향적'이 된다는 말은 알고리즘이 이미지를 분류하거나 경로를 최적화하는 식으로 구체적인 목표를 달성하는 데 활용된다는 의미다. 여기서 중요한 말은 '적응'이다. 홈의 관점에서 보면, 시스템이 스스로 적응하지 않고 실수하면서 배우지 않으면, 또 운영 모델을 개선해나가지 않으면, AI가 아니라 자동화의 한 형태에 불과한 것이다.

좁은 범위에서 적응, 학습하며 효율을 달성하는 능력을 보면, '특정한 영역'에서 기계가 인간의 능력을 넘어서는 이유를 알 수 있다. 많은 분야에서 이미 기계는 우리를 능가했다. 체스와 바둑 같은 게임뿐만 아니라 피부암을 찾아내고 은하계 행성을 밝혀내고 군중 속에서 여러 사람의 얼굴을 인식하는 등 다양한 영역에서 기계가 탁월한 능력을 발휘한다. 오늘날의 알고리즘 플랫폼은 학습 능력에 더해 좁게 정의된 목표에 따라 패턴 인식, 항행, 최적화, 개인 맞춤화 같은 임무를 신속히 숙달한다.

향후 몇 년 안에 기계의 학습 능력이 기하급수적으로 올라가는 모습을 지켜볼 것이다. 세계 최고의 바둑기사 이세돌을 이긴 알파고는 놀라움 그 자체였다. 그런데 모든 사람을 경악하게 만든 것은 알파고의 후속 버전인 알파고 제로AlphaGo Zero였다. '제로'라는 이름에 새로운 AI의 작동방식에 대한 단서가 있다. 즉 알파고 제로는 말 그대로 인간의 정보를 전혀 학습하지 않았다. 다시 말해, 알파고 제로는 게

임의 규칙만 알았다. 인간의 게임 사례를 훈련 데이터로 전혀 활용하지 않고 무작위로 게임을 시작하여 이세돌을 꺾었던 알파고와의 대국에서 100 대 0으로 압승을 거뒀다.

알파고 제로가 IBM의 체스 컴퓨터인 딥블루와 달리 학습한 내용을 다른 게임에 적용한다는 점에서 흥미를 불러일으킨다. 알파고를 개발한 구글 자회사 딥마인드DeepMind는 알파고 제로의 알고리즘을 다른 게임에도 적용하도록 일반화했다고 발표했다. 알파고 제로의 알고리즘이 체스와 쇼기shogi(일본식 장기)를 비롯한 다양한 게임에 적용되고 하루도 지나지 않아 AI가 '인간의 영역을 넘어선 기술들'을 개발하였으며, 세계 챔피언을 상대로 압승을 거두었다. 딥마인드의 최고경영자인 데미스 하사비스Demis Hassabis에 따르면, 인간의 지식 없이 학습할 수 있는 알고리즘을 구축함으로써 현실 세계의 다양한 문제에 알고리즘을 좀 더 쉽게 적용할 수 있게 되었다. "알파고가 바둑 경기에서 승리한 사실만이 중요한 것은 아닙니다. 범용 목적을 가진 학습 알고리즘을 구축하는 길로 우리가 큰 걸음을 내디뎠다는 점에서 의미가 있습니다"라고 그는 말했다.

그럼에도 잊지 말아야 할 핵심이 있다. 기계가 데이터에서 통찰을 끌어내고 패턴을 탐지하며 심지어 우리를 대신해 의사결정을 내리는 능력이 놀랍도록 향상되었지만, 오로지 인간만이 혁신적인 방법을 상상하는 능력이 있어서 기계의 지능을 활용해 체험을 창출하고 조직을 변화시키며 세상을 재편할 수 있다는 것이다.

첫 단계로 기계의 학습 능력을 먼저 이해해야 할 필요가 있다. 그래야 미래에 구축할 지능형 플랫폼 같은 시스템을 구상할 수 있다. 한층 빨라지거나 저렴해진 하드웨어의 특성을 파악하는 일보다 갈수록 똑똑해지는 알고리즘의 영향력을 예측하기가 훨씬 더 어렵다. 강력한 성능의 컴퓨터나 고해상도의 카메라가 미칠 영향을 우리는 직관적으로 상상할 수 있다. 그렇지만 매우 정교해진 알고리즘이 탄생하여 우리의 필요와 욕구를 이해하고 예측한다면 어떻게 될까? 음성 인식 알고리즘(인간의 언어를 인식하는 알고리즘)의 능력이 급속히 향상될 경우 어떤 유형의 업종에 혼란이 일어날까? 기계가 인간의 감정을 정확히 판단할 수 있다면, 어떤 종류의 상품과 서비스가 새롭게 개발될까?

AI가 만들어갈 미래를 그려보는 가장 좋은 방법이 있다. 지금의 기계, 기계가 현재 가진 능력에 초점을 맞추지 말고 알고리즘이 장차 인간의 행동과 정체성을 어떻게 변화시킬지를 생각하는 것이다. 알고리즘이 어떻게 사람들의 실생활에 들어와 의사결정 과정에 관여하고 업무를 예측하여 효율을 높이는지 알고리즘의 영향력을 이해한다면, 이전에 없었던 완전히 새로운 시장을 창출해나갈 수 있다.

미래 고객을 위한 플랫폼을 만들어라

미래에서 과거로 거슬러 올라갈 때 아마 소프트뱅크 회장 손정의보다 더 좋은 사례는 없을 것이다. 손정의는 1957년 일본에서 태어났지만 그리 오래 거주하지는 않았다. 16세에 버클리 캘리포니아대학에서 공부하기 위해 미국으로 건너갔다.

1970년대 중반 버클리에 있으면서 컴퓨터가 세상을 바꾼다는 생각에 전염되지 않기란 어려웠을 법하다. 손정의의 동기였던 빌 조이Bill Joy가 버클리에서 공부하면서 BSD UNIX(Berkeley Software Distribution의 약자로 '캘리포니아대학 버클리캠퍼스가 배포한 소프트웨어 유닉스'라는 뜻-옮긴이)를 개발하였으며, 이후 썬 마이크로시스템즈Sun Microsystems를 창업했다.

이에 영감을 얻은 손정의는 1980년대 초에 일본으로 돌아가 소프트웨어 회사 니혼 소프트뱅크Nihon Softbank(이후 소프트뱅크로 이름을 줄였다)를 창립했다. 일본의 컴퓨터 산업은 성장했고 그 중심에 소프트뱅크가 있었다. 창업한 지 몇 년도 되지 않아 소프트뱅크는 일본의 컴퓨터 소프트웨어 소매 시장에서 50퍼센트의 점유율을 확보했다.

소프트뱅크는 일본 벤처기업의 선구자로 꼽히면서 계속 성장 가도를 달렸다. 뉴 밀레니엄 초기 닷컴버블이 붕괴하는 사이 700억 달러의 자산이 하루아침에 폭락하면서 엄청난 불운을 겪었음에도 손정의는 무너지지 않았다. 소프트뱅크는 초고속 인터넷기업으로 성장해 일본 시장을 주도하였고 일본 시장에 아이폰을 독점 공급하였는가 하면 알리바바에 초기부터 투자를 해왔다.

여기서 알리바바에 초기 투자를 한 대목에 집중할 필요가 있다. 소프트뱅크는 알리바바에 2,000만 달러를 투자했다. 2000년 알리바바가 중국의 이커머스 기업으로 막 첫발을 내디딘 이후 2014년 뉴욕

증시에 상장하면서 기업가치는 500억 달러가 되었다. 지금 보면 손정의의 투자가 쉬운 결정처럼 보일지 모르나 당시만 해도 마윈의 원대한 아이디어가 성공으로 이어질지 누구도 알 수 없었다.

1990년대 말 홍콩에서 마윈을 비롯한 그 측근들과 식사할 기회가 있었다. 당시 나는 시장조사 기업인 주피터 리서치Jupiter Research의 호주 지사를 관리하고 있었다. 주피터 리서치는 가트너Gartner와 포레스터Forrester 같은 리서치 기업과 초창기에 경쟁 구도에 있었던 회사다. 당시 마윈의 직원들이 회사 소유주이자 내 상사였던 앨런 맥클러에게 접촉하여 투자를 요구하던 차였다.

그런데 점심 식사 자리가 그야말로 이상하게 흘러갔다. 모두가 불편했다. 맥클러는 이전에 중국에 투자했다가 사기를 당한 일화를 이야기했다. 마윈은 당장이라도 자리를 뜨고 싶은 표정으로 피자를 집어 들었다. 마윈의 측근들은 자리에 앉아서 뭘 하고 있냐고 따지듯이 나를 쳐다보았다.

사람들은 마윈의 진면목을 발견하지 못했다. 손정의는 마윈의 어떤 부분을 보았을까? 손정의가 전략적 투자를 하는 과정을 보면, 답을 찾을 수 있다. 손정의는 언젠가 성공할 가능성이 있거나 수익 창출이 예상되는 기업에 투자하지 않는다. 그러기보다는 미래상에 대한 자신만의 관점을 갖고 미래로부터 과거로 거슬러 올라가는 과정을 밟는다.

얼마 전 도쿄를 방문했다가 소프트뱅크의 일본 거래처에서 임원으로 일하는 아키라 타다Akira Tada를 만났다. 타다에게 소프트뱅크의 비전펀드Vision Fund에 관해 물었다. 비전펀드는 미래에 투자한다는 계획으로 2016년 출범한 이래 930억 달러를 조성한 바 있다. 타다는 실내 농장 벤처기업 플렌티Plenty의 책임자로, 최근 비전펀드로부터 투자를 받았다.

플렌티의 창업주는 소프트뱅크에 투자 유치를 제안하면서 농업 사업은 통제할 수 없는 변수 2가지, 즉 인간의 노동력과 날씨가 성패를 결정한다고 설명했다. 플렌티는 AI와 자동화, 통제된 내부환경을 이용해 2가지 변수의 영향력을 최소화할 계획이었다. 그 계획은 100만 명 이상이 거주하는 도시 인근에 수직농장(인공지능과 사물인터넷 등의 첨단기술을 결합해 도심 건물 안에서 수경 재배를 가능케 한 아파트형 농장-옮긴이)을 세우는 것이었다.

2050년에 어떤 삶이 펼쳐질지 청사진을 그렸던 손정의는 플렌티의 아이디어에 깊은 감명을 받았다. 장기적인 사고와 계획을 수립하는 데 손정의는 독보적인 인물이다. 그는 심도 있게 연구하고 고찰하며 30년 후의 삶을 그린다. 그런 다음 앞으로 15년, 10년, 5년, 내년에 어떤 기술, 비즈니스 모델, 인프라가 구축되어야 할지 스스로에게 묻는다. 이후에는 매의 눈으로 자신의 비전과 맞는 기회와 비즈니스, 적임자를 포착해 망설이지 않고 뒤쫓는다.

그처럼 미래 비전을 그려나가는 열정이 소프트뱅크의 운영 모델에 영향을 미친다는 것은 그리 놀라운 일이 아니다. 고도의 불확실성이 지배하는 신흥시장을 개척할 때는 전통적인 예산편성 기능이 작동하지 않는다. 이런 점에서 소프트뱅크에서 일하려면 의사결정과 전략 수립에 늘 기민하게 접근해야 한다고 타다는 설명했다.

손정의는 "비가 내리면, 우산을 펴라"는 재치 있는 말을 자주 던졌다. 이를테면 투자기업이 일정한 자금을 손실한다면, 구체적인 금액만큼 비용을 삭감하라는 말이다. 1년이 지난 후에도 자금 손실이 계속된다면, 예를 들어 인력을 30퍼센트 줄인다든지 한 후 평상시처럼 운영을 계속하는 것이다. 손정의는 미래 비전이 언제 현실이 될지는 정확히 몰라도 하나는 확신한다. 미래 비전이 현실이 될 때까지 자신의 기업들이 오랫동안 존재하게 해야 한다는 것이다.

생존할 수 있을지를 알 수 없는 기업과 분야에 수십 년 동안 수십억 달러를 투자하는 호사를 누구나 누리지는 못한다. 그러나 현재의 고객들을 만족시키는 쪽에서 미래 고객들의 욕구와 요구를 예측하는 쪽으로 초점을 전환함으로써 경쟁자들이 내일까지도 풀지 못할 문제들을 지금 해결해나갈 수 있다.

미래를 살아갈 아이에게 배운다

미래에 인기를 끌 상품과 서비스를 설계하고자 한다면, 그 시대를 살아갈 사람들에게 초점을 맞춰야 한다. 2030년에 존재할 고객들은 현재를 살아가고 있다. 바로 우리의 아이들, 손주들이다. 현재 여덟 살 전후의 나이대에 있는 아이들은 우리와는 완전히 다르게 사고한다.

2007년 이후에 출생한 아이들에게는 당시 스티브 잡스Steve Jobs가 세상에 내놓은 얇은 모양의 터치스크린 폰이 가장 큰 영향을 미쳤다. 나처럼 대부분 사람은 수준 높은 기술의 집약체를 만지는 아기의 모습에서 눈을 떼지 못하면서도 충격을 받았을 것이다.

2015년 아이오와대학의 연구팀이 유아들의 태블릿 사용 행태를 파악하고자 2백 개가 넘는 유튜브 동영상을 분석했다. 연구 결과에 따르면, 영상에 나오는 두 살배기 아이들 90퍼센트가 보통의 태블릿 사용 능력을 보였다. 연구팀은 애플리케이션을 실행할 때 어른의 도움이 필요하지만 간단한 교감으로 어려움을 표현하며 태블릿을 다루는 수준을 '보통의 능력'이라고 정했다. 유아들이라 해도 기술에 노출되면 그 기술로 의미 있는 일을 할 수 있다. 이는 아이들의 미래에 어떤 의미가 있을까?

현대를 살아가는 사람들은 대개 아이들에게 적절한 기술 사용 습관을 길러주려고 애써왔을 것이다. 한 연구에서 밝혀졌듯이 그러한 습관에 따라 아이의 일생이 좌우되기 때문이다.

지난 몇 년간 온라인 참여 분야 전문가 알렉산드라 새뮤얼Alexandra Samuel이 북미에서 아이를 둔 부모 1만 명 이상을 대상으로 실험을 진행했다. 실험 목적은 디지털 세상에서 부모들이 아이들의 디지털 사용 문제를 어떻게 해결하는지 정보를 수집하는 것이었다. 실험을 진행하며 새뮤얼은 디지털 기술을 활용하는 훈육 방식이 3가지로 뚜렷이 구분된다는 사실을 발견했다.

새뮤얼은 첫 번째 집단에 속한 부모들을 '디지털 조력자'라고 불렀다. 이들은 여러 디지털 기기를 접하게 하고 시간제한을 두는 방법으로 아이들이 스스로 기술을 활용해나가게 한다. 반면에 '디지털 제한자' 집단에 속하는 부모들은 아이들의 집중력을 떨어뜨리고 사람들과의 소통에 악영향을 끼칠지 모른다고 우려하여 디지털 기기의 전원을 꺼서 기술 사용을 엄격히 제한한다. 마지막으로 '디지털 멘토' 집단에 속하는 부모들은 아이들이 디지털 세상에서 잘 살아가도록 적극적인 역할을 한다.

새뮤얼은 부모가 멘토 역할을 해야 한다고 주장했다. 부모가 나서서 아이들의 온라인 활용 능력을 키우고 체험 활동을 활발히 하도록 돕고 기술을 이용해 친구들과 유대관계를 형성하면서 알고리즘 시대를 제대로 준비할 수 있게 해야 한다는 것이다.

새뮤얼은 부모들의 육아 방식의 차이로 인해 다음 세대는 세 부류로 나뉠 것이라고 주장한다. 바로 디지털 고아, 디지털 추방자, 디지털 후계자다. 디지털 고아는 제한받지 않고 기술을 접했지만, 대인관계를 잘 맺지 못한다. 디지털 추방자는 인터넷으로부터 보호되었지만, 올바로 선택하는 능력이 부족하며 더 나쁘게는 데이터 기반의 작업환경에서 생산성을 잘 발휘하지 못한다. 디지털 후계자는 현실과 가상환경 사이에서 적절히 균형을 잡을 것이며 그런 이유로 알고리즘 시대에 탁월한 능력을 발휘할 것이다.

이 책을 쓰면서 새뮤얼을 인터뷰했다. 새뮤얼은 부모로서 가장 뿌듯한 순간이 있었다면서 자녀에 관한 이야기를 들려주었다. "내 아이들은 둘 다 같은 해에 첫 지메일 계정을 만들었어요. 누구에게도 이메일 계정을 만들라는 말 한마디 듣지 않았죠. 두 아이는 서로가 이메일 계정을 만들었다는 사실도 몰랐어요." 새뮤얼은 이야기보따리를 풀었다. 그리고 훈훈한 표정으로 웃으며 말을 이어갔다.

"큰아이가 처음으로 보낸 이메일에는 '마법 지팡이', '마법 지팡이', '마법 지팡이'라고 같은 단어가 반복되어 있었어요. 반면에 작은아이가 처음으로 보낸 이메일에는 '장난감 로봇', '장난감 로봇', '장난감 로봇'이라고 작성되어 있었어요. 큰아이나 작은아이나 머릿속에 떠오르는 단어를 그대로 쓴 것이죠. 이유는 같았어요. 큰아이는 마법 지팡이 장난감을 보고 싶었고, 작은아이는 장난감 로봇 광고를 보고 싶었던 것이죠. 결국 각자 같은 생각을 하고 있었던 거죠. 첫 번째 이메일로 보고 싶은 광고가 뜨도록 하려던 작정이었어요."

"그러면 구글의 머신러닝 알고리즘이 어떻게 작동하는지 아이들이 이미 이해했다는 말인가요?" 새뮤얼에게 물어보았다.

새뮤얼은 이렇게 대답했다. "맞아요. 아이들은 당시 일곱 살, 열 살에 불과했어요."

새뮤엘의 이야기에서 미래 고객들을 이해하는 유용한 단서를 또 찾을 수 있다. 아이들이 자신들에게 노출된 알고리즘의 멘탈 모델mental model(한 사람 한 사람이 마음속에 가지고 있는 세계를 보는 창-옮긴이)을 어떻게 형성하며 또 그 모델을 이용해 자신의 목적을 어떻게 성취하는지 암시해준다. 2007년 이후에 태어난 이 새로운 세대는 최초로 출시된 스마트폰을 맨 먼저 접했을 뿐만 아니라 알고리즘 플랫폼에 융화되었다. 이처럼 단순히 여러 알고리즘에 노출되기만 해도 우리의 사고방식, 세상을 보는 관점이 달라진다.

잠시 우리 가정을 들여다보자. 아이가 질문하면 너무 피곤해서 혹은 정신이 없어서 답을 제대로 하지 못할 때가 많은데, 아이들의 질문에 똑똑하게 답을 해주는 스피커가 어쩌면 거실에 설치되어 있을지도 모른다. 아이들의 스마트폰에는 그들의 행동과 선호에 맞춰 알고리즘이 적용된 동영상이나 음악 또는 놀이용 애플리케이션들이 설치되어 있다. 아이들이 인스타그램이나 페이스북 같은 SNS에 접속할 때도 커뮤니티에 관한 메시지와 그림, 업데이트를 제공하는 뉴스피드는 그들의 관심사와 행동을 예측하고 영향을 줄 수 있는 획기적인 알고리즘으로 그들만을 위해 맞춤화된다. 우리는 이 모든 기술을 그저 AI라고 생각하지만, 우리 아이들에게는 AI가 가상의 친구이자 어쩌면 또 다른 부모다.

간단히 말해 아이들이 이미 알거나, 알았을 법한 사실을 우리는 지금 막 인식하기 시작했다. 미래에 개발될 기기나 장치 따위가 신기한 것이 아니라 바로 알고리즘을 통해 매우 놀라운 일을 체험하게 되리라는 사실을 말이다.

기기가 아닌 경험이 중요하다

이제 스티브 잡스가 우리를 어떻게 속였는지 이야기해보겠다. 2007년 애플의 맥월드 콘퍼런스와 엑스포에서 한 기조연설에서 잡스는 와이드스크린 아이팟, 혁신적인 휴대전화, 획기적인 인터넷 통신기기, 이렇게 세 가지 상품을 소개하는 척했다. 물론 우리는 결말을 알고 있다. 세 개의 상품은 별개의 기기가 아니었다. 하나였으며, 잡스는 그것을 '아이폰'이라고 불렀다.

그런데 잡스의 진짜 속임수가 이제야 드러났다. 본질적으로 다른 요소들이 집약된 하드웨어가 우리 손에 들어왔지만, 실제로는 알고리즘 기반의 체험으로부터 '기기들이 분산되는' 결과가 초래되었다. 요컨대 스마트폰은 위대한 발명품이지만, 스마트폰이 실현한 모바일 애플리케이션의 신세계가 우리를 정말로 놀라게 한다. 애플리케이션은 소프트웨어 일부분에 머물지 않는다. 스마트폰의 다양한 기능을 떠올리면 이해하기 쉽다. 우리가 사용하는 플랫폼과 기기, 운영체제의 영역을 넘나들며 알고리즘 기반의 플랫폼으로 살아 움직인다.

예컨대 글로벌 음악 스트리밍 서비스를 제공하는 스포티파이의 음악 체험을 신뢰할 때, 우리가 이 플랫폼과 맺는 관계는 하드웨어의 제한을 받지 않는다. 스마트폰은 말할 것도 없고 자동차 안에서, 집에서 스테레오로, 혹은 노트북으로, 심지어 다른 사람의 스마트폰으로 재생목록에 있는 음악을 들을 수 있다. TV 프로그램을 보든, 사진을 공유하든, 친구와 채팅을 하든, 교통수단을 관리하든 알고리즘 기반으로 체험하는 것이라면 어떠한 경우든 마찬가지다.

이렇게 인공지능이 비약적으로 발전하면서 알고리즘 기반의 체험이 풍부해지는 새로운 시대로 막 접어들었다. AI가 인간과 세상의 소통방식을 바꿔놓을지 모르지만, 예상 가능한 미래상을 그려보고 목적지에 도달할 방법을 찾아내는 것이 알고리즘 리더의 책무다. 알고리즘 기반의 체험을 설계하는 첫 단계로 의도, 상호작용, 정체성 사이의 관계성을 고찰하는 것이 유용하다.

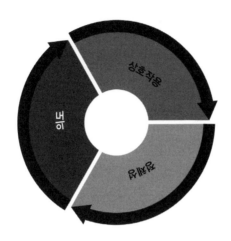

알고리즘을 통한 경험의 바퀴

'의도intention'는 대개 사용자 또는 고객의 불분명한 요구나 욕구를 말하며, 그들의 행동에서 추론되기도 한다. '상호작용interaction'은 플랫폼이나 상품, 서비스를 이용하는 방법이나 태도를 말한다. '정체성 indentity'은 체험이 미치는 인지적 또는 정서적 영향, 체험이 사용자의 자아감에 녹아든 정도를 뜻한다.

세 요소는 모두 회전바퀴의 원리처럼 서로 연결되면서 강화된다. 즉 사용자의 '의도'를 예측하면 시스템이 스스로 '정체성'을 확대해

나가고 더욱 자연발생적인 '상호작용'이 이루어진다. 또한 알고리즘이 사람들의 행동에 영향을 미칠수록 상호작용이 더욱 원활해지면서 사용자의 의도를 더 잘 예측할 수 있다.

알고리즘 기반의 체험을 제대로 해보는 방법이 있다. 지금부터 알고리즘을 전혀 의식하지 않는 것이다. 알고리즘이 의식에서 사라질 때 알고리즘을 제대로 체험하게 된다는 말이다. 이렇게 되면, 구글의 검색 기능은 대화형 메모리 시스템이 되고, 인스타그램은 소셜 커뮤니티에 관한 종합적인 이야기가 되며, 스포티파이의 추천 노래는 우리의 음악 취향이 된다.

여기에는 위험이 도사린다. 비디오 게임이나 슬롯머신처럼 알고리즘 경험은 중독을 일으키는 뇌의 보상회로를 무기 삼아 인간 행동을 조종하게끔 설계될 수도 있다. 알고리즘 경험이 다 부작용을 일으킨다는 말은 아니다. 우리의 행동에 꾸준히 영향을 끼칠 만한 시스템을 이용한다면, 언제라도 부작용을 겪을 수 있다는 말이다. 나중에 이와 관련한 윤리적 문제를 다루겠지만, 지금은 알고리즘 기반의 경험이 만들어지는 원리에 집중하자.

의도

왜 항상 같은 스타일의 회색 티셔츠를 입는지 질문받았을 때, 마크 저커버그는 가능한 한 의사결정을 최소화하고 최대한 단순하게 살려고 노력한다고 답했다. 스티브 잡스는 늘 검은색 터틀넥 티셔츠를 입었고, 버락 오바마Barack Obama는 회색이나 푸른색 양복만 즐겨 입었다. 이 리더들은 수많은 의사결정을 해야 했고 그로 인해 발생하는 인지적 피로를 줄이기 위해 같은 방법을 사용했다.

우리는 끊임없이 의사결정을 한다. 어떤 옷을 입을지, 무엇을 살지, 무엇을 먹을지, 어디에 갈지, 누구와 대화할지, 무엇에 관심을 기울여야 할지 등 삶 자체가 고민과 선택의 연속이다. 성인이 하루에 대략 35,000번 의사결정을 내린다는 조사 결과도 있었다. 코넬대학 연구진은 우리가 음식을 두고 매일 226.7회의 의사결정을 한다는 사실을 발견했다. 끊임없이 선택해야 하는 압박이 스트레스를 유발한다. 미국 스워스모어대학 사회이론 및 사회행동학 교수인 배리 슈워츠Barry Schwartz는 저서 『점심 메뉴 고르기도 어려운 사람들: 선택의 스트레스에서 벗어나는 법The Paradox of Choice: Why More is Less』에서 지나치게 많은 선택이 어떻게 심리적 마비와 불만족을 불러일으키는지 설명했다.

우리 아이들은 그러한 상태에 처하지 않을 것 같다. 선택의 순간이 갈수록 늘어나지만, 선택이 자동화되고 있기 때문이다. 영리한 알고리즘이 우리를 대신해 의사결정을 다루는 세계를 경험하고 나면, 거기서 빠져나오기 어렵다. 알고리즘과 데이터가 소위 '선행 디자인anticipatory design'을 가능하게 한다. 사용자의 욕구를 제대로 예측해야 사용자에게 추천하는 선택의 수를 적절히 조절할 수 있다는 전제에 따라 인터페이스(사물과 사물 사이 또는 사물과 인간 사이의 경계에서, 상호 간의 소통을 위해 만들어진 물리적 매개체나 프로토콜-옮긴이)와 애플리케이션에서 선행 디자인이 이루어진다.

지능형 개인 비서 소프트웨어인 구글 나우Google Now를 예로 들어보자. 구글 나우는 사용자의 검색 성향을 파악하여 사용자가 원하는 것을 예측하여 질문에 대답하고 문제를 해결하려고 한다. 이를테면, 예정된 회의 일정이 있거나 식당을 예약한 경우, 구글 나우가 현재 위치와 교통상황에 근거하여 이동시간을 예측해서 알려준다. 스마트 온도 조절 장치인 네스트 서모스탯Nest Thermostat은 어떠한가? 거주자의 행동 양식과 냉난방 패턴을 학습하여 방 온도를 제어한다. 비슷한 맥락에서 넷플릭스는 목록에 있는 모든 장르의 영화를 추천하지 않고 사용자의 취향에 맞는 영화를 추천한다. 사용자가 추천을 수락하지 않으면 다음에 방문할 때 다른 영화들을 선정하여 추천해준다.

글로벌 IT 기업 아마존이 2014년 '예측 배송'이라는 특허를 등록하자 사람들은 상상력을 마구 펼쳤다. 고객의 행동 양식과 의도를 파악해 주문받지 않고도 물품을 배송하는 서비스일까? 그러나 완전히 그렇지는 않았다. 특정 지역의 고객들이 원하는 물품을 예측하여 선제적으로 배송을 시작하는 시스템에 대한 특허였다. 고객의 주소지 인근 물류창고에서(또는 트럭에서) 물품을 보관하다가 예측한 주문이 들어오면 바로 물품을 배송하는 시스템이다. 이로써 세제와 키친타월이 다 떨어졌다고 알렉사Alexa(아마존이 2014년 출시한 음성 인식 인공지능 비서-옮긴이)에게 말하자마자 해당 물품이 바로 배송되었다.

아마존은 일찍이 2014년에 예측 배송을 구상했다. 알고리즘으로 고객의 의도를 예측하는 개념을 그들이 얼마나 진지하게 받아들였는지 알 수 있다. 고객이 요구할 때 그 요구를 충족시키는 것만으론 충분하지 않다. 알고리즘 기반의 경험이 유행하는 시대에는 누군가가 요구하기 전에 그 의도를 예측하는 일이 뉴노멀new normal이 될 것이다.

상호작용

지금 아이들은 대개 태어나면서부터 스마트폰을 접하며 자랐다. 그렇다고 아이들이 성인이 되어서도 매사에 작은 화면만 보며 일을 처리한다는 뜻은 아니다. 우리는 저마다 컴퓨터로 도스DOS 프롬프트 명령어를 타이핑하며 디지털 체험을 시작했다. 지금 그런 인터페이스를 사용하라는 요구를 받는다면 감명받을 사람은 아무도 없을 것이다.

한층 더 자연스러운 상호작용이 이루어지도록 인터페이스 디자인에 대전환이 일어나고 있다. 그런 차원에서 인간의 신체도 인터페이스가 되고 있다. 스마트 스피커, 스마트 센서, 스마트 타투, 증강현실 안경 같은 몸에 착용하는 기기를 이용하면서 우리는 더더욱 직관적인 방법으로 데이터를 인지하고 그에 반응하는 법을 습득하고 있다. 인터페이스가 자연스러워질수록 알고리즘 기계가 눈에 띄지 않게 열심히 일한다는 사실도 쉽게 잊힌다.

일례로, 중국에서는 얼굴 인식 기술이 신원을 증명하는 방식으로 급속히 자리 잡았다. 2018년 봄에 열린 상하이 국제 하프 마라톤대회에 참가했다면, 위챗에서 개성 넘치는 닉네임으로 공식 계정을 만들어 셀피selfie(스마트폰 등으로 자신을 직접 찍은 사진-옮긴이)를 업로드

했을 것이다. 이런 식으로 사진을 올리면, 얼마 지나지 않아 안면 인식 알고리즘 기반의 필터링 시스템이 자신이 찍힌 사진을 여러 장 보여준다. 수많은 프리랜서 사진가들이 마라톤대회에서 사진을 찍고 그 사진들이 자동으로 사진 데이터로 구성되는 것이다. 워터마크가 삽입된 사진은 무료로 얻을 수 있으며, 워터마크가 제거된 사진을 구매할 수도 있다.

중국판 우버인 디디추싱Didi Chuxing도 얼굴 인식 기술을 통해 운전자의 신원을 확인하여 미등록 운전자의 운행을 막는다. 중국 건설은행은 고객들이 음료 자판기와 자동인출기에서 안면 인식으로 비용을 낼 수 있게 하였다. 또한 점점 많은 경찰이 증강현실 안경을 쓰고 군중을 살피며 수상한 사람들을 찾는다. 베이징에 있는 천단Temple of Heaven(베이징에 소재한 사적으로 군주가 제천의식을 행하던 도교 제단–옮긴이)에서도 안면 인식 기술을 활용하여 공중화장실 휴지 절도를 방지하고 있다. 안면 인식 휴지 공급기가 얼굴을 인식하여 휴지를 내주는 방식이며, 반복해서 자주 얼굴을 보이면 휴지를 내주지 않는다(이로 인해 일어날 수 있는 재앙은 상상하기 어렵지만 말이다).

중국 디지털 분야의 엄청난 규모, 로컬 플랫폼들이 수집하는 데이터의 양, 데이터를 이용하여 알고리즘을 개선하는 능력을 볼 때, 중국에서 일어나는 일이 세계의 모든 알고리즘 시스템의 운명을 결정할 것으로 보인다.

사용자 수가 10억이 넘는 위챗은 채팅 서비스로 시작하여 일상생활을 운용하는 체제로 발전했다. 음식 주문과 의복 구매는 물론 보험 같은 금융상품에 가입하는 등 위챗으로 모든 것을 구매할 수 있다. 마찬가지로 차량 공유 서비스 플랫폼인 디디추싱은 엄청난 성장을 이루었으며, 하루가 다르게 발전하고 있다. 등록한 사용자가 4억 5,000만 명, 운전자가 2,100만 명으로 하루 2,500만 건의 승차서비스가 제공된다. 반대로 우버가 2017년 전 세계적으로 1일 제공한 서비스는 그 절반에도 미치지 않는다.

중국 정부는 수집한 데이터 모두를 사회신용체계Social Credit System의 일부분으로 통합할 예정이다. 중국의 사회신용체계는 14억 전 시민들의 '신용'을 평가하는 범국가적 평판 평가체계다. 이처럼 새로운 형태의 알고리즘이 적용된 사회에서는 평소 행동과 관점, 규칙 준수 여부에 따라 기차표를 구매한다거나 좋은 학교에 입학한다거나 의료서비스를 이용한다거나 심지어 데이팅앱에서 연애 상대를 찾는 일까지 일상생활의 세세한 부분에도 영향을 받는다.

디지털 플랫폼들은 각 개인의 의도가 반영된 데이터를 쌓아갈수록 의도를 더더욱 잘 이해하고 각자의 모호한 욕구에 신속히 대응한다. 우리는 입력하거나 손가락으로 누르지 않고 말과 웃음만으로도 의도한 일을 처리하게 된다. 자동화에 따른 표준화된 경험보다는 미래의 고객은 머신러닝을 활용하여 좀 더 자연스럽고 개인화된 인간 수준의 상호작용을 기대한다.

그럼에도 적정선을 넘으면 편리함은 이내 불안함으로 바뀐다. 예컨대, 최근 개발된 AI 기술인 구글 듀플렉스Google Duplex는 전화통화로 자연스러운 대화를 하면서 일정 관리 같은 임무를 수행한다. 기계가 인식하도록 말을 조정할 필요 없이 일상에서 다른 사람과 대화하듯이 말하면 된다. 우리가 사람과 대화하는지, 기계와 대화하는지 분간되지 않는다. 이 기술이 시연되고 많은 사람이 당황했던 부분도 바로 그것이다.

구글의 증강현실 연구 담당인 그렉 코라도Greg Corrado 이사는 구글 듀플렉스를 공개한 자리에서 향후 10년간 인공 감성지능이 개발되어 한층 더 자연스럽고 유연한 인간 상호작용이 이루어질 것으로 본다고 말했다. 알고리즘 목소리가 상대방 인간의 물음에 대답하며 "음…"이라고 하고 나서 통화를 계속했을 때, 정말 충격적이었다. 인간이 대화 중 생각을 정리하면서 내뱉곤 하는 감정어(예컨대, "음…", "아…")를 삽입하여 좀 더 인간답게 보이려고 설계한 시스템이었다. 그런데 이는 괜찮은 생각일까?

인간 수준의 자연스러운 인터페이스를 만들어 이를 사용하기 위해 우리의 행동을 수정하지 않아도 되는 것과 인간과 관계를 맺고 있다는 착각이 들도록 사람들을 속이는 것 사이에는 차이가 있다. 인간 수준의 인터페이스는 인간을 닮은 인터페이스와 다르다는 점에서 생각해보자. 인간을 닮은 인터페이스는 대개 '불쾌한 골짜기uncanny valley'를 비켜 가기 힘들다. '불쾌한 골짜기'는 1970년 일본의 로봇 공학자 마사히로 모리Masahiro Mori 교수가 소개한 용어로, 인간이 인간과 닮은 존재를 볼 때 처음에는 친근감을 느끼다가 일정한 수준에 다다르면 강한 거부감을 느끼는 현상을 말한다.

로봇의 생김새가 인간을 닮아갈수록 로봇에 대한 감정 반응이 긍정적이며 공감하는 방향으로 향하다가 어느 시점에 강한 반감으로 바뀌어버린다고 모리 교수는 주장했다. 그런데 로봇과 실제 인간을 구별하기가 더욱 어려워지면서 우리의 정서적 반응이 다시 긍정적으로 바뀌기 시작한다. 이때 공감 수준은 다른 인간을 대하는 것과 같은 수준에 도달한다.

구글이 인간과 구분이 안 되는 인터페이스를 개발하여 대성공을 거두더라도 '그래야만 하는가?' 하는 현실적인 질문이 제기된다. 나중에 가서 인공지능이 스스로 인간이 아닌 기계임을 사용자들에게 인식시켜줄 것이라고 주장할지도 모르겠다. 인간을 흉내 내다가 급기야 인간이라고 생각하게끔 속이는 인터페이스는 불신과 의심, 두려움까지 느끼게 할 수 있다.

자연스러운 말하기를 이해하고 얼굴을 인지하며 감정 상태에 대응하고 심지어 몸짓을 따라 하는 인간 수준의 인터페이스가 우리에게는 유용할 것이다. 이런 인간 수준의 인터페이스를 통해 힘들이지 않고 의도를 전달하고 명령 인터페이스와 작업 플로어에 기대지 않고 목표를 달성할 수 있다. 또한 알고리즘이 인간적 사고의 일부분이라고 인식할 수도 있다.

정체성

우리 삶에 알고리즘이 깊숙이 자리 잡고 나면 사람들의 행동에 상당한 영향을 미칠 것이다. 그때쯤에는 기억과 경험, 체험, 취향, 심지어 정체성이 어디까지가 자신의 것인지, 기술적으로 확장된 것인지

구분하기 어려워진다.

알고리즘이 우리의 행동을 어떻게 형성하는지 살펴보려면, 사물인터넷IoT의 급속한 성장부터 이해해야 한다. 사물인터넷은 각종 기기와 교통수단, 각종 센서, 웨어러블 기기 등이 서로 연결된 광대한 네트워크로 2020년 인터넷에 연결된 기기만 3천억 개에 달한다.

이 IoT 기기 중에 산업용으로 활용되는 것들이 많다. 그럼에도 대부분은 사실상 소비자 지향적이다. 우리가 손목에 차거나 목에 거는 기기, 옷에 착용하거나 머지않아 피부와 신체 내부에 삽입할 수 있는 기기들이 그런 것들이다. 그 기기들은 우리의 생각과 감정, 행동방식에 직접 영향을 미치고 모든 것을 형성하도록 기업과 브랜드에 기회를 제공한다.

사람들이 어떻게 행동하길 바라는가? 혹은 사람들이 무엇에 집중하길 바라는가? 두 질문의 답은 같지 않다. 마케팅 담당자들은 주로 브랜드 메시지가 타깃 대상인 청중에게 도달할지에 중점을 둔다. 즉 마케팅 담당자들은 대개 클릭스루click-through(인터넷 사용자가 광고 배너를 클릭하여 관련 웹사이트로 이동한 횟수-옮긴이)와 상호작용, 브랜드 회상brand recall을 중요시한다. 그러나 사람들의 행동방식(그리고 행동의 이유)에 관한 데이터를 스마트 기기의 설계와 배치에 적용한다면, '다음엔 고객이 무엇을 하길 바라는가?'로 마케팅의 초점이 전환되어야 한다.

사람들이 특히 돈과 투자에 관해 결정하는 과정과 이유는 경제학자와 인지과학자들 모두 활발히 연구하는 영역이 되었다. 2017년 경제학자 리처드 탈러Richard Thaler는 행동경제학을 널리 알리고 체계화한 공로로 노벨 경제학상을 수생했으며, 인간은 매우 합리적이라는 기존 경제학의 패러다임과 달리 일상에서 당혹스러운 실수를 저지르기도 한다고 말했다. 다수의 기업과 정부기관이 행동경제학의 원리를 업무에 적용하여 사람들의 행동을 변화시키거나 더 좋은 선택을 하도록 유도하고 있다.

이와 관련하여 '반강제적 복종'으로 불리기도 하는 '넛지nudge'는 사람들의 행동을 변화시키기 위해 활용되는 전략이다. 탈러와 법률가 캐스 선스타인Cass Sunstein이 2008년 함께 집필한 『넛지: 똑똑한 선택을 이끄는 힘』에서 선택 설계(옵션이 제시되는 방식)를 달리하여 선택을 제한하거나 금지하지 않고도 혹은 경제적 인센티브를 훼손하지 않고도 특정한 선택을 내리도록 사람들을 유도할 수 있다고 했다.

기술 기업들은 오래전부터 사용자들뿐만 아니라 직원들에게 선택 설계를 적용하는 실험을 진행해왔다. 가까운 예로, 사내 직원들에게 급여 외에 매우 다양한 특전을 제공하는 것으로 유명한 구글은 직원들이 건강에 해로운 음식과 고칼로리 음료수를 너무 즐긴다는 사실에 관심을 가져왔다. 이에 사탕과 콜라 섭취를 제한하기보다 투명 용기에 건강식 과자를 담아 찾기 쉬운 곳에 두고, 냉장고 안에는 사람들의 눈높이에 생수를 비치하기로 했다. 구글 뉴욕 사무소 직원들만 보더라도 처음 실험을 진행하고 7주도 지나지 않아 초콜릿 섭취가 줄어 결과적으로 섭취한 열량이 310만 칼로리나 감소했다.

기기들은 다양한 방식으로 우리의 행동을 유도한다. 많은 사람이

스마트워치를 착용하여 물 섭취량이나 호흡 빈도, 서 있거나 걷는 운동의 횟수를 측정한다. 머지않아 냉장고가 먹는 음식을 기록하고 화장실이 우리의 신체 건강상태를 보고하기도 하고 신발이 진동하면서 우리가 개인적으로 좋아할 만한 것이 있는 방향으로 걸으라고 신호를 보내는 날이 올 것이다.

어떤 관점에서 보면, 알고리즘에 의존해 의사결정을 내리는 추세가 개인의 자율성을 심각하게 훼손하는 현상으로 보일지도 모른다. 다른 관점에서 보면, 우리의 오감을 강화하고 확장하는 기술과 새로이 공생관계를 형성한 듯하다. 거위가 지구의 자기장을 감지해서 이동하듯이, 다음 세대는 일종의 '데이터 센스'를 개발하여 아주 다양한 방법으로 그들의 행동을 형성하고 유도할지도 모른다.

사용자들의 행동을 자극하는 전용 장치가 없더라도 자체 네트워크의 전반적 가치가 최적화되도록 행동 유형에 관한 전략적 사고를 플랫폼에 적용해야 한다. 데이팅 애플리케이션 틴더Tinder는 흥미로운 사례다. 체스 경기에서는 엘로 평점Elo score 산출 방식으로 선수들의 실력을 측정하는데, 틴더는 자체 엘로 평점으로 사용자의 매력을 평가한다.

체스계에서는 순위가 낮은 선수가 높은 선수를 이기는 경우 전자가 더 좋은 엘로 평점을 얻는 식으로 경기가 진행된다. 마찬가지로 틴더 애플리케이션에서는 높은 엘로 평점을 가진 사용자가 낮은 평점을 가진 사람을 받아들이는 경우 후자가 평점을 높이게 된다. 그래도 틴더의 알고리즘은 단순하지 않아서 사람들이 메시지에 어떻게 즉각 대응하는지, 호감이 가는 사람에게 선택되는지 안 되는지, 최적의 방식으로 애플리케이션을 사용하는지 다양한 행동지표를 평가항목으로 삼는다.

이런 알고리즘 시스템에서 의아한 점이 있다. 알고리즘이 작동하는 과정이 항상 완전히 투명하지 않다는 것이다. 그로 인해 온라인 커뮤니티에서 게임이나 시스템 해킹을 목적으로 하는 추론과 정보 공유가 항상 벌어진다. 새뮤얼의 아이들처럼 우리도 컴퓨터 화면에 '마법 지팡이'나 '장난감 로봇'이라고 타이핑하고 싶은 유혹에 빠질 수 있다. 그렇게 해서 원하는 것이 나타난다면 말이다.

지금까지 알고리즘의 개념을 집중해서 설명했지만, 이는 또한 미래에 무엇이 중요한지를 배우는 시간이었다. 세상이 나아갈 방향에 대한 비전을 키워나가는 지금, 미래 고객의 행동에 초점을 맞춰야 한다는 점을 기억해야 한다. 장기적으로 볼 때, AI가 강력한 고객 경험을 창출하는 방식이 실제 비즈니스 가치를 움직이는 원인이 될 것이다.

알고리즘 리더를 위한 질문 ❓

- 더 가치 있는 것은 무엇인가?
- 최고의 고객은 누구인가?
- 플랫폼이나 서비스의 가치를 극대화하는 이상적인 행동은 무엇인가?

알고리즘 시대의 성공 전략

1. 알고리즘의 작동원리를 이해해야 한다. 알고리즘이 어떻게 우리의 의도와 경험을 만들어가는지 알아야 데이터 기반의 플랫폼과 상품에 대한 식견을 가지고 성공 확률을 높일 수 있다.

2. 이전의 디지털 혁명으로 탄생한 플랫폼과 달리, 오늘날 기계는 스스로 학습한다. 그렇게 하면서 특정 영역과 활동에서는 인간의 능력과 비등하거나 압도하는 수준으로 발전하고 있다. 그러나 인공지능을 이용하여 경험을 창출하고 조직을 변화시키며 세상을 재창조하는 방식을 그려나가는 영역에서는 여전히 인간이 운전석에 있다.

3. 알고리즘 리더는 미래 고객의 유형을 이해하고 고객이 원하는 바를 파악하여 미래에 대비한다. 소프트뱅크의 최고경영자 손정의가 알고리즘 리더의 본보기다. 손정의는 미래에 관한 확고한 비전으로 출발하여 미래에서 오늘로 되짚어오는 과정을 밟는다.

4. 우리 아이들이 알고리즘 시대의 선구자 세대다. AI 기술이 적용된 기기와 애플리케이션에 둘러싸여 자랐기 때문에 세상 돌아가는 방식에 관해 매우 급진적인 기대와 관점을 가질 것이다. 아이들에게 배워라.

5. 미래에는 운영 플랫폼과 인프라를 최적화하는 알고리즘이 아니라 고객과 의뢰인을 위해 매력적인 경험을 창출하는 알고리즘이 비즈니스 가치를 최대로 끌어올릴 것이다. 알고리즘을 통한 경험의 바퀴(의도, 상호작용, 정체성)를 활용하여 알고리즘이 고객의 행동과 정체성, 욕구에 관해 어떤 그림을 그려나갈지 생각해보라.

10퍼센트가 아닌
10배를 목표로 하라

"나는 작은 내기를 할 마음이 추호도 없다."
-손정의, 소프트뱅크 CEO

리더는 파괴적인 아이디어가 기존 사업이나 업종에 미칠 영향을 우려하지만 실제로 걱정해야 하는 것은 자신의 아이디어가 충분히 파괴적인가다.

기존 프로세스를 자동화하고 웹사이트에 챗봇chatbot(문자 또는 음성으로 대화하는 기능이 있는 채팅 로봇 프로그램-옮긴이)을 설치하거나 모바일 애플리케이션을 업데이트하는 데 그친다면, 열에 아홉은 미래의 기회들에 관한 큰 그림을 그리지 않는 꼴이다. '디지털 전환이 디지털 점진주의에 머무는 경우가 너무도 많다.'

신기술에 투자하다가 급진적인 변화를 두려워한 나머지 기존 비즈니스 모델에 이의를 제기하기도 전에 멈춰버린다. 이는 모든 게 변화하는 상황에서 앞으로 나아가지도 못하고 누구도 피해 갈 수 없는 순간을 맞딱뜨리는 셈이다.

기하급수적 성장모델로 바꿀 수 있다

2000년대 초 소셜 네트워크 서비스 링크드인LinkedIn의 설립자 리드 호프만Reid Hoffman을 만난 적이 있다. 당시는 호프만이 회사를 설립한 지 불과 몇 년이 지나지 않았을 때였다. 실리콘밸리의 마운틴뷰에 소재했던 링크드인의 사무실에 들러보니 급속한 성장을 눈앞에 둔 스타트업이 무엇이든 이룰 것 같은 기운을 풍겼다. 붙임성 있고 예리한 통찰력을 가진 호프만은 그간 실리콘밸리에서 만난 귀재들에 절대 뒤지지 않는 사람이었다.

당시 만남에서 호프만이 성장에 관한 조언을 들려준 것이 선명히 떠오른다. 자신은 자체 네트워크 모델을 갖춘 업체에서 시작하거나 투자했을 뿐이라고 호프만은 설명했다. 그는 데이터와 컴퓨테이션, 유저 네트워크를 통해 급속히 확장함으로써 경쟁우위를 얻을 기회를 모색했다.

충분히 성장하지 못하는 것보다 더 나쁜 것은 신속히 사업을 키우지 못해 발생하는 기회비용이다. 회사의 덩치를 충분히 키워야 완전히 다른 방식으로 조직 구성, 플랫폼 설계, 업계의 역학구조 같은 문제에 접근할 수 있다.

호프만은 네트워크 성장 개념을 소위 블리츠스케일링Blitzscaling이라고 명명했다. 블리츠스케일링은 기습 공격을 뜻하는 '블리츠크리그Blitzkrieg'와 규모 확장을 뜻하는 '스케일업scale up'의 합성어로, 불확실한 상황에서 위험을 감수하더라도 엄청난 속도로 회사를 키워 압도적인 경쟁우위를 선점하는 고도성장 전략을 뜻한다. 스타트업이 조직 수명주기상 최대의 가치를 창출하는 시점에 도달하기 위해 경쟁하고 있다는 생각에서 나온 개념이다. 시간을 지체하다간 경쟁자에게 따라잡히거나 생존에 필요한 자원이 고갈되고 만다. 근본적으로 '스타트업'은 '기습적으로 성장해야 한다'.

마찬가지로 알고리즘 리더로 성장한다는 것은 남다른 관점에서 전략적 기회를 좇는 것은 물론 신속히 그 기회를 활용한다는 것을 의미한다. 아날로그 시대의 리더는 가격 책정에 대한 훈련, 재고 보유 또는 공급업체에 대한 지불유예 등 운영 마진에서 약간의 이익을 달성하면 호평을 얻었는 데 비해, 알고리즘 리더는 생존을 위해 더 크게 생각해야 한다.

10배의 투자 이익을 거두겠다고 말하는 벤처투자 전문가를 보고 욕심을 부린다고 볼지도 모른다. 신생 기업에 투자하는 일이 본래 위험이 따르고 기대했던 성과를 내지 못하는 경우가 많기 때문이다. 실제 투자를 막 시작한 투자가들은 대개 투자의 3분의 1은 완전히 실패하고, 3분의 1은 투자 수익으로 이어지지 않은 채 끝이 나고, 나머지 3분의 1이 결실로 돌아온다.

그러나 알고리즘 리더가 수익을 배수로 구상해야 하는 진짜 이유는 비즈니스 리스크 때문이 아니다. 데이터와 알고리즘에 기반한 21세기 업종이 '승자독식'의 시장에서 운영되는 경향이 있어서다.

오늘날 검색 엔진을 출시하여 구글 같은 대기업과 경쟁하고자 하는 경우, 검색 정보 노출 시간을 단축하는 식의 기능만 개선해서는 경쟁력을 얻지 못한다. 웹상의 데이터 수집과 머신러닝 알고리즘 기술을 적용하여 모든 사용자에게 유용한 솔루션을 제공해야 한다. 그러지 않고선 사용자의 필요에 맞는 서비스를 제공하지 못한다.

운영 효율성이 가치 있는 목표가 아니라는 것은 아니다. 도미노 피자Domino Pizza가 좋은 예다. 도미노 피자는 AI 카메라 시스템을 도입하여 피자를 조리하는 과정을 추적하여 피자의 품질을 높이기 위한 실험을 진행하고 있다. AI 카메라를 통해 피자가 종류별로 올바르게 조리되고 있는지 적합한 온도에서 조리되는지 확인한다. 코카콜라 또한 유사한 방식으로 블랙북Black Book 모델이라는 알고리즘을 이용한다. 위성 이미지, 날씨 유형, 가격 요소, 소비자 취향 등 다양한 데이터를 조합하여 생산하는 오렌지주스가 1년 내내 일관된 맛을 유지하도록 하고 있다. 이 대목에서도 규모의 중요성이 드러난다. 알고리즘 학습을 토대로 상품과 서비스의 가치를 높일수록 신생 소규모 시장 진입자들은 도전할 엄두를 내기 어렵다.

아마존 설립 초기에 나온 '성장의 회전바퀴' 개념도 같은 맥락이다. 논리는 다음과 같다. 저렴한 가격의 상품과 서비스를 폭넓게 선별하면 거래가 증가하고 고객이 늘어나며 매출이 상승한다. 이 과정이 뒷받침되어 새로운 상품과 서비스가 확대되는 효과가 발생한다.

아마존의 회전바퀴는 단순한 고객 증가 추이 이상을 보여준다. 데이터와 알고리즘 모델로 얻을 수 있는 이점에 대해 설명한다. 데이터 순환고리에 기반한 머신러닝 모델을 조직에 적용한다면, 강화주기를 형성할 수 있을 것이다. 데이터가 늘어날수록 학습 모델이 개선되며, 이어서 상품 생산과 프로세스가 개선되는 등의 효과가 발생한다.

알고리즘이 만들어내는 기회를 더 크게 생각하고 현재 필요한 부분을 뛰어넘어 플랫폼을 설계함으로써 선형적 성장모델을 기하급수적 성장모델로 잠재적으로 변화시킬 수 있다.

조직을 변화시킬 때 필요한 것

기발한 발상은 성공하는 사업의 토대가 되기도 하지만, 실천에 옮기지 않고 내버려두면 우리의 발목을 잡을 수 있다. 늘 유연한 태도로 새로운 발상이 기존의 생각을 대체할 수 있게 해야 한다. 이런 태도는 조직을 변화시킬 때, 그리고 인력 구성에 변화를 줄 때도 필요하다.

2013년 5월 초, 마이크로소프트Microsoft, 이하 MS 회장 스티브 발머Steve Balmer는 런던 거리에서 조깅을 하고 있었다. 발머는 잠시 숨을 돌리며 MS에서 보낸 지난 몇 달을 돌아보았다.

발머 자신을 포함해서 회사는 변화해야 한다는 중압감에 시달리고 있었다. 이사회와 주요 주주들은 경영구조를 바꾸고 사업의 초점을 모바일 기기와 온라인 서비스 쪽으로 옮기라고 요구했다.

그날 아침, 최고경영자인 자신이 없어야 MS가 더 빨리 변화할 것이라는 생각이 번뜩였다. "결국 우리는 틀을 깨야 합니다." 《월스트리트 저널》과 인터뷰하는 자리에서 그는 설명했다. "현실을 직시하세요. 제가 바로 그 틀입니다."

'윈도우'는 위대한 발상이었다. 또한 MS를 전복시킨 것이기도 했다. 그러나 상품의 인기가 상승세를 탈 때, 분위기에 취한 경영자들은 새로운 기회를 놓치기도 한다. 위대한 발상은 마치 신체에 나쁜 영향을 미치는 반흔 조직처럼 되어 조직을 외부로부터 보호하지만 결국에 유연하게 사고하고 적응하며 변화하는 역량을 떨어뜨린다. 과거로부터 이어진 위대한 발상은 현재 미미한 발전을 일으켰지만, 그로 인해 급진적 변혁의 기회를 못 보게 한다.

발머가 최고경영자로 재임한 동안 MS는 매출이 2013년 6월까지 780억 달러에 육박하며 세 배나 증가했다. 이익은 220억 달러에 이르며 132퍼센트나 성장했다. 그러나 기업들이 소프트웨어 라이선스를 갱신하고 소비자들이 윈도우가 설치된 컴퓨터를 구입하는 탓에 MS는 웹의 잠재적 영향력을 낮게 평가하고 그러면서 자체 브라우저 배포를 지연했다. 게다가 검색 엔진 광고 시장 진출 및 디지털 뮤직 생태계 조성을 미루는가 하면 모바일 기기와 소셜 미디어로 이동하는 소비자들을 방치하는 등 매우 심각한 실수를 저질렀다. 2013년 MS는 소프트웨어의 본질 자체에 대한 대규모 변혁, 즉 물리적 소프트웨어 유통 시스템을 클라우드 방식의 구독 모델로 전환할 기회를 놓칠 위기에 직면했다.

발머는 아날로그 시대를 대표하는 경영자라 할 수 있다. 디트로이트에서 자란 발머는 대학에서 풋볼 코치 생활을 하던 중 빌 게이츠Bill Gates를 만났다. 이후 MBA 과정을 중도에 그만두고 MS의 최고경영자로 재직했다. 당시는 공격적인 판매와 시장 점유율 확장이 컴퓨터 소프트웨어 분야를 성장시키는 열쇠로 통했다. MS에 들어간 발머는 조직 안에서 동료들이 서로 경쟁하면서 업무를 평가받는 기업의 사일로silos 문화를 조성하는 데 기여했다. 이렇게 경쟁을 장려하여 성과를 도출해냈던 당시의 윈도우는 시장에서 왕좌를 차지했다. 하지만 이런 조직문화 때문에 이후 업계의 역학구조가 달라지고 회사가 변화해야 할 시점에 조직 상층부가 힘을 합치지 못했다.

2014년 MS의 새로운 수장이 된 사티아 나델라Satya Nadella는 윈도우로 단단한 성을 쌓은 조직의 문화와 역량이 지나치게 경직된 사실을 알아차렸다. 윈도우가 상품으로써 경쟁력이 약해졌을 때도 회사는 새로운 기능적 역량을 발휘하지 못했다. 나델라는 즉시 MS의 초점을 클라우드 컴퓨팅과 인공지능, 소셜 네트워킹으로 이동시켰다. 그런데 무엇보다 나델라가 시도한 가장 의미 있는 변화는 조직이 스스로를 바라보는 방식에 있었다.

팟캐스트 방송을 위해 맥킨지 앤드 컴퍼니McKinsey&Company와 인터뷰한 자리에서 나델라는 기업의 핵심 상품이 어느 순간 침체기를 맞는 것은 자연스러운 일이라고 설명했다. 그때가 바로 새로운 역량을 개발하여 새로운 콘셉트와 상품을 창출하고 성장시켜야 할 순간

이다. 그의 관점에서 보면, 급속한 변화의 시대에 혁신적 조직문화야
말로 새로운 콘셉트가 대세가 될 때까지 새로운 시도를 멈추지 않는
원동력이다.

나델라의 쇄신책이 강력하고 실용적이었던 것은 역량과 사업 부
문을 구별했다는 데 있다. 조직 운영을 효율적으로 하는 기업들을 보
면 사업 부문 단위로 조직을 운영하는 경우가 많다. 대개 운영의 효
율성과 생산성을 높이고 거래비용을 낮출 목적으로 사업 부문을 분
리한다. 하지만 기술 기업의 경우 조직 구조보다는 역량 주도로 운영
되는 현실이 안타깝다.

전통적인 사일로와 기능 위주의 부서에 의존해서는 새로운 열 배
의 기회를 잡지 못한다. 사업의 미래가 정확히 예측되더라도 목적지
에 도달하기 위해서는 민첩한 접근법이 필요하다. 달리 말해, 경직된
조직 구조와 승인 절차를 준수하지 않고도 팀과 리더는 새로운 사업
계획과 프로젝트, 책임, 직책에 이르기까지 신속히 조정할 수 있어야
한다.

가장 가치 있는 자산, 데이터

도박장이 늘 도박에서 이긴다고 가정하면, 카지노가 파산할 일
은 없다. 신기하게도 미국의 카지노 호텔 체인인 시저스 엔터테인먼
트Caesars entertainment는 2015년 240억 달러의 부채에 시달리며 파산보

호 신청을 냈다. 그런데 파산 절차가 진행되는 과정에서 매우 흥미로운 일이 있었다. 시저스의 자산 항목에서 매우 낮게 평가된 항목이 있다고 채권자들이 주장하고 나섰다. 시저스가 가진 부동산이나 브랜드가 아니라 바로 데이터였다. 시저스 계열 멤버십 프로그램인 토탈 리워드Total Rewards에 17년간 회원 4,500여만 명에 관한 데이터가 들어 있었고, 그 가치가 10억 달러는 된다고 채권자들은 주장했다.

이는 시저스에 국한된 이야기가 아니다. 우리 조직에서 현재 가장 가치 있는 핵심 자산이 바로 데이터다. 데이터의 가치는 올라갈 수밖에 없다. 특히 알고리즘과 AI의 세상에서 작동하는 데이터의 중요성을 이해하면 그 이유를 알 수 있다.

제프리 힌튼, 알렉스 크리제브스키, 일리아 수츠케버가 2012년에 열린 인공지능 이미지 인식 경진대회에서 신경망을 이용해 우승한 것은 우연이 아니었다. 대회가 열리기 전 스탠퍼드대학의 젊은 교수이자 컴퓨터 천재 앤드루 응Andrew Ng은 신경망 기술을 사용하라고 힌튼을 설득했다고 한다.

홍콩과 싱가포르에서 자란 응은 환자 진료에 컴퓨터 프로그래밍을 적용하려고 애썼던 아버지로부터 어린 시절 컴퓨터 프로그래밍을 배웠다. 열여섯 살에 이미 인공 신경망을 이용해 수학 문제 푸는 법을 알아냈다.

이후 고등학교를 졸업한 응은 컴퓨터공학 분야에서 명성이 자자한 세 학교인 카네기멜론대학과 MIT, 버클리대학에서 공부한 후 스탠퍼드대학의 교수가 되었다. 그래픽 칩 제조업체 엔비디아NVIDIA가

2007년 보급형 게임용 그래픽 처리장치GPU를 생산하자 응의 스탠퍼드대학 연구진은 곧바로 엔비디아의 칩을 이용해 인공 신경망 연산을 가속할 수 있다고 보았다.

이때만 해도 컴퓨터공학자들은 주로 인텔에서 생산해 일반 보급형 PC에 설치되는 형태의 범용 프로세서를 이용해 알고리즘을 실행시켰다. 기존에 상용되던 컴퓨터 칩들은 연산속도가 빨랐음에도 한 번에 두서너 가지 작업을 수행하는 수준이었다. 인공 신경망에는 수천 개 이상의 연산이 동시에 처리되는 기술이 적용되어야 한다. 다행히 이런 필요를 충족시킬 수 있는 칩이 존재했는데, 비디오 게임용 GPU였으며 엔비디아에서 만든 제품이 가장 성능이 좋았다.

이렇게 저렴한 비용으로 GPU 형태의 연산 처리능력을 갖추게 된 응은 고도의 연산 능력을 발휘하는 딥러닝에 관한 논문을 발표했다. 이 논문을 바탕으로 인공지능 연구에 활력이 붙었다. 2012년 토론토대학의 제프리 힌튼 교수 연구진이 머신러닝의 한계를 뛰어넘는 심층학습을 제시함으로써 딥러닝과 인공 신경망 기반의 AI 분야에 부흥기가 찾아왔다.

그런데 응이 연구를 확대하고자 고도의 연산 처리능력을 찾는 데는 그리 긴 시간이 걸리지 않았다. 구글과 협력하게 된 응은 방대한 데이터를 처리하는 연산 능력을 바탕으로 2011년 구글 브레인이라는 딥러닝 인공지능 연구팀을 발족하는 야심 찬 계획을 실행했다. 구글 브레인은 머신러닝 알고리즘 시스템에서 유튜브를 자가학습의 데이터 세트로 활용했다. 이는 구글 브레인이 진행한 가장 흥미로운 실험이었다. 웅의 시스템은 사람의 도움 없이 또 사전에 고양이에 관한 정보를 얻지 않은 채 스스로 학습하여 고양이 이미지를 식별해내면서 존재감을 알렸다.

2014년 중국 최대 검색 엔진 기업 바이두Baidu는 실리콘밸리에 3억 달러를 투자해 인공지능 연구소를 세우겠다고 발표했다. 이후 바이두는 웅을 영입했다. 웅은 바이두에 입사하자마자 수많은 GPU를 사들이고 업종의 경계를 넘어 다양한 애플리케이션에 AI를 적용하기 위한 프로젝트 연구개발을 주도했다.

바이두에서 경험을 축적한 웅은 머신러닝의 개척자로서 자립하였으며, 1억 7,500만 달러 규모의 AI 펀드를 설립하기에 이르렀다. 웅은 블로그 포스트에 자신의 결정을 알리며 AI의 개발을 전력의 실용화에 비유했다. 전기가 발명된 초기에는 대부분의 혁신이 원래 적용된 조명에 약간의 개선을 하는 데 쓰였다. 전력이 전체 산업 개편으로 이어지는 실질적인 혁신을 이루기까지는 오랜 시간이 걸렸다. 그의 관점에서 AI가 21세기의 전기였다.

기업이 비즈니스의 핵심에 데이터를 두어야 한다고 웅은 주장한다. 머신러닝 알고리즘을 훈련시키기에 적합한 데이터를 찾는 일은 쉽지 않다. 오늘날 시장에서 활동하는 기업들이 대개 방어적인 태도로 데이터를 보유한다는 점도 무시할 수 없는 이유다. 웅은 바이두에서 주로 사용자 행동의 측면이나 지리적 영역을 겨냥해 특정 데이터 세트를 확보한다는 목표로 애플리케이션을 설계하고 출시했다. 먼저 데이터를 따라가면 어떤 흥미로운 지점에 도달할 수 있다는 사실을 깨달은 것이다.

응 같은 알고리즘 리더가 각자의 분야에서 걸어온 길을 따라가다 보면, 원대한 발상을 내놓기 위해 끊임없이 노력하는 모습을 엿볼 수 있다. 컴퓨터의 연산력과 재정자원을 갖췄다고 하여 열 배의 기회를 찾는다는 보장은 없다. 그와 함께 알고리즘이 학습할 풍부하고 흥미로운 데이터 세트를 갖춰야 한다. 데이터는 자산 이상의 가치가 있다고 응은 말한다. 데이터를 비즈니스 전략의 나침반으로 삼아야 한다.

조직 내 지식창고의 열쇠를 풀어라

AI와 머신러닝의 연료와 같은 데이터의 중요성을 이해하는 전통 기업들은 특별한 기회를 창출할 수 있다. 전통 기업들은 그러한 데이터를 이미 대거 보유하고 있다. 미래에 대비해 원대한 구상을 하고 있다면, 그 토대가 자체 보유한 데이터일 수 있다.

시장에 정착한 대규모 기업들은 오랜 시간 고객이 공급자 및 협력자와 벌이는 상호작용, 자체 플랫폼과 운영 단위의 성능에 관한 데이터를 축적해왔다. 물론 그런 데이터가 알고리즘으로 쉽게 분석되는 형태인 경우는 흔치 않지만, 데이터에 접근할 수만 있어도 신규 시장 진입자들은 기존 업체와 경쟁할 수 있는 자산이 된다. 그렇지만 대규모 기업들이 자체 데이터를 유용한 방식으로 이용하기 위한 유인책을 잘 활용하지 못하는 경우가 많다.

앤드루 응의 행보에 비유해서 말하면, 오래된 쇼핑몰이 신규 웹사이트를 개설한다고 해서 아마존 같은 글로벌 기업을 추월할 만한 이커머스 기업이 된다는 보장은 없다.

요컨대 알고리즘 기반의 조직을 구성하는 일에 지름길은 없다. 조직이 보유한 데이터의 가치를 고려하여 먼저 정보를 한곳(가상의 공간)에 모아야 한다. 대표적인 예로, 전 세계 28개국에 걸쳐 2만 개 이상의 점포를 보유한 세계 최대 유통기업 월마트는 시간당 2.5페타바이트의 데이터를 처리하는 세계 최대 폐쇄형 클라우드를 구축하고 있다. 이와 같은 데이터 설비를 구축한 덕분에 월마트는 고객 정보 및 운영 정보로 소비 패턴과의 상관관계를 찾아내는 데 전례 없는 능력을 얻을 것이다. 그 결과 운영 모델에 극적인 변화를 일으키고 완전히 새로운 벤처를 출범시킬 잠재적 역량을 갖출 수 있다.

소위 '데이터 레이크data lake(마치 물이 호수로 모이듯이 다양한 데이터를 한곳에 저장하는 공간. 빅데이터를 분석하는 용도로 활용된다-옮긴이)라고 불리기도 하는데, 디지털 변혁을 실현하는 첫 단계다. 데이터 관리에 대한 통합적인 접근법을 마련하고 물리적인 분석 플랫폼을 구축한다. 여기에 더해 알고리즘 리더는 데이터 가용성, 데이터 수집, 데이터 라벨링(AI가 학습할 데이터에 이름표를 붙이는 작업-옮긴이), 데이터 거버넌스governance에 관해 신중히 고찰한다. 데이터를 수집하고 정리하는 일에서 끝나는 게 아니다. 데이터를 1차 생산물로 창출하여 키워나가는 조직 구축의 과정을 밟는 것이다.

미국의 클라우드 컴퓨팅업체 세일즈포스닷컴Salesforce의 수석 연구

원인 리처드 소처Richard Socher에 따르면, 데이터를 올바로 수집하는 일은 상당한 노력이 필요한 기술이다. 먼저 다양한 공간에서 수집한 데이터를 통합하여 정제하고 분류해야 한다. 또한 적절한 하드웨어 인프라를 구축하고 데이터 로드를 조절해야 하며 개발자들이 적절히 문서화하는 작업이 필요하다. 그리고 나서 신뢰도, 보안, 권한 정책을 고려한다.

그 때문에 대규모 조직에서 활동하는 리더는 무엇보다 계획을 수립할 능력과 창의성을 가져야 한다. 기초 연구를 담당하는 연구소에 자금을 제공한다고 다 끝난 게 아니다. MS 같은 기술 기업들이 오랜 기간 저질렀던 실수를 반복해서는 안 된다. 연구원들이 끊임없이 내놓은 기발한 아이디어가 상품화되지 않았던 사실을 간과해서는 안 된다. 알고리즘 기반의 조직을 구성하기 위해 기술 부서와 상품 부서가 협업하여 완전히 새로운 사업 방식을 창출하고, AI를 적용하여 효과를 극대화할 수 있는 사업 부문을 식별할 방안을 구상해야 한다.

좋은 예로, 세계 최고의 제트엔진 제조업체 롤스로이스Rolls-Royce가 디지털 혁신을 가속하기 위해 설립한 R2 데이터랩이라는 신규 사업부가 있다. 사업을 운영하면서 다양한 분야의 데이터 전문가들과 경영자들이 협업하는 팀을 구성하여 AI 중심의 서비스를 창출하거나 사업 운영의 효율성을 증진하겠다는 것이 설립 목적이었다. 롤스로이스가 생산하는 모든 엔진에 대한 가상의 실체를 만들어 사업 전반에 걸친 데이터를 설계 및 생산 관련 데이터와 결합해 완전한 디지털 트윈digital twin을 실현하겠다는 계획이었다. 디지털 트윈은 현실 세계의 기계나 장비, 사물 등을 컴퓨터 속 가상세계에 구현한 것을 말한다.

조직이 자체 보유한 정보의 가치를 밝혀낸다면, 이를 플랫폼 삼아 혁신적이고 창의적인 발상을 할 수 있다. 미국에서 160년 역사를 자랑하는 생명보험회사 매스뮤추얼MassMutual은 온라인 즉시 가입 승인 서비스를 제공하여 보험 가입 고객의 경험을 재창출하는 방법을 찾고자 했다. 그 하나로, 매스뮤추얼은 헤븐라이프Haven Life라는 신생 회사를 설립했다. 헤븐라이프는 모기업에서 받는 재정 지원 외에 보험 업계에서 어느 신생 기업도 갖추기 힘든 핵심 자산을 하나 가졌다. 매스뮤추얼이 과거부터 축적한 데이터에 접근하게 된 것이다. 해당 데이터는 대략 15년 전에 작성된 자료를 비롯해 1백만 개의 보험증권이었다.

생명보험 상품에 가입하기까지 흔히 다수의 서류를 검토하고 분석하는 작업이 벌어진다. 생명보험이 누군가의 수명을 예측하는 엄격한 기술, 즉 보험 통계 데이터를 바탕으로 운영되기 때문이다. 보험 통계 모델의 상관관계를 찾고 예상 수명을 도출하려면, 고객들이 대개 병원을 찾아 건강검진과 혈액검사를 받고 진료 이력과 관련한 많은 질문에 답해야 한다. 그런데 헤븐라이프는 머신러닝을 이용해 온라인 고객들이 그런 과정을 거치지 않게 했다. 과거의 보험계약자들, 그리고 그들의 수명 간에 상관관계가 존재했기에 그에 관한 데이터를 이용해 보험 가입 신청자의 리스크 프로파일을 예측할 수 있었다. 장시간 서류를 쌓아놓고 분석하지 않아도 보험 가입 절차를 처리할 수 있었다.

전통 기업들은 데이터와 알고리즘으로 스스로를 재창조할 기회를 얻을 수 있다. 한편으로는 21세기에도 기업이 필요한가 하는 도전적인 질문이 제기된다.

기업이 존재하지 않는 미래

기업이라는 개념은 오랫동안 존재해왔다. 주식회사에 관한 최초의 기록은 중국의 송 왕조(Ad 960~1279) 때로 거슬러 올라가지만, 어쩌면 글로벌 기업의 가장 유명한 본보기는 동인도 회사일 것이다. 1600년 12월 31일 엘리자베스 1세가 영국 왕립 헌장을 수여한 이래 동인도 회사는 동인도에서 15년 동안 모든 무역을 독점했다. 그런데 상업적인 무역회사가 준정부가 되고 군사 조직화해 인도 전역을 통치하며 자원을 수탈했다는 점에서 동인도 회사는 공공과 민간이 합작한 최초이자 가장 악명 높은 사례가 되었다.

그런데 기업의 전통적인 개념(주식회사, 수백 또는 수천 명의 정규직을 고용하는 조직체)은 데이터와 알고리즘으로 형성된 새로운 세계에서도 여전히 적용될까? 이를테면, 직원이 한 사람도 없고 컴퓨터 코드로만 존재하는 회사를 설계할 수 있을까? AI가 머신러닝에 최적화된 조직을 설계하였다면, 그 조직은 어떻게 운영될까?

미국 경제학자 로널드 코스Ronald Coase는 20세기 초 대학원생이던 시절에 '기업은 왜 존재하는가?'라는 기업의 존재 이유에 주목했다. 그의 고전적 이론은 기업의 본질을 밝힌 점에서 공로를 인정받았다.

코스는 스무 살이던 1931년 영국을 떠나 미국 각지를 여행하며 기업가들과 경제학자들을 만나 대화했다. 과거 레닌은 소비에트 연방을 하나의 거대한 공장으로 만들겠다며 자신했는데, 이를 바탕으로 당시 코스는 기업의 성장 규모에 본질적 한계가 있는지, 실제로 기업이 필요한지에 대한 물음에 답을 구하려 했다.

애덤 스미스Adam Smith의 학설을 토대로 한 주류 경제이론은 시장이 효율적으로 움직이기 때문에 고용할 때 드는 비용보다 외부 거래를 할 때 드는 비용이 더 낮아야 한다고 했다. 코스는 미국에서 돌아와 당시 주류 경제이론과는 매우 다른 관점에서 경제를 바라보기 시작했다. 그러다 1937년 「기업의 본질The Nature of the Firm」이라는 짧은 논문을 발표하여 경제학의 새로운 장을 열었다. 이 논문에서 코스는 어떤 일을 하기 위해 시장을 이용할 때마다 발생하는 거래비용을 낮추는 것이 기업의 존재 이유라고 주장했다.

우리가 외주(아웃소싱, 예를 들어 외부에 위탁한 인력 채용 등)라고 보는 일에 비용을 지출하기보다 최종산출물 생산을 위한 요소와 시스템을 내부에서 창출하는 기업들이 생겨날 것이라고 코스는 예견했다. 외부에서 인력을 고용하여 일을 처리할 때보다 내부적으로 일을 처리할 때 비용이 덜 발생한다고 코스는 주장했다. 코스는 60년 후 관련 논문으로 노벨 경제학상을 수상했다.

그러면 기업이 단지 거래비용을 낮추거나 없앨 목적으로 존재하는 경우, 블록체인 같은 기술이 비용 절감에 큰 효과를 발휘할까? 미래에도 기업이 하나의 조직 구조로 존재할 필요가 있을까? 비트코인 같은 암호화폐의 이론적 본질은 제쳐두고라도, 블록체인은 21세기에 기업의 구조를 변화시킬 만한 심오한 의미가 있는 기술이다. 거대한 분산형 데이터베이스로서 작동하는 블록체인을 바탕으로 구매자와 판매자가 가치를 보관하고 교환할 수 있으며, 중간 매개체 없이 거래를 입증할 수 있다.

예를 들어, 이더리움은 블록체인 기술을 기반으로 하는 플랫폼으로 스마트 계약을 구현하기 위한 프로토콜을 갖췄다. 스마트 계약은 계약 조건을 코드로 지정해두고 일정한 조건이 충족될 경우 계약이 실행되는 프로그램이다. 이를테면 부동산 임대차 계약이나 음악과 영화의 저작권 사용료에 관한 정보를 블록체인에 기록하고 조건이 충족되면 자동으로 계약이 실행된다. 스마트 계약 스타트업 기업인 아토리스Attores의 공동설립자이자 최고기술책임자CTO인 과랑 토베카Gaurang Torvekar는 약혼녀인 사얄리 칼루스카Sayalee Kaluskar와 함께 스마트 계약을 이용해 혼전 계약을 쓰기로 했다. 계약서에는 남편이 미국 드라마 〈사인펠드Seinfeld〉 시즌 전편을 다 시청한 후 부부가 함께 〈더 워킹데드The Walking Dead〉를 시청해야 한다는 내용도 들어 있다.

미래에는 기업들이 직원을 두지 않거나 소재지를 두지 않고 사업을 운영할지도 모른다. 그런 기업들은 데이터와 여러 알고리즘에 반응하는 스마트 계약에 전적으로 의존하는 '분산형 자율조직'이 될 수 있다. 그처럼 미래 기업에 대한 급진적 비전에 동의하지 않을지라도 어느 기업에서나 일부 부서들이(어쩌면 전체 부서가) 자율화되거나 분산화될 수 있다.

그렇다면 기업들은 어느 방향으로 나아가야 할까? 알고리즘이 비즈니스의 판도를 바꿀 가능성이 있다면, 기다리는 기업보다 먼저 움직이는 기업이 늘 시장에서 경쟁우위를 차지한다. 이 단순한 교훈을 잊지 말아야 한다.

알고리즘 리더를 위한 질문?

• 장차 블록체인 기술 기반의 분산 자율형 사회가 도래할 것이다. 그런 미래에 대비하여 우리 조직이 현재 준비하는 일은 무엇인가?

알고리즘 시대의 성공 전략

1. 알고리즘 시대는 '승자독식'의 시대다. 미래에 대한 원대한 그림을 그리고 규모 확대에 투자하는 것이 지속적 성공의 발판이 될 것이다. '디지털 변혁'이 '디지털 점진주의'에 그치는 함정에 빠지지 않아야 한다.

2. 과거로부터 내려온 위대한 발상에 발목이 잡혀 새로운 기회를 탐색하지 못할 수 있다. 과거의 성공 너머를 보는 민첩한 조직을 설계하여 경직된 조직 구조와 서열화, 업무 절차의 폐해를 없애고 새로운 역량을 수용해야 한다.

3. 진정한 알고리즘 혁신을 이루기까지 신중한 컴퓨테이션과 재정투자 그 이상이 요구된다. 무엇보다 흥미로운 데이터가 필요하다. 알고리즘은 데이터를 바탕으로 학습하며 성장한다. 매력적인 데이터를 발굴하고 개발하는 역량을 바탕으로 비즈니스 가치를 창출해나가야 한다.

4. 대규모 조직들은 데이터를 적극적으로 활용할 경우 시장에서 경쟁우위를 가진다. 이를 위해 적절한 팀을 구성하고 협력자를 모아야 하며 알고리즘으로 혁신과 변혁이 일어날 사업 부문을 선별해야 한다.

5. 블록체인과 스마트 계약 같은 알고리즘 기술은 전통적인 기업의 구조에 변화를 초래하며, 미래에도 기업의 사업 부문들이 존재할 것인가에 대한 의문을 제기한다. 미래에는 기업이 실체가 없는 모습으로 바뀔지도 모른다.

갈수록 중요해지는
컴퓨팅 사고력

머신러닝은 매사에 우리가 하는 일의 방식을 다시 생각하게 하는
중추적이고 혁신적인 방법이다.

– 선다 피차이Sundar Pichai, 구글 최고경영자

컴퓨팅 사고력computational thinking은 데이터와 기술을 이용해 역량을 높여 문제를 해결하고 의사결정을 내리는 방법이다. 카네기멜론대학에서 컴퓨터공학 교수를 지낸 지넷 윙Jeannette Wing이 유행시킨 개념이지만, 실제로 아리스토텔레스 시대 이래 사용된 사고법인 '제1원칙 사고'의 형식 그대로다.

윙은 컴퓨팅 사고력에 관해 "문제와 해법을 정형화하는 사고의 흐름입니다. 그래서 해법은 정보 처리 도구로 효과적으로 처리될 수 있는 형태로 나타납니다"라고 설명했다. 컴퓨팅 사고력은 복합적인 사고법이다. 말하자면, 문제해결에 대한 구조적 접근법으로 궁극적으로 컴퓨터, 사람 또는 대개 사람과 컴퓨터가 함께 효과적으로 해법을

내도록 해준다.

컴퓨팅 사고력의 효과를 높이는 법을 배우고 싶다면, 유추에 의한 추론이 제1원칙에 의한 추론과 어떻게 다른지 이해하는 것이 좋은 출발점이다.

유추는 한쪽과 다른 한쪽이 서로 비슷한 성질일 때 다른 것도 그와 같은 성질을 가질 것이라고 짐작하는 식의 귀납적 추론이다. 유추는 서술, 이야기가 주도하는 뇌 부위와 연관되어 교훈을 전달할 때 효과적이다. 하지만 이는 또한 유추가 잠재적으로 한계에 이를 수 있다는 것을 의미한다. 두 상황 사이에 인지된 유사성이 더 근본적인 사실을 숨길 수 있기 때문이다. 철저히 분석하면 근본적으로 결론이 달라질지도 모른다.

제1원칙, 사고하라

나는 법학도로서 법조계에서 익숙하지 않고 모호한 이야기를 얼마나 많이 활용하는지에 대해 깊은 관심을 쏟았다. 역사상 가장 유명한 사례로 1928년 스코틀랜드 랜프루셔주의 페이즐리라는 도시에 소재한 선술집에서 병 안에 썩은 달팽이가 들어간 것을 모르고 맥주를 마신 사건과 관련한 판례가 있다. 이 유명한 '도너휴 대 스티븐슨 판결Donoghue v. Stevenson'은 제조물 책임에 관해 어떻게 바라봐야 할지, 삼성의 스마트폰 폭발 사건 같은 문제를 어떻게 다뤄야 하는지 오늘날에도 우리의 사고에 영향을 미친다. 변호사들이 유추에 의한 추론을 할 때, 흔히 사실이 실제와 다를 가능성이 있음에도 그 상황에서 동일한 일반적 원칙이 적용되는 판례로 판사를 설득하려고 한다. 이로써 변호사들은 자신들의 주장을 뒷받침하는 판례가 있다는 점, 그들에게 유리한 결정이 그 문제에 관해 오래 이어진 사법적 사고의 일부분이라는 점을 입증하려 한다.

변호사들만 설득에 유추를 활용하는 게 아니다. 가령, 할리우드 소재 유명 스튜디오의 운영자와 엘리베이터에서 우연히 마주치는 경우, 서랍 맨 아래 칸에 보관했던 해묵은 영화 대본을 아주 짧은 시간 안에 홍보해야 한다. 시간을 절약하기 위해 누구에게나 친숙한 영화를 예로 들어 유추를 사용한다. 어쩌면 〈매트릭스The Matrix〉가 〈글래디에이터Gladiator〉의 역사 배경에 〈노트북The Notebook〉이 만나는 모습을 아이디어로 내놓을지도 모른다(그런 영화라면 우리 모두를 위해 엘리베이터 타는 시간이 매우 짧기를 바랄 수밖에 없다).

알고리즘 리더는 문제를 판단하고 의사결정을 내릴 때 차별화된 접근법을 사용한다. 또한 매우 구조적인 방법으로 전략적 이슈에 접근하며, 그에 따라 문제해결력을 높이기 위해 데이터와 컴퓨테이션을 이용한다. 이런 측면에서 과거 황금기를 누렸던 할리우드 스튜디오의 운영자는 넷플릭스 콘텐츠 프로덕션 팀의 담당자와는 차이가 날 것이다. 유추로는 충분하지 않다. 주장하는 유사성을 뒷받침하는 데이터가 없으면 잘못된 결론에 이를 수 있다. 간단한 말처럼 들리지만, 이는 20세기의 경영자 교육 방식에 상당히 대치된다. 경영자들은 과거부터 제1원칙보다는 유추에 의한 추론을 하라고 훈련받았다.

경영을 전공하는 학생들은 흔히 기업 사례를 분석하고 여러 기업이나 경영자들이 유사한 상황에서 진행했던 사례들을 논증의 근거로 삼는다. 예컨대, 하버드 경영대학원의 클레이튼 크리스텐슨Clayton Christensen 교수를 신망하는 사람들은 1970년대에 소규모 제철소가 부상하여 철강 산업을 와해시킨 사례 등을 포괄적인 전략 트렌드의 증거로 삼아 사례 연구에 전념한다. 소규모 제철소들은 처음에 값싼 방식으로 콘크리트 보강용 철근을 생산했다. US 스틸 같은 대규모 종합제철회사들은 그런 소규모 제철소들의 등장에 당황하지 않았다. 하지만 소규모 제철소들이 그들의 성공을 발판 삼아 고부가가치 상품 생산으로 방향을 틀자 상황은 역전되었다.

당시 인텔의 최고경영자였던 앤디 그로브Andy Grove는 시장의 아래쪽을 포기하지 말라는 경고로 소규모 제철소의 유추를 받아들였다. 이에 그로브는 인텔의 로엔드low-end 셀러론Celeron 프로세서를 저가 컴퓨터 구매자들에게 한층 더 공격적으로 홍보했다. 그렇지만 유추는 잘못되었고 실패로 이어졌다. 인텔의 실패 사례는 지금도 중요한 시사점으로 회자된다. 인텔은 스마트폰 시장의 상승세를 인지하지 못했다. 그런데 아이폰 이전 시대 내내 인텔의 마케팅 예산에도 미치지 않는 시가총액을 가졌던 영국 반도체 설계회사 ARM이 인텔에 실제 위협으로 등장했다. ARM의 설계에 기반한 아이폰용 칩을 공급해달라는 스티브 잡스의 제안을 인텔은 거절했다. 마진이 낮은 휴대폰 CPU 제조 사업에 발을 담그고 싶지 않았던 탓이다. 게다가 인텔은 스마트폰 혁명이 얼마나 확산할지 인식조차 하지 못했다.

이처럼 유추에 의한 추론으로 인해 전략적 판단을 하지 못하고 조직문화와 리더십 면에서 혼란을 겪을 때가 많다. 주변에서 흔히 볼 수 있는 일인데, 기업들은 워크숍이나 리더십 프로그램에서 리더들을 줄다리기나 '트러스트폴trust fall(뒤에서 잡아줄 동료를 믿고 뒤로 넘어지는 신뢰 구축 게임)'에 참여시켜 '팀 빌딩' 같은 개념을 함양하려고 애쓴다.

여기서 오해하면 안 된다. 서바이벌 게임을 하든 카드로 집짓기 놀이를 하든, 기업에서 진행하는 사회적 활동은 함께 시간을 보내며 서로 소통하고 알아간다는 점에서 훌륭한 기회다. 그렇지만 이런 활동이 유추에 의한 사고를 토대로 벌어질 때는 역효과를 낳는 사고방식으로 강화된다.

회사에서 신제품 개발을 지원받으려고 애쓰고 있다고 가정해보자. 이때 상사들이 시장에서 성공한 유사 제품 사례를 요구한다면 어떻게 해야 할까? 마케팅 담당자가 1위 기업의 전략을 모방하여 마케팅 캠페인을 벌인다면 어떨까? 적절한 선택일까, 아니면 잘못된 판단일까? 혹은 새로이 개발한 기기가 디자인은 훌륭하지만 적정한 비용을 책정하기 어렵다며 기술팀이 의견을 냈을 때, 그들의 의견을 순순히 받아들일 수 있는가? 마지막 질문은 민간 우주개발업체인 스페이스X와 관련이 있다.

스페이스X의 최고경영자인 일론 머스크Elon Musk가 언젠가 화성에 사람들을 데려가겠다는 목표로 로켓을 확보하는 일에 착수했을 때,

극복할 수 없을 것 같은 문제에 직면했다. 바로 비용이었다. 로켓 중 가장 저렴한 미국산 로켓이 한 대당 6,500만 달러에 달했다. 더군다나 머스크는 로켓 두 대가 필요했다. 이런 이유로 머스크는 재활용되는 대륙간탄도미사일을 팔기도 한다는 러시아로 건너가 구매 가능성을 타진했다. 러시아 로켓은 핵탄두가 장착되지 않은 것도 한 대당 1,500만에서 2,000만 달러에 달했다. 그렇다면 머스크는 스페이스X를 창업하고 6년이 지난 후 어떻게 700만 달러로 그의 첫 로켓 팰컨 1호를 궤도에 발사할 수 있었을까?

머스크는 제1원칙 사고를 적용했다. 아리스토텔레스는 제1원칙을 '어떤 것에서 얻을 수 있는 첫 번째 근거'라고 정의했다. 그래서 제1원칙 사고는 우리가 사실로 아는 기본적인 것들로 문제를 나누고 거기서부터 근거를 쌓아가는 기법이다.

머스크는 러시아 사람들을 만나고 돌아와서 로켓이 실제로 어떤 재료로 만들어졌는지 생각하기 시작했다. 로켓을 모든 구성요소로 나눈다면, 그것들은 얼마 정도 할까?

머스크는 연구를 통해 우주항공 등급의 알루미늄 합금이 주재료로 사용되고 거기에 더해 합금, 티타늄, 구리, 탄소섬유가 사용된다는 사실을 알게 되었다. 또한 직접 시장조사를 한 끝에 로켓 제작에 필요한 재료비가 로켓 가격의 2퍼센트에 불과하다는 사실을 알았다. 그뿐만 아니라 적합한 팀을 구성하고 설계와 제작에 최신 기술을 적용함으로써 애초에 매우 적은 비용으로 로켓을 만들 수 있다고 판단했다. 스페이스X가 새 출발 하는 동시에 우주항공 산업의 새 시대가 열리는 순간이었다.

머스크가 제1원칙 사고를 이용한 사례는 여기서 끝이 아니다. 가정용과 차량용 에너지를 저장하는 배터리를 비용 면에서 효율적으로 사용하는 일이 불가능하다는 조언을 들었을 때도, 그는 다시 한 번 문제를 작은 부분들로 쪼개었다. 배터리를 구성하는 재료들을 분리하면, 완제품 가격보다 비용이 훨씬 줄어들 것으로 예상했다. 금속 거래소에서 탄소, 니켈, 알루미늄, 폴리머, 철강을 구매한다면 비용이 얼마나 될까? 밝혀진 바와 같이 사람들의 예상보다 비용이 꽤나 줄어든다.

제1원칙으로 판단을 제대로 하려면, 먼저 현재의 가정을 정한 다음 이를 근본 사실들로 나누고 처음부터 새로운 해법을 창출할 방법을 고찰한다.

제1원칙 사고의 기본 활용법을 습득하였으니 실천에 옮겨서 알고리즘과 AI를 기반으로 일의 효율을 높일 때다. 컴퓨터 프로그램 설치법보다 유용한 컴퓨터 이용법을 습득하는 게 우선이다. 그런 차원에서 인공지능 말고 '증강지능augmented intelligence'이라는 말에 집중해보자.

그렇다면 알고리즘 시대에 비즈니스 리더들은 어떻게 의사결정을 하고 문제를 해결해야 할까? 지금부터 알아보자.

컴퓨터처럼 사고하기

제1원칙으로 문제를 분석하듯이, 컴퓨팅 사고력은 문제를 파악하여 더 처리하기 쉬운 조각들로 나누는 과정(분해)이다. 그러면 유사한 문제들이 과거에 어떻게 처리되었는가(패턴 인식) 하는 맥락에서 문제를 검토하게 된다. 이어서 조각난 문제를 해결하기 위해 단순한 단계나 규칙(알고리즘)을 찾고, 그다음 작은 퍼즐들을 맞출 수 있는 더 큰 그림을 구상(추상적 개념)하게 된다.

이 원칙은 다음 단계로 정리되며 어떤 문제에든 적용할 수 있다.

1. 문제를 부분이나 단계로 나눈다.
2. 패턴이나 트렌드를 인식하고 찾는다.
3. 문제해결 지침 또는 임무 수행 단계를 만들어낸다.
4. 패턴과 트렌드에서 규칙과 원칙, 현상을 꿰뚫는 통찰을 이끌어낸다.

컴퓨팅 사고력은 수학적 사고나 이론적 사고와 달리 일상생활에 유용하게 활용되는 이유가 있다. 어려운 점을 구체화하기 때문이다. 실제 난관에 부딪혔을 때 알고리즘 리더라면 문제해결이 얼마나 어려운지, 최선의 해결책이 무엇인지, 사용 가능한 컴퓨팅 자원이 얼마나 오래 가동될 수 있는지, 알고리즘의 결과가 만족할 만한 정도인지 고민한다. 이런 관점에서 볼 때, 컴퓨팅 사고력은 처리하기 어려운 문제를 어떻게든 축소하거나 전환함으로써 기존의 해법으로 해결할 수 있게 바꾸는 기법이라고 할 수 있다.

이를테면, 우수한 직원들이 어느 지역 출신인지 파악하거나 고객들이 계약을 갱신하지 않는 이유를 판단하거나, 혹은 생산공정에서 계속 고장이 발생하는 이유가 무엇인지, 마케팅 전략 중 실제로 효과가 있는 것은 무엇인지 등 다양한 사안을 분석하고 판단할 때 컴퓨팅 사고력을 활용할 수 있다.

컴퓨팅 사고력은 영리한 리더로 만들어주는 점을 차치하고도 일처리 방식을 기존보다 큰 틀에서 바꾸고, 그렇게 함으로써 업종 전체를 탈바꿈하는 잠재력을 발휘한다.

반도체칩의 시험 방식이 바뀐 사례는 좋은 예다. 반도체칩은 제조 단계에서 시험을 거치는 게 일반적이다. 전화나 태블릿 등의 기기에 반도체칩이 내장되는 시기도 바로 그때다. 대개 시험을 담당하는 기술자가 특수 장비를 이용해 해당 업무를 수행한다. 시험 과정에서 시간이 꽤나 소모되고 비용이 적지 않게 들어가며, 우리가 쓰는 기기들이 날이 갈수록 작아지고 정교해지면서 작업의 난도가 높아지고 있다. 그러면 개선책은 무엇일까?

반도체칩 시험장비 제조업체 아드반테스트Advantest의 부사장인 키스 샤웁Keith Schaub이 야구를 예로 들어 현장에서 컴퓨팅 사고력을 실천하는 효과를 설명해준 적이 있다.

샤웁은 두 야구 감독이 있고 각 감독이 최상의 선수단을 구성하는 모습을 상상해보라고 했다. 첫 번째 감독은 최상의 실력을 갖춘 감독들이 으레 그러하듯 선수가 필수적인 능력과 기술을 가졌는지 판단하기 위해 일련의 시험과 과제를 고안한다. 이 과정에서 선수 후보는 마치 반도체칩이 시험에서 정상이나 불량으로 판단되듯이 시험을 통과하거나 탈락한다. 모든 선수가 개별적으로 평가받기 때문에 시험은 꽤 오랜 시간 진행된다.

두 번째 감독은 컴퓨팅 사고력의 달인으로 선수들을 테스트하지 않기로 한다. 대신 학교를 돌며 모든 선수의 진료 기록을 검토한다. 선수들이 과거에 실력이 어땠는지, 신체 특징은 어떠한지, 어떻게 훈련해왔는지 자료를 보며 확인한다. 그는 간단한 머신러닝 모델을 이용하여 현재의 데이터, 그리고 지난해 뛰어난 실력을 보였던 선수들의 데이터, 이 두 데이터의 상관관계를 분석한다. 이로써 모든 선수를 시험하지 않고도 첫 번째 감독이 조사한 내용과 거의 같은 데이터를 이끌어낸다. 본질적으로 이런 방식을 이용해 샤움은 반도체칩 시험장비 시장의 미래를 내다봤다. 시험 담당 기술자들이 일정한 종류의 웨이퍼(반도체의 기초 재료인 기판-옮긴이)에 결합하는 반도체칩의 성능과 신뢰성에 관해 수많은 데이터를 만들어두었다. 그래서 미래의 기술자들은 직접 반도체칩을 시험하지 않고 AI와 머신러닝 플랫폼을 이용해 실패를 예측하고 관련 플랫폼 기능을 향상할 방법을 구상하는 역할을 한다.

자신의 지능을 높여라

컴퓨팅 사고를 하면 좋은 점이 있다. 전략(문제에 접근하는 방식)과 실행(데이터의 고속 처리)을 구분하는 능력이 생긴다. 전략과 실행을 잘 조합하면, 전혀 다른 성격의 문제(이를테면 외계행성을 찾는 일)도 다룰 수 있다.

외계행성은 태양계 밖에 있는 항성 주위를 도는 행성이다. 2009년 3월 7일 나사NASA가 다른 항성 주위를 도는 지구 크기의 행성을 찾을 목적으로 케플러 망원경을 발사했다. 케플러 망원경은 행성이 항성 주위를 돌면서 드리우는 그림자를 감지하여 행성을 찾아낸다. 행성이 항성 앞을 지나갈 때, 빛이 살짝 어두워지는 시점을 케플러 망원경이 포착하는 원리다.

케플러는 지금까지 그런 별을 15만 개나 관찰했고, 이미 행성 후보를 4천 개 이상 발견했으며 그중 약 2,300개 이상을 검증했다. 자동화된 검증 시스템을 이용하고 때로는 가장 가능성이 커보이는 데이터를 이용해 육안으로 신호를 검증한다. 하지만 관련 데이터가 방대하고 신호가 약할 때가 있어서 일부 천문학자들은 자신들이 뭔가를 놓친 건 아닌지 감을 잡지 못했다.

구글의 수석 소프트웨어 엔지니어 크리스토퍼 살루Christopher Shallue 는 새롭고 흥미로운 머신러닝 애플리케이션 같은 것이 있는지, 특히 데이터가 너무 많아서 인간의 능력으로는 제대로 검토하기 어려운 상황이 있는지를 궁금해했다. 여타 과학 분야도 그렇지만 천문학 분야에서 날이 갈수록 데이터가 급격히 불어나서 인간이 일일이 검토하기가 불가능하다는 것을 알고 나서 살루는 외계행성의 발견에 관심을 가졌다.

그때부터 시간이 날 때마다 인터넷 검색으로 '대규모 데이터 세트가 있는 외계행성'을 찾다가 케플러 망원경이 임무를 시작하고 만들어낸 방대한 데이터 세트에 관한 내용을 찾았다. 이윽고 그는 미국 오스틴 텍사스대학에서 천문학자로 있는 앤드루 밴더버그Andrew Vanderburg에게 연락했다.

두 사람은 그 문제를 두고 논의한 끝에 인공 신경망 네트워크를 훈련하기로 의견을 모았다. 케플러 외계행성들의 신호와 관련하여 이미 학습되고 검증된 데이터 세트를 이용하여 별 앞을 지나가는 행성들을 식별하게 한다는 계획이었다. 인공 신경망 네트워크가 진짜 행성을 정확히 식별하고 행성이 아닌 신호를 96퍼센트 확률로 구분해내자마자, 뭔가 흥미로운 것을 놓쳤다는 듯이, 이미 검증된 670개 항성의 미세 신호를 다시 분석했다. 그러고 나서 바로 케플러-90i(지구처럼 암석으로 이루어졌으며 태양에서 가장 가까운 수성과 비슷한 수준의 행성-옮긴이)를 발견했다.

케플러-90i는 우리 태양계의 지구와 마찬가지로 태양에서 세 번째로 떨어진 암석 행성으로 표면 온도가 지구보다 훨씬 뜨겁다. 케플러-90i 주변을 맴도는 여덟 개 행성 중 가장 멀리 떨어진 행성까지의 거리는 지구와 태양 사이의 거리와 비슷하다. 태양계와 다른 점은 여덟 개 행성이 태양 곁을 도는 지구의 궤도에 비해 매우 가까이 붙어서 돌고 있다는 사실이다. 그중 케플러-90i의 공전 주기는 14.4일에 불과하다. 이처럼 케플러-90i의 발견은 미지의 우주 공간에서 우리 태양계와 똑같이 여덟 개의 행성을 거느린 행성계를 최초로 발견한 사례로 기록되었다.

밴더버그는 잠시 대화를 나누기도 힘들 만큼 매우 바빴다. 그에게 연락했을 때, 그는 천체를 관측하느라 거의 매일 밤을 새우고 있었다. 별 보는 일에 흠뻑 빠져 있는 사람이라고 해도 소화해내기 힘든 일정이었다. 왜 천문학에 이끌렸는지 그에게 물어보았다. 학부생이었을 때는 물리학자가 되고 싶었는데 거의 모든 면에서 천문학자가 훨씬 더 행복해 보여 천문학자가 되기로 마음먹었다고 한다.

사람들은 흔히 인간과 AI가 얼마나 효과적으로 협업할 수 있는가에 초점을 맞춘다. 그렇지만 밴더버그와 살루의 파트너십을 보고 흥미로웠던 사실은 전혀 다른 분야에 있던 '인간' 전문가 둘이 머신러닝을 계기로 협업한 점이었다.

"우리가 처음 만났을 때, 천문학자들이 이미 새로운 계산 기술로 이전의 해법을 복제할 수 있는 문제를 찾는 것과는 반대로 천문학자들이 해답을 찾기 위해 고군분투하는 문제에 집중하기로 했습니다." 밴더버그는 이렇게 설명했다. "우리 은하 행성들의 지표면에서 물이 액체 형태로 존재하는 경우가 얼마나 흔한지 측정하기로 했습니다. 물의 양, 빈도를 측정하는 것이 케플러 망원경의 주요 임무입니다. 그간 사람들이 오랫동안 시도했으며, 이를 측정하려는 노력의 결과물로 수많은 자료가 있었습니다. 하지만 근본적인 문제가 있었습니다. 케플러는 이런 일을 수행할 정도의 감도를 가지지는 않았습니다. 그래서 처음에는 우리가 이 길을 따라갈 수 있는지 확인하는 것을 목표로 삼았습니다. 그래서 완전히 새로운 일을 시도하기보다 이미 꽤나 진전된 일을 시도했기에 일이 잘 풀렸습니다."

밴더버그가 살루와 협업에 성공한 것은 두 사람이 모두 다른 대상을 동일선상에 두었기 때문이다. 뛰어난 전문성을 갖춘 밴더버그는 천문학 분야가 가야 할 방향과 집중할 만한 흥미로운 문제에 대한 지식을 소유했다. 그에 더해 케플러 망원경이 입수한 데이터를 개방하고 조정하고 해석할 줄 알았다. 이처럼 그는 프로젝트와 관련한 실용 지식을 갖췄다.

한편, 살루는 나선형 신경망, 이미지 분류, 이미지 캡션, 심층 신경망의 역학 등에 숙련한 전문가였다. 탁월한 직관력의 소유자인 살루는 이런 식의 관계를 형성할 때 득이 되고 실이 되는 것을 인지하여 길을 잘못 들어 헤매지 않고 시간을 허비하지 않았다.

AI 프로젝트의 진행을 계획하고 있다면, 밴더버그와 살루의 일화를 참고할 만하다. AI 전문가들만 모은다고 해서 탁월한 AI 팀이 형성되지는 않는다. 현실에 적용할 수 있는 다양한 기술과 지식, 의견이 필요하다.

컴퓨팅 사고를 기반으로 AI가 활용되면서 앞으로 제약 연구개발, 인류학, 건축학에 이르기까지 다방면에서 변화가 일어날 것이다. 가령, 재료과학 분야에서는 과학자들이 초강력 소재를 만들고 싶다고 AI에게 말할 수 있다. 그러면 AI가 해당 소재를 만들기 위한 최적의 실험을 과학자들에게 말해줄 것이다.

케플러-90i는 새로운 항성계를 발견했다는 사실을 넘어서는 의미가 있다. 미래에 육안으로 하늘을 살피지 않고 알고리즘을 이용하는 과정을 보여주는 예이기도 하다. 머지않아 막중한 임무를 맡은 머신

및 알고리즘과 함께 우주 곳곳을 탐험할 것이다.

컴퓨터를 이용한다 해도 우리는 여전히 스스로 복잡한 문제를 해결해야 한다. 컴퓨팅 플랫폼이 검색 프로세스를 지원하는 세상에서는 문제를 정확히, 또 창조적으로 분해하고 큰 틀에서 퍼즐을 맞추어 컴퓨터가 문제를 해결하도록 돕는 역량이 진정한 기술로 통한다.

알고리즘 혐오에서 벗어나기

컴퓨터가 자기 자신과 팀의 조력자라는 관점에서 문제에 접근하고 해법을 모색하는 자세를 가져야 하지만, 의사결정을 함께하는 알고리즘을 우리는 얼마나 신뢰할까? 알고리즘 시스템을 신뢰하기까지는 대다수에게 쉬운 일이 아니다. 사실 자동화 시스템에 대한 불신이 이슈로 떠오른 일은 사람들이 처음으로 일을 기계에 떠넘겼던 시절로 거슬러 올라간다.

미국의 소설가이자 언론인 톰 울프Tom Wolf가 그의 책 『필사의 도전The Right Stuff』에서 그려냈듯이, 나사의 우주 비행 초창기 시절에 완전히 자동화된 머큐리 우주 비행 캡슐에 탑승하기 위한 시험비행 조종사들이 선발됐다. 당시 생사를 넘나드는 일을 했던 시험비행 조종사들은 특히 수동조작장치 없이 금속 깡통에 탑승한다는 발상에 익숙하지 않았다. 시험비행 조종사가 되어 미국 최초로 우주 비행에 참여한 앨 셰퍼드Al Shephard도 예외가 아니었다. 셰퍼드가 15분간 첫 우주 비행을 마치고 나서 동료들로부터 '캔에 든 스팸'이라며 놀림을 받았던 사실을 보면 알 수 있다. 울프의 관점에서 수동적인 관찰만 한다면 레이더 운용자들이 그 임무에 더 적합해 보였다.

시험비행 조종사들은 강하게 주장해, 급기야 수동조작장치와 고도조절장치, 비상탈출장치의 사용을 승인받는다. 하지만 불행히도, 삶과 죽음이 엇갈리는 상황에서 자동화에 대한 혐오와 스스로 의사결정을 내리는 능력이 아이러니하게 자신의 목숨을 잃게 하는 오류를 불러일으켰다. 알고리즘이 인간을 능가하는 영역이 꾸준히 늘어나지만, '알고리즘 혐오'로 알려진 현상 때문에 알고리즘을 이용하지 못할 때가 많다.

알고리즘 혐오라는 개념은 오스트레일리아 증권투자위원회ASIC에서 데이터과학팀을 운영하는 제이슨 콜린스Jason Collins가 행동과학을 연구하면서 고찰한 주제다. 콜린스의 관점에 따르면, 사람과 기계가 한 편이 되어 서로의 불완전함을 보완하는 프리스타일 체스(자유형 게임에서는 체스 실력이 뛰어난 선수보다 컴퓨터의 프로그램 작동방식을 잘 이해하는 선수가 승리할 확률이 높다-옮긴이)에서 알 수 있듯, 의사결정의 유형에 따라 '사람+알고리즘'의 상황에서 알고리즘만 작동될 때보다 좋지 않은 결과가 나오는 근거들이 늘어나고 있다. 그처럼 나쁜 결과가 나오는 주요한 요인은 알고리즘이 올바른 행동 과정을 제안해도 인간이 컴퓨터의 충고를 단순히 거절하는 데 있다.

기계에 의사결정을 맡기는 편이 더 나을 때, 리더가 알고리즘 혐오를 극복하도록 조직이 도울 수 있는 가장 좋은 방법은 벤치마킹이라고 콜린스는 말한다. 우리의 인지체계로 성취한 결과를 기록하여 다양한 분야의 사람들이 의사결정을 내린 사례와 비교한다. 그러면 인간이 기계보다 비교적 뛰어난 부분을 엿볼 수 있으며 시간을 집중 투자해야 하는 부분을 파악하도록 관리자들을 도울 수 있다.

이처럼 사내 전문가들의 역량 대비 알고리즘의 성능을 벤치마킹 하는 것이 신뢰를 쌓는 방법 가운데 하나다. 또 다른 접근법도 있는데, 차선의 결과가 나온다 해도 절충하여 약간의 통제를 하는 방법이다. 이는 본질적으로 시험비행 조종사들이 수동조작을 하도록 허용 했을 때 나사가 선택했던 방법이다. 이와 관련하여 시카고대학 부스 경영대학원 버클리 다이어트보스트Berkeley Dietvorst 조교수, 펜실베이니아대학 와튼스쿨의 조지프 시몬스Joseph Simmons 교수, 케이드 매시Cade Massey가 공동으로 진행한 연구도 흥미롭다. 세 사람이 진행한 실험에서 참가자들은 알고리즘의 영향력을 조정하는 권한을 가졌다. 그러자 참가자들이 간섭 없이도 좋은 성과를 낼 수 있는 상황에서도 알고리즘을 이용하는 경우가 많았다.

알고리즘을 신뢰하지 않는 사람에게 직접 시스템의 기능을 설정 하게끔 해도 굳이 시스템의 효용성을 조정할 필요 없이 알고리즘 혐오를 극복하도록 도울 수 있다.

딥마인드는 2016년 구글과 함께 AI 기반 추천 시스템을 개발하여 구글 데이터센터의 에너지 효율을 끌어올렸다. 유튜브와 지메일 같은 검색 플랫폼과 서비스를 작동시키는 데이터센터는 고도로 역동적인 환경이라 열을 관리하기가 매우 어렵고 단순한 규칙으로 운영되지 않는다. 설치된 시설, 기술자들이 시설을 운용하는 방식, 환경이 복합적이고 비선형적 방식으로 맞물려 상호작용한다. 거기다 날씨가 수시로 변화하고, 각각의 데이터센터가 저마다 고유의 물리적 아키텍처와 환경 여건에서 작동하다 보니 고장이 빈번하다. 이에 딥마인드는 머신러닝을 이용하여 인간 관리자가 즉시 제어할 수 있게 적절한 대책을 제안했으며, 결과적으로 구글은 평소보다 40퍼센트나 높은 에너지 효율을 달성하게 됐다.

그런데 인상적인 결과가 나왔음에도 딥마인드 알고리즘은 냉각 시스템을 직접 제어하는 단계에 있지는 않았다. 그로부터 2년이 더 걸렸다. 관건은 기술이 아니었다. 완전한 자율성을 가진 기계가 구글의 관리자들부터 신뢰받기 위해 AI 안전체계를 마련해야 했다.

지금은 5분마다 클라우드 기반의 AI가 수천 개의 센서로부터 데이터센터의 냉각 시스템을 분석하고 심층 신경망에 데이터를 공급함으로써 어떤 다른 조합의 잠재적 요소가 미래의 에너지 소비에 영향을 미치는지 예측한다. 그다음, 알고리즘이 에너지 소비를 최소화하는 조치를 식별하는 한편, 안전제약 조건들을 충족시킨 후 자동으로 데이터센터와 소통한다. 여러 대안이 로컬 통제 시스템에서 검증을 거친 후 실행된다.

이와 같은 검증의 마지막 단계에서 인간 기술자가 핵심 역할을 한다. 구글은 이를 소위 '2단계 검증'이라고 부른다. AI가 최적의 대안을 제안하면, 데이터센터의 관리자가 설정한 안전제약 조건들의 세부 항목을 확인한다. AI 시스템이 직접적인 제어력을 가지더라도 로

컬의 제약 조건 내에서 유지되며, 관리자들이 운영에 대한 완전한 통제권을 갖는다.

알고리즘 혐오에 관한 개념을 들여다볼 때마다 머큐리 우주 비행 프로그램의 일화가 떠오른다. 인간이 개입할 필요가 없는 최첨단 시스템에 자율성을 부여할지, 탁월한 제어력을 발휘할 유능한 인간을 신뢰할지 퍼즐을 맞춰보자. 우주에서 1년(340일 내내 우주에서 보냈다. 그래서 거의 1년에 가까운 시간을 보냈다)을 보내고 우주 체류 최장 기록을 세운 미국의 우주비행사 스콧 켈리Scott Kelly에 관한 이야기를 할 때마다 그에게 직접 의견을 묻고 싶은 마음이 굴뚝같았다.

켈리는 우주에 체류하는 동안 내내 자동화 시스템 기술을 사용했다. 그가 첫 우주 비행을 했던 1999년 마지막 날 나사가 조기에 임무를 마무리한 탓에 2000년이 끝나기 전에 우주선이 착륙할 수 있었다. 나사는 Y2K(밀레니엄 버그)의 영향으로 시스템이 오류를 일으킬까 봐 우려했다.

"그들이 걱정했던 것 같네요." 켈리가 쓴웃음을 지었다. "우주선이 멈추거나 아니면 웜홀이나 다른 곳에 들어가는 것이 걱정되었겠지요."

켈리는 수동제어에 관한 주제를 두고 제프 베조스Jeff Bezos, 일론 머스크와 함께 자주 의견을 나눈다고 설명했다. 우주산업 분야의 신세대 거물들은 인간이 개입할 필요 없는 자동화 기술을 선호한다. 나사는 생존 가능성을 최대한 높이는 기술을 우주비행사들에게 아낌없이 제공한다.

AI가 세상을 변화시키고 있지만, 켈리는 나사의 관점에 대부분 동의한다. 켈리가 직접 경험한 바에 따르면, 우주선의 자동착륙장치가 인간이 제어할 때보다 만족스럽게 작업하지 못할 때가 많았다. 그래도 상황이 빠르게 변화하고 있다. AI가 비용을 대폭 절감할 것이라고 그는 덧붙였다. 우주비행사의 생존 가능성이 올라갈지 내려갈지 모르는 불분명한 상황에서 몇 가지 제어장치에 수십억 달러를 지출할 가치가 있을까? 우주 비행이 정부의 통제를 받기보다 상업화된 시대에는 답이 정해져 있을 것이다.

컴퓨팅 사고의 효과를 높이는 법

이제 진정한 컴퓨팅 사고의 소유자가 되는 여정의 마지막 단계에 도달했다. 자신의 발상을 표현하고 전략을 전문 영역의 언어로 검증할 줄 알아야 한다.

전문 영역의 언어를 사용해야 한다고 해서 파이썬Python이나 자바스크립트JavaScript 같은 언어로 프로그램을 짤 줄 알아야 한다는 의미가 아니다. 즉 코딩과 사업 운영에 관해 다 파악해야 한다는 말이 아니다. 흔히 언급되는 프로그래밍 언어를 사용할 때와 달리, 전문 영역의 지식으로 소프트웨어 애플리케이션을 제작한다는 의미가 아니라 구조적 논리로 사업상 거래, 아이디어, 전략 등을 표현한다는 말이다. 투자와 트레이딩 등의 분야에서 알고리즘 리더가 일상적으로 그런 언어를 사용하는 모습이 흔히 보인다. 알고리즘 모델이 이미 금융업계에 깊숙이 침투했기에 그리 놀랄 일이 아니다.

알고리즘이 금융업계를 변화시키는 과정을 연구하던 중 우연히 마노지 나랑Manoj Narang을 만났다. 초단타 매매(알고리즘 매매 방식으로 컴퓨터를 통해 빠른 속도로 주문을 내고 그 주문을 수천 번 반복하는 방식-옮긴이)의 지지자인 그는 과거 전자 트레이딩 및 자산관리업체인 마나 파트너스Mana Partners를 창립하기 전, 운영 중이었던 10억 달러의 펀드로 핀테크Fintech 기업인 트레이드웍스Tradeworx를 설립한 바 있다. 마나 파트너스보다 규모가 큰 알고리즘 헤지펀드들의 시장 진출이 늘어나고 있지만, 나랑이 미래의 투자 관리자에 관한 독특한 비전을 가졌다는 점이 흥미롭다. 그 비전은 바로 더 똑똑한 AI로 보강된 슈퍼스마트 인간이다.

나랑의 설명에 따르면, 자신이 종사하는 곳에는 많은 업종이 존재하는데, 소수의 사람이 수백 명의 프로그래머를 고용하지 않고도 복잡한 업무를 진행하는 모습을 상상할 수 있다. 프로그래머들이 현장에 적합한 인프라를 구축하고 전문 용어를 만들어두었기에 실무자들이 전략을 실행하고 사업 프로세스를 설계하며 효과적인 애플리케이션을 구상할 수 있는 것이다.

투자기업에서는 흔히 금융 지식을 가진 사람들이 전략을 수립하고 투자나 금융시장을 전혀 모르는 별개의 사람들이 전략을 실행하는 역할을 한다. 이와 달리 나랑은 조직의 기술을 수직적으로 통합하고 전략 수립자들이 모든 일을 전담하도록 도메인 특화 언어를 만들어 자신의 회사를 차별화했다.

도메인 특화 언어는 특정 분야에 최적화된 언어로 비즈니스의 핵심적이고 근본적인 요소들을 표현한 것이다. 범용 프로그래밍 언어가 주로 데이터 구조와 메모리 관리, 특정 비즈니스와 거의 관련이 없는 기타 추상적인 개념에 초점이 맞춰져 있는 점을 보더라도 도메인 특화 언어의 차별성이 드러난다.

알고리즘 시대에는 굳이 수준 높은 프로그래밍 기술을 배우거나 유명 대학의 MBA 학위를 받지 않아도 충분히 기술을 활용하여 혜택을 얻을 수 있다. 기술과 비즈니스의 교차점에서 도메인 특화 언어를 고안하고 구동하면서 비즈니스 모델을 창출하고 재형성하면 된다고 나랑은 말한다.

글로벌 공급체인을 최적화하든, 데이터 기반의 마케팅 캠페인을 기획하든, 프리랜서 인력수급을 관리하든 컴퓨팅 사고에 더해 전략과 계획을 알고리즘 언어(알고리즘을 표현하기 위해 고안한 언어-옮긴이)로 표현할 줄 알아야 미래에 성공을 보장받는다.

알고리즘 리더를 위한 질문?

- 전통적인 비즈니스 활동, 이를테면 마케팅, 영업, 재무, 물류 관리를 컴퓨팅 마케팅, 컴퓨팅 영업, 컴퓨팅 재무, 컴퓨팅 물류 관리로 재정립한다면, 각각의 활동은 어떻게 달라져야 할까?

알고리즘 시대의 성공 전략

1. 먼저 유추에 의한 추론이 제1원칙의 추론과 어떻게 다른지 이해해야 사고하는 방식을 바꿀 수 있다. 유추에 의한 추론은 비슷한 것을 바탕으로 미루어 추측하는 방식이다(완벽한 논증이 어렵다). 제1원칙을 적용함으로써 문제를 분리하고 근본 사실의 관점에서 문제를 다시 들여다보게 된다.

2. 제1원칙에 의한 추론과 마찬가지로, 컴퓨팅 사고는 문제를 해결하는 구조화된 접근법이다. 그래서 데이터와 알고리즘을 이용하여 효과를 높인다. 제1원칙 사고를 할 때, AI와 머신러닝 플랫폼이 지혜롭게 문제를 꿰뚫어 보고 결과를 예측하도록 돕는다.

3. 크리스토퍼 살루와 앤드루 밴더버그가 외계행성을 발견한 과정은 천문학 외 다양한 분야에 컴퓨팅 사고를 적용할 가능성을 암시한다. 또한 AI를 문제해결 도구로 활용할 때 팀 구성이 얼마나 중요한지를 보여준다.

4. 조직 내에 만연한 알고리즘 혐오나 AI 시스템에 대한 인간적 불신은 컴퓨팅 사고를 가로막는 주요한 장벽이다. 그래서 알고리즘 안전 프로세스를 설계하고 관리하는 일을 맡기는 것이 알고리즘을 신뢰하게 만드는 최선책이 될 수도 있다.

5. 미래에는 전략과 계획을 도메인 특화 언어로 표현하고 실행할 줄 알아야 컴퓨팅 사고의 효과를 최대로 높일 수 있다.

불확실성을
기꺼이 받아들여라

도박이 없다면, 나는 존재하지 않을 것이다.
－헌터 S. 톰슨Hunter S. Thompson, 작가이자 저널리스트

기술 발전이 가속화하면서 역효과도 일어나고 있다. 어쩔 수 없이 늘어만 가는 불확실성을 극복해야 한다. 불확실성에 직면하는 리더는 어떠한 대응책을 마련해야 할까? 통 크게 베팅해야 할까? 소위 헤지 포지션을 취해야 할까? 아니면 잠자코 기다리며 상황을 지켜봐야 할까?

우리는 2가지 중 하나로 상황을 바라보는 경향이 있다. 즉 상황이 확실하여 계획과 투자, 믿을 만한 예산안대로 관리가 된다고 보거나 아니면 상황이 불확실하여 관리가 어렵다고 판단한다.

그럼에도 새로운 정보들을 사용할 수 있게 되면서 관점을 바꿔 불확실성을 받아들일 수 있게 됐다. 그러기 위해 잉글랜드의 장로교 목

사이자 수학자였던 토머스 베이즈Thomas Bayes가 1763년 발표한 '베이즈 정리Bayes' Theorem'에 관해 배울 필요가 있다. 베이즈가 증명한 확률 이론인 베이즈 정리는 분명히 규정되지 않은 상황에서 의사결정을 내릴 때 유용하다.

베이즈는 증명되지 않은 새로운 증거가 쌓일 때 세상에 대한 신념이 어떻게 갱신되는지에 관심이 있었다. 구체적으로 말해, 과거에 사건이 몇 번 일어났는지, 아니면 일어나지 않았는지만 아는 경우 미래에 일어날 사건의 가능성을 어떻게 예측할 수 있는지 궁금해했다. 그에 대한 답을 찾기 위해 그는 사고실험을 구상했다.

당구대에 공을 굴린 다음 공이 멈춰선 위치를 알아맞히는 게임을 떠올려보자. 우리가 눈을 감고 있으면 보조자가 당구대에 공을 임의대로 굴린 다음 공이 멈춰선 위치를 기록한다. 그러면 우리는 공이 멈춰선 위치를 찾아야 한다. 어림짐작으로 공의 위치를 찾을 수밖에 없다.

이번에는 당구대에 공을 여러 개 굴리고 공들이 처음 굴린 공의 왼쪽에 멈췄는지 오른쪽에 멈췄는지 보조자에게 말해달라고 한다. 모든 공이 오른쪽에 멈추면, 첫 번째 공의 위치가 어디라고 말할 수 있을까? 만약 공을 더 굴린다면, 첫 번째 공의 위치에 관한 정보가 갱신될까? 사실, 공을 더 굴릴수록 첫 번째 공이 있을 만한 위치에 관한 정보의 범위를 좁힐 수 있다. 베이즈는 불확실한 결과가 나오는 상황에서 새로운 정보가 나오는 대로 포함시켜 우리의 지식을 갱신하는 법을 찾아냈다.

그로부터 여러 해가 지나고 18세기 후반에 프랑스 수학자이자 과학자인 피에르 시몽 라플라스Pierre-Simon Laplace가 베이즈의 발견을 지금의 베이즈 정리라고 알려진 강력한 이론으로 발전시켰다. 이제 베이즈 이론에 관해 간단히 설명해보겠다.

먼저 세상에 관한 가설로 시작한다. 그 가설에 사건의 초기 가능성을 부여한다. 초기 가능성을 사전확률prior probability이라고 한다. 여기서 새로운 증거를 수집하면, 그 증거에 비추어 가설의 가능성을 재검토한다. 이처럼 수정한 확률을 사후확률posterior probability이라고 한다.

베이즈 정리를 문제해결에 활용한 사례는 역사에서 쉽게 발견할 수 있다. 19세기 프랑스와 러시아의 포병 장교들이 대포를 조정했던 일부터 2차 세계대전 당시 앨런 튜링Alan Turing(잉글랜드의 수학자이자 암호학자, 논리학자이며 컴퓨터과학의 아버지로 불린다. 인공지능의 개념을 처음으로 제시했다-옮긴이)이 독일군의 암호생성기인 애니그마를 해독했던 사례까지 다양하다. 특히 나이브 베이즈 분류기naive Bayes classifier는 머신 러닝 기술을 디자인하는 데도 영향을 미쳤다.

불확실한 시대엔 도박사처럼 세상 바라보기

현대의 리더들에게 베이즈 정리는 확정적이지 않고 확률적인 불확실성에 대한 접근법을 구상할 때 도움이 된다. 사건이 몹시 복잡한 요인들로 결정되는 상황에서도 확률적 사고는 가능성이 가장 큰 결과를 찾아 최선의 결정을 내리는 일에 도움을 준다. 정보를 확률적으로 다룸으로써 여러 가능한 결과 중 다른 것들보다 좀 더 확률이 높은 것을 찾아 나갈 수 있다.

확률적 사고의 최대 이점이라고 한다면, 새로운 정보가 제공되었을 때 신중하게 점검하여 활용 가능한지를 판단하는 태도를 지니게 한다는 점이다. 정보가 불완전하고 불충분하며 불확실할 때가 있기 때문이다. 대개 사건이 일어난 이유와 과정을 여러 방식으로 설명할 수 있다. 그래서 그러한 설명들을 확률을 이용해 살펴보면서 실제로 벌어진 일과 인과관계를 이해할 수 있다.

결정론적 모형은 적절한 입력이 들어오고 결과가 나오는 과정을 보여준다. 하나의 해법을 도출하는 방식이다. 달리 말해서, 모든 가능한 투입에 대해 단일한 산출이 존재한다. 반면 확률적 모형은 모든 가능한 해법을 내어서 각각의 해법을 얻을 가능성에 대한 지표를 제공한다.

인간의 마음은 본래 결정론적이다. 사람들은 흔히 진실인지 거짓인지를 따진다. 또한 좋고 싫음이 분명한 게 인간의 속성이다. 이를테면, 누군가가 친구일 가능성이 46퍼센트라고 하는 상황은 거의 없다. 우리가 인간관계를 가리지 않는 순수한 청소년이 아니고 곁에 소위 프레너미(friend와 enemy의 합성어로 적이면서 친구인 관계-옮긴이)가 많지 않은 이상, 사회관계에 대해 좋고 싫음이 꽤나 분명할 것이다. 결정론에 대한 우리의 본능은 진화적 혁신을 거쳤다고 해도 과언이 아니다. 생존하기 위해 세상에 관해 빠른 결정을 내리고 빨리 반응해야 했기 때문이다. 자신에게 다가오는 호랑이가 친구로서 다가오는지, 적으로서 다가오는지 생각하며 시간을 보냈다간 돌이킬 수 없는 강을 건너기 마련이다.

그런데 대초원에서 사냥하던 우리 선조들은 결정론적 접근법으로 생명을 유지했지만, 휴리스틱스(복잡한 과제를 간단한 판단 작업으로 단순화시켜 의사를 결정하는 경향-옮긴이)가 먹히지 않는 복잡하고 예측 불가능한 환경에서는 결정론적 접근법이 적절한 의사결정을 내리는 데 도움이 되지 않는다. 이에 불확실성을 수용하고 확률론적 접근을 강화하는 가장 좋은 방법은 전문 도박사의 사고방식을 배우는 것이다. 저자이자 연설가로 활동하는 라스무스 안케르센Rasmus Ankersen과 매튜 밴험Matthew Benham의 만남이 좋은 사례다.

런던에 사는 덴마크 출신인 안케르센은 인간의 성과를 주제로 한 저서를 출간하고자 영국을 찾았다. 종목을 불문하고 뛰어난 실력을 발휘하는 운동선수들이 작은 지방도시 출신인 경우가 많은 이유를 알아보려고 케냐부터 한국까지 세계 곳곳을 돌아다닌 내용이었다. 그가 런던에 머물기로 한 데에는 또 다른 이유가 있었다. 전문 도박사인 매튜 밴험을 우연히 만났기 때문이다.

밴험은 가까이하기 어려운 면이 있지만 영국 도박업계에서 명성이 자자한 인물이다. 옥스퍼드대학에서 물리학을 전공한 그는 졸업 후 야마이치 인터내셔널Yamaichi International에서 증권거래업을 시작하여 이후 뱅크오브아메리카Bank of America에 입사했다. 그 후 도박업체 프리미어 벳Premier Bet에서 트레이더로 일하다가 도박사 토니 블룸Tony

Bloom을 만났다. 도박사 블룸의 영향을 받은 밴험은 회사를 그만두고 그때부터 도박사 일에 전념했다. 그러다가 도박업체 두 곳을 설립하여 성공을 거두었다. 한 곳은 스포츠 배팅 익스체인지 커뮤니티인 매치북Matchbook이었으며, 다른 한 곳은 통계조사와 스포츠모델링 서비스를 제공하는 스마트오즈SmartOdds였다.

안케르센과 밴험은 첫 만남 이후부터 줄곧 축구계가 아직 데이터와 확률적 사고 등 통계를 과학적으로 활용하지 않는 이유를 두고 의견을 나누기 시작했다. 첫 만남에서 깊은 인상을 받은 밴험은 얼마 전 인수한 브렌트포드구단을 운영하는 데 힘을 보태달라고 안케르센에게 제안했다. 그로부터 얼마 지나지 않아 밴험은 안케르센의 고향인 덴마크의 축구구단 미트윌란도 인수했다.

'축구는 세상에서 가장 불공정한 스포츠다.' 안케르센은 축구계를 이렇게 꿰뚫어 보았다. '순위표는 결코 거짓말을 하지 않는다'라는 관념이 있지만, 이는 축구계의 거짓말로, 순위로는 성공을 제대로 측정하지 못한다고 안케르센은 주장한다. 축구는 점수가 많이 나오는 스포츠가 아니므로 경기의 승패로 팀의 실제 실력을 정확히 알 수 없으며, 그래서 선수들 저마다의 고유한 가치를 알기 어렵다. 전문 도박사의 관점에서 볼 때, 내기를 잘하는 비결은 사건 발생의 확률에 영향을 미치는 적절한 식견을 가지고 자신의 위치를 꾸준히 갱신하는 것이다. 이런 점에서 도박사들은 예상을 적중시키려 하기보다는 시간이 갈수록 틀리지 않으려 노력한다.

밴험과 안케르센은 팀의 실력을 측정할 때 '머니볼(경기의 데이터를 철저히 분석하여 데이터만을 기준으로 선수들을 저마다 적합한 위치에 배치하여 승률을 올리는 기법으로 야구계에 혁신을 불러일으켰다 – 옮긴이)'이라는 과학적 통계 애플리케이션을 이용하기 시작했다. 이에 경기 중 생기는 기회의 질과 양을 근거로 구단에 대한 '득점 기댓값'을 실력 평가의 핵심 기준으로 삼았다. 이는 대안적인 순위표를 만들어 신뢰할 만한 결과 예측 변수로 활용하며 선수를 평가하고 확보하기 위한 타당한 기준으로 삼는 데 의미가 있었다.

이 대목에서 알고리즘 리더는 확률적 사고방식이 문제해결에 유용하다는 사실을 발견했을 것이다. 이런 접근법은 게임 사용자가 직접 구단을 구성하여 경기결과로 점수를 확보하는 판타지 스포츠 게임에서만 유용한 것이 아니다. 몇 가지 사례를 들어보겠다.

인사 관리자는 확률적 사고방식으로 유능한 직원들의 출신과 관련한 데이터를 분석하거나 직원들의 이력을 검토하여 드러나지 않았을 법한 잠재적 역량을 찾아낸다.

판매 담당자라면 어떨까? 단지 다수의 거래를 체결하는 데 그쳐서는 안 되며, 소위 '리드leads(기업이 판매하는 상품에 관심이 있는 개인이나 조직-옮긴이)'를 어디에서 발굴할 수 있는지에 대해 고찰한다. 또한 전통적인 '파이프라인' 방식과 대조적으로 플랫폼 구조에서 얼마나 많은 기회가 창출되었는지, 몇 달 만에 얼마나 많은 고객이 이탈하였는지 확인한다. 리드가 충성고객이 되는 과정을 데이터로 이해해야 그때부터 마케팅 담당자들과 긴밀히 협업하며 잠재 고객을 끌어들이는 새로운 원천을 찾을 수 있다.

위험관리를 담당하는 책임자는 확률적 사고를 바탕으로 업무의 방향을 예측한다. 과거에는 엄격한 신용정책을 수립하여 시행했지만, 이제는 전통적인 신용평가 모델이 여전히 유용한지 고민한다. 또한 주요 고객층과 관련하여 간과했거나 신생 경쟁 업체들이 노릴 만한 저위험 부문이 있는지 분석한다.

이처럼 통계를 과학적으로 활용하는 역량을 키워야 불확실성과 복잡성이 지배하는 알고리즘 시대를 잘 대비할 수 있다. 복잡다단한 요인들로 사건이 진행되는 상황에서도 확률적 사고를 바탕으로 일어날 가능성이 큰 결과를 찾아내 최적의 해법을 구할 수 있다.

어떻게 회의를 해야 하는가

혼자 일하는 직업을 제외하면 여러 직원과 이해관계자들이 함께 모여 의사결정을 내리는 모습은 어느 조직에서나 흔히 볼 수 있다. 불확실성을 수용하여 의사결정을 올바로 하려면, 사람들이 정보를 처리하고 결론에 이르는 방식을 파악해야 한다. 이는 대부분 회의의 기능과 효율성에 관한 문제로 귀결된다.

회의 문화는 현대 기업조직에 확고하게 자리를 잡았다. 너무 흔한 일이라 우리는 회의의 목적이나 필요성에 대해 별로 관심을 두지 않는다. 급격히 변화하는 세상에서 회의를 대신할 프로세스가 거듭 검토되지만, 회의 문화는 사라지지 않는다. 알고리즘 기반의 조직도 다르지 않다. 의사결정과 업무 프로세스가 자동화되었음에도 복잡한 전략적 이슈를 두고 함께 소중한 시간을 보내며 토론하는 일은 더욱 중요해진 게 사실이다.

회의를 통해 사업계획을 점검하고 지원책을 모색하며 여러 문제를 해결할 수 있다. 또한 회의는 업무 문화를 반영하기도 한다. 이런 관점에서 모든 사람에게 맞는 문화가 없듯이, 올바른 회의를 위해 딱 정해진 정답은 없다. 그러나 회의에 집중해서 시간을 허비하지 않고 양질의 의사결정을 내리게 하는 '비법'은 있다.

어쩌면 회의의 질을 높이는 가장 쉬운 길은 회의 시간을 짧게 줄이는 것일지 모른다. 회의를 빨리 끝내는 지름길은 개인을 불편하게 하는 것이다. 영국의 추밀원(영국 여왕의 공식 정치자문기구-옮긴이)은 회의를 열 때마다 모든 참석자가 서 있어야 한다. 빅토리아 여왕의 남편인 앨버트 공이 사망한 후 여왕이 최소한의 의무만 하고 싶은 마음에 그 방식을 사용하기 시작했다는 설이 있다. 편히 기댈 의자가 없으니 추밀원 위원들은 회의를 짧게 진행할 수밖에.

빅토리아 여왕이 애자일 소프트웨어 운동Agile software movement(소프트웨어 업계를 선도하던 리더들이 2001년 소프트웨어 개발을 위한 선언을 공표하면서 애자일 운동이 공식화되었다-옮긴이)의 주창자들에게 영감을 주었을지 모른다고 생각하면 꽤나 흥미롭다. 애자일 개발자들은 매일 15분간 제품개발 회의('스크럼 회의'라고도 부른다)를 하는데, 참석자들은 회의 시간 내내 서 있어야 한다(회의는 순조롭게 진행된다). 개발자들은 매번 당연한 듯이 프로젝트에 관한 사전 정보 없이 회의에 참석하고, 프로젝트가 진행되는 동안 상황에 맞춰 그때그때 문제의 해법과 업무 절차를 조정한다.

온라인 신발 소매업체인 자포스Zappos 같은 기업들은 일종의 컴퓨터 프로그램과 흡사한 표준 프로토콜을 사용하여 밴더들(판매자들)과 정보를 교환하고 의사결정을 내린다. 전직 프로그래머인 브라이언 로버트슨Brian Robertson이 주창한 급진적 조직 구조인 홀라크라시(상하 위계질서가 없고 권한과 의사결정이 조직 전체에 걸쳐 분배되어 있어서 조직 구성원 모두가 동등한 위치에서 업무를 수행하는 제도-옮긴이)를 도입한 이래 소프트웨어에도 비슷한 점이 많다는 것은 어쩌면 우연이 아니다.

자포스에서는 직급이 없으며 역할만 있다. 조직 구성원들은 언제라도 여러 역할을 수행할 수 있다. 홀라크라시를 시행하는 기업에서는 역할이 서클(또는 팀)에서 맡은 일련의 책무이자 활동이며 공식적인 거버넌스 프로세스(조직에서 권한을 배정하는 프로세스-옮긴이)에 따라 관리된다.

이런 비계층적이며 자주적인 기업들은 역설적인 모습을 보여준다. 예컨대, 자포스에서 팀들이 회의를 진행할 때 매우 구조적이고 기술적이며 조직적인 방식으로 의사소통을 해야 한다.

누구나 홀라크라시에 익숙한 것은 아니다. 팀이 회의하는 모습은 실제로 꽤 낯설게 보인다. 마치 던전앤드래곤 같은 롤플레잉 게임을 하는 것처럼 보이기도 한다. 동시에 회의에서 정보가 수집되고 처리되며 의사결정으로 이어지는 과정 이면에 과학이 있다는 사실도 드러난다. 요컨대, 자신의 조직이 양질의 결과를 낼 수 있는 회의 기법을 찾아야 원하는 성과를 성취할 수 있다.

올바른 회의의 과학은 과거 인텔의 경영자였던 앤디 그로브가 특히 관심을 두었던 주제였다. 인텔의 조직문화에서 본질적인 부분으로 생각했기에 그로브는 오랫동안 신입사원들에게 회의의 기본에 대해 강연했다. 당시의 인텔로 거슬러 올라가면 회의실이나 공장 등 회의가 열리는 장소에는 벽보가 붙어 있었다. 벽보에는 '이번 회의의 목적을 아는가?', '의제를 가지고 있는가?', '자신의 역할을 알고 있는가?', '회의에서 결정된 사항을 점검하고 이행하는가?' 등 회의와 관련한 문구가 적혀 있었다.

인텔은 회의를 열 때마다 특정 형식에 맞춰 의제를 작성하고 회의가 열리기 전에 참석자들에게 배포한다. 의제에는 주요 안건, 참석자 명단, 회의 진행시간, 예상 결과 등이 포함된다. 또한 인텔은 회의의 의사결정 방식을 자세히 알려서 참석자들이 미리 내용을 알고 회의에 참석하게 했다. 인텔에서는 권위적 의사결정(리더에게 모든 책임이 있다), 자문적 의사결정(리더가 참석자들의 의견을 저울질한 후 의사결정을 한다), 투표, 합의적 의사결정이라는 4가지 방식 중 하나로 회의의 의사결정을 내린다고 한다.

아마존 또한 특유의 방식으로 회의를 운영한다. 먼저 파워포인트를 이용해 발표하는 것을 금지했다. 대신에 발표자는 회의 내용과 자료를 짜임새 있고 명확하게 6페이지가 넘지 않는 문서로 작성해야 한다. 회의 참석자들은 대개 회의가 시작되기 전에 15분간 조용히 문서를 읽으며 회의와 관련한 핵심 내용을 파악한다. 그래서 회의가 시작되면 한 페이지씩 내용을 점검하며 의견을 나누고 다음 페이지로 넘어간다.

한편, 아마존에서 데이터 기반의 회의로 효과를 본 것은 조직이 대개 소규모 팀으로 구성되었기 때문이다. 그렇다면 얼마나 소규모로 팀이 운영될까? 아마존 창립자인 제프 베조스는 "팀 규모는 피자 두 판으로 모두 충분히 먹을 수 있는 3~8명 정도라면 충분하다"는 유명한 말을 남겼다. 조직이 크면 구성원들이 의견을 일치시키기까지 시간을 허비하고 혁신적인 아이디어 창출에 집중하지 못하기에 베조스는 소규모로 팀을 운영한다고 했다.

아마존에서는 프로젝트가 승인될 때마다 한 사람이 고객 배송에 모든 초점을 집중하도록 소위 '싱글 스레디드 오너'에게 프로젝트를 배정한다. 이처럼 아마존은 협업과 의견일치보다도 속도와 민첩성을 중요시한다. 이에 대개 같은 사안을 다루는 소규모 팀이 여럿 구성되어 경쟁에 가까운 상황에서 서로 먼저 문제를 해결하려고 노력한다.

먼저 자신의 조직에서 운영되는 회의 방식과 조직 구성의 체계 등을 파악하는 것이 필요하다. 그래야 조직의 팀들이 모든 관련 데이터를 수집하고 문제해결 방법을 조정하며 양질의 의사결정을 할 수 있다. 올바른 회의 문화는 불확실성과 싸우는 전쟁에서 필수 불가결한 무기다.

그런데 회의를 과도한 형식으로 설계해도 문제가 생긴다는 점을 잊지 말아야 한다. 소통하고 아이디어를 내고 의사결정을 하는 방식을 미리 정해놓고 지시하는 경우 인간의 창의성을 자극하기는커녕 억누르는 부작용이 생길지도 모른다. 잘못된 회의가 조직에 비효율성을 증가시킨다기보다 비효율적 조직의 이상 증상임을 알아야 한다. 데이터와 근거에 따라 의사결정이 이루어지고 알고리즘을 기반으로 프로젝트가 수행되며 소규모 팀이 업무를 수행하는 투명한 조직문화를 추구한다면 회의의 주요 기능이 통제와 순응이 아니라 문제해결과 창의성 향상에 맞춰져야 한다.

흥미로운 사실은, 문제해결 및 아이디어 창출과 관련한 팀의 성과가 회의 참석자의 역량과 별로 관계가 없으며 공유된 가치와 더 관계가 있다는 점이다.

이와 관련하여 구글은 2년 동안 180개 팀을 분석하여 좋은 팀의 비결을 찾기 시작했다. '아리스토텔레스 프로젝트'라고 불리는 이 조사에서 성과가 좋은 팀들의 공통점을 찾아냈다. 요컨대, 성과가 좋은 팀들은 소프트 스킬(의사소통이나 협상, 팀워크 등 업무처리에 필요한 기술 능력과 실제 지식을 효율적으로 활용하게 만드는 정서 지능-옮긴이)이나 '집단 규범', 즉 평등, 관대, 팀 동료의 아이디어에 대한 호기심, 공감, 정서 지능 등의 가치를 중시하는 모습이 두드러졌다. 연구 결과의 핵심은, 성공하는 팀의 가장 중요한 특성이 팀에 소속된 인재의 수가 아니라 정서적 안정감의 정도에 있다는 것이다. 정서적 안정감이란 직원들이 새로운 아이디어를 제안하거나 위험을 감수하는 결정을 내린다거나 다양한 질문을 자유로이 던져 팀의 프로젝트 진행 성과를 평가할 때 편안함을 느끼는 정도를 말한다. 구글은 심리적으로 안정된 분위기에서 직원들의 이탈이 줄어들고 다양한 아이디어가 창출되는 등, 결과적으로 팀이 원활하게 운영된다는 점을 발견했다. 불확실성에 직면해도 혼자가 아니라며 위안을 느끼는 데는 이유가 있었다.

의사결정을 내리는 법

아무것도 확실하지 않은 상황에서 의사결정을 한다는 것은 여간 어려운 일이 아니다. 게다가 어떤 결정을 내려야 할지 판단하는 일은 더더욱 어렵다.

의사결정에 따라 사업의 성패가 좌우되기도 한다. 상황에 적합한 의사결정을 내려 자신의 이력을 쌓거나 회사를 성장시키기도 하지만, 잘못된 결정을 내렸다가 실수를 만회하려고 엄청난 대가를 치르기도 하고 더 심각하게는 영원히 후회할 상황이 벌어지기도 한다. 그렇다면 의사결정을 실행할 가치에 대한 중요도를 어떻게 판단할까? 의사결정에 대한 감사監事가 필요하다. 사업에 중요한 의사결정을 두고 전략적 사고를 해야 한다는 말이다. 또한 이는 조직 구성원들이 신속하고 적절하게 의사결정을 내리는 체계적인 방법이 있어야 가능하다.

알고리즘 기반의 기업은 대부분 기계가 아닌 인간의 판단이 필요한 결정적 순간을 맞이해왔다. 빨간 봉투에 DVD를 담아 우편으로 배달했던 넷플릭스는 계속 같은 방법으로 콘텐츠를 유통해야 할지 아니면 스트리밍 서비스로 초점을 옮겨야 할지 판단해야 했다. 마찬가지로, 도서 판매로 성공을 거둔 아마존은 책과 관련 없는 범주의 물품을 판매해야 할지 판단해야 했다. 다른 기업들에 클라우드 서비스를 제공한다거나 TV 프로그램과 영화를 제작한다거나 기존 물류 기업들과 경쟁하기 위해 항공기를 사들인 결정은 돌이켜보면 확실한 선택처럼 보일지 모르지만, 당시만 해도 모두 통념을 깨는 생각이었다. 엄청난 불확실성에 직면해서 다름 아닌 인간이 고민 끝에 의사결정을 내렸던 것이다.

베조스는 1년에 한 번 주주들에게 서한(일명 '베조스 레터'라고 하는 주주 서한으로, 1년 동안의 성공과 실패에 대한 분석, 앞으로의 비전 등을 간결하게 표현한다-옮긴이)을 보내어 사업에 대한 비전을 들여다보는 작은 창을 제공한다. 그런 점에서 특히 2015년 주주 서한이 아마존의 의사결정 방식에 초점을 맞춘 것은 흥미롭다.

베조스가 보낸 주주 서한에서는 의사결정 유형이 2가지로 구분되어 있었다. 하나는 한번 결정하면 큰 결과를 초래하여 이전 상태로 되돌릴 수 없는 결정 유형이다. 반면에, 다른 하나는 위험부담이 적으며 쉽게 되돌릴 수 있는 결정 유형을 말한다. 그래서 가능한 한 신속히 후자의 결정에 따라 행동하거나 그것을 자동화하는 편이 낫다. 신속한 결정을 내리면, 만약 부적절한 결정을 하더라도 되돌아갈 수 있으며 올바른 판단에 필요한 데이터를 모을 수 있다. 아마존의 관리자들은 흔히 그 아래 팀들과 개별 구성원들에게는 후자의 결정 유형을 맡기고, 그렇게 함으로써 자신들은 전자의 결정 유형에 집중한다.

시간을 투자해야 할 결정의 유형을 알고 나면, 그다음 단계로 분명한 기간을 두고 실행에 옮겨야 한다.

구글 회장을 지낸 에릭 슈미트Eric Schmidt는 리드 호프만의 팟캐스트 〈마스터스 오브 스케일Masters of Scale〉에서 회의의 원칙을 정해두면 의사결정의 속도를 효과적으로 높일 수 있다고 설명했다. 구글의 공동 설립자인 래리 페이지Larry Page와 세르게이 브린Sergey Brin도 회의의 원칙을 정해두고 회의의 목적과 방법을 직원들에게 미리 알려주었다. 이에 구글의 직원들은 매주 프로젝트를 경영진에게 제안할 기회를 얻었다. 슈미트는 이렇게 말했다. "대부분 대기업은 변호사들이 너무 많고 의사결정권자들도 너무 많습니다. 책임 소재가 불분명하고 분위기가 경직되어 있어 주요 사항에 대한 의사결정이 매우 천천히 일어납니다." 슈미트가 이렇게 말한 이유가 있었다. 2006년 구글이 16억 달러에 유튜브를 인수할 당시 인수를 결정하기까지 불과 10일밖에 걸리지 않은 사실로 증명된다.

그렇지만 본질적으로 결정을 내리는 일은 힘들 수밖에 없다. 소위 '사악한 문제'라고 알려진 결정에는 단순한 해법이 없다. 할 수 있는 일이라곤 상황을 개선하거나 악화하는 조처를 하는 것이 전부다.

그래서 인간이나 기계가 내리는 평범한 분석으로는 사악한 문제에 접근하기 어렵다. 때로는 토론하는 것이 문제가 암시하는 바를 충분히 이해하는 최선책이 된다. 하지만 공개적 이견 제시나 지적 충돌을 장려하지 않는 조직에서는 선뜻 반대 입장을 드러내지 못해 난제를 제대로 분석하지 못하는 경우가 많다.

토론을 장려할 뿐 아니라 중대한 사안을 두고 경영진이 청중 앞에서도 토론하는 넷플릭스의 사례와 대조해보면 쉽게 이해할 수 있다. 조직 내 그 누가 의견을 내더라도 사실에 근거한 의견은 소중하다는 교훈을 토론을 통해 조직 전반에 분명히 전달한다.

알고리즘 두뇌집단을 만들어라

한 치 앞을 알 수 없는 상황에서 의사결정을 내리는 최선이 새로운 데이터를 가지고 자신의 지식을 갱신하는 방법이라면, 데이터를 다루고 공유하는 방식 또한 필수 기술이 된다.

그런데 문제해결에 필요한 전문 기술이나 전문 지식을 갖추지 못했다면 어떻게 해야 할까? 알고리즘과 데이터를 사업에 가장 잘 활용하는 법을 포괄적 차원에서 배우면 된다.

밴더버그와 살루의 사례에서 확인했듯이, 컴퓨팅 사고력 문제를 해결할 때는 함께 일할 팀을 적절히 구성하면 아주 효과적이다. 조직에 알고리즘 브레인 트러스트를 구축하는 것이 좋은 접근법이 되는 것도 같은 이유다.

1932년 대통령 선거기간에 프랭클린 루스벨트Franklin Roosevelt가 도움을 얻고자 각계의 전문가로 구성된 정책자문단을 구성했다. 당시 《뉴욕타임스》 기자 제임스 키어런이 루스벨트의 정책자문단을 묘사하면서 '브레인 트러스트brain trust'라는 용어가 널리 알려졌다. 이후 대통령에 당선된 루스벨트는 브레인 트러스트의 자문을 바탕으로 경기부양책을 내놓았다. 이 경기부양책이 금융 규제, 대규모 실업 구제, 공공사업 추진 등 뉴딜 정책의 뼈대가 되었다.

알고리즘 브레인 트러스트는 마치 정기회의에 참여해야 할 구성원을 선정하여 일정을 짜듯이 별로 힘들이지 않고 구축할 수 있다. 대규모 조직에서는 각 사업 부문의 관리자, 데이터과학팀, AI와 머신러닝 담당 팀 등으로 구성된 집합체가 이상적인 형태의 알고리즘 브레인 트러스트가 될 것이다. 그보다 소규모 회사에서 일하거나 프리랜서로 활동하고 있다면, 비슷한 일을 하며 자신의 여정을 이끌어줄 사람들이나 외부 전문가들로 자신만의 두뇌집단을 구성해도 된다.

봄을 맞은 도쿄는 지구에서 가장 아름다운 지역으로 꼽힌다. 사쿠라라는 벚꽃이 거리를 온통 핑크빛으로 물들인다. 빨리 지는 꽃이어서 그 아름다움이 더욱 돋보인다. 꽃이 피고 나서는 대개 불과 일주일 정도 있다가 눈꽃처럼 흩날리며 떨어진다. 벚꽃이 필 무렵 일본 최대 전자상거래 기업인 라쿠텐Rakuten을 방문했다가 최고디지털책임자CDO인 다쿠야 기타가와Takuya Kitagawa를 만났다.

기타가와는 글로벌 데이터 관리부라는 신생 중앙집중형 데이터 부서를 관리하고 있었는데, 주로 분석정보 및 데이터 플랫폼 팀들을 구성하는 역할을 했다. 라쿠텐은 3천만 명의 고객은 물론 신용카드 사용자 12만 명을 보유한 일본 최대 신용카드 업체다. 그뿐만 아니라 리워드 프로그램을 토대로 다양한 사업 부문과 브랜드 내에서 프로모션과 고객 행동을 효과적으로 이끌었다. 데이터가 사업 성공의 핵심 요소가 되었다는 것은 놀랄 일이 아니다.

디지털 DNA를 갖췄음에도 불구하고 라쿠텐은 한때 판매 위주의 조직에 머물렀다. 사업 초기에는 콜센터의 신입사원들이 거래를 늘려 회사의 인정을 받으려 애썼다. 첫 계약을 달성할 때까지 직원의 손에 전화기를 묶어놨다는 소문도 돌았다. 그래도 라쿠텐은 지난 몇 년간 판매 집착형 조직에서 데이터 집중형 조직으로 스스로 탈바꿈했다.

아마존이나 페이스북과 경쟁하는 멤버십 기업이 되는 것이 회사의 비전이라고 기타가와는 설명했다. 자체 브랜드를 가지고 개별 고객들에게 저마다 다른 제품을 판매하던 방식을 버리고 브랜드 제안이 통합된 마켓을 만들어 회원들에게 선별적으로 판매하는 방식이 새로운 전략이었다. 기타가와는 새로운 전략을 성공시키는 열쇠가 바로 알고리즘과 머신러닝에 있다고 판단했다.

그 때문에 라쿠텐은 알고리즘 두뇌집단을 구축했다. 그에 따라 분기마다 전체 부서의 관리자들이 모여 데이터에 대해 논의한다. 각 부서에는 자체 최고데이터관리자가 있어서 데이터의 효율적 사용이라든가 신규 데이터를 활용한 업무의 성공 등에 관해 분기 회의에서 자세한 내용을 함께 나눈다. 주로 데이터 전문가들이 플랫폼에서 창출된 데이터와 새로운 활용 방안에 대해 발표한다. 사업과 기술, 이 양쪽 분야의 관리자들이 모두 새로운 패턴을 파악하고 한 부서로부터 습득한 내용을 다른 부분에 적용할 수 있는 환경을 구축하는 것이 회의의 목적이다.

라쿠텐에서 기타가와와 회의를 마치고 나오니 회사의 5가지 핵심 가치가 기록된 간판이 눈에 들어왔다. 세 번째 가치가 영어단어 세 개와 일본어 단어 한 개로 구성되어 있었는데, 'hypothesize-practice-validate-shikumika(가설을 세워라-실행하라-검증하라-시쿠미카)!'라고 적혀 있었다.

회의실마다 사람들이 모여 있었고 각 회의실에는 지역 장인들이 만든 물품과 라쿠텐 플랫폼에서 구매가 가능한 제품이 비치되어 있었다. 한 회의실에서 나와 지나치는 기타가와에게 물어보았다. "시쿠미카가 무슨 뜻인가요?"

"시쿠미카는 시스템으로 만든다는 말입니다." 기타가와가 설명해주었다. "실제로 시쿠미카라는 말은 사업의 한 부분에서 아이디어를 얻어 그것을 시스템으로 전환하고 또 어느 곳에나 적용한다는 말입니다."

알고리즘 두뇌집단의 성공은 21세기의 시쿠미카를 보여주는 모범 사례다. 요컨대, 사업의 한 부분에서 데이터의 효율적 사용에 대한 아이디어를 습득한 다음 이를 알고리즘 시스템에 접목하는 동시에 다른 부분에도 적용해야 한다.

실험은 해법이 아닌 질문을 검증하는 과정

지금까지 불확실성의 수용에 관한 문제를 다뤘다. 실증적 프로세스에 어떻게 접근하느냐가 논의의 핵심이다. 과학 분야에서 '실증'이라는 말은 실험이나 관찰에 근거한다는 의미가 있다. 실험은 데이터를 모으는 소중한 방법이지만, 영리한 리더들은 실험을 이용하여 매우 가치 있는 일을 해낸다. 그들은 실험에서 이전보다 더 발전된 물음을 제기한다.

실험을 진행한다는 말은 현대 사회에서 활동하는 경영자들이 입에 달고 사는 상투어가 되었다. 페이스북의 최고경영자 마크 저커버그는 회사가 언제 어느 때든 수만 번의 실험을 한다고 말한다. 세계 최대 숙박 공유 플랫폼인 에어비앤비Airbnb의 그로스팀growth team은 일주일에 700회 넘게 실험을 한다고 주장한다. 또한 무작위로 하는 A/B 테스트(빅데이터 분석에 유용하게 사용되는 테스트로 A와 B, 2가지 안을 사용자에게 노출하여 어떤 안이 좋은 반응을 유도하는지 알아보는 방법-옮긴이)의 횟수를 세어보면, 넷플릭스에서 구글에 이르는 거의 모든 디지털 기업들이 동시에 진행하는 실험이 수백만 건에 달한다고 한다.

알고리즘 조직에서는 실험한다고 해법이 나오지는 않는다. 랜딩 페이지landing page(검색 엔진이나 광고 등을 경유해 접속한 사용자가 최초로 방문하게 되는 웹페이지-옮긴이)에 굵은 글씨체나 이탤릭체로 표기된 부분이 매출 상승에 도움이 되는지를 증명하는 것만이 목적이 아니기 때문이다. 알고리즘 조직에서 실험은 질문을 검증하는 과정이다. 말하자면, 글씨체에 대한 선택이 매출 상승에 핵심 변수라는 사실을 증명하기 위해 실험을 진행한다.

이처럼 여러 변수 사이에서 뜻밖의 상관관계를 찾는 능력은 능동적인 머신러닝의 무한한 가능성을 암시한다. 현재 AI를 이용한 실험이 이전에는 불가능했던 규모로 진행되고 있다.

이런 측면에서 알고리즘 리더가 분명치 않은 의사결정을 찾아내거나 다른 사람이 떠올리지 못하는 질문을 과감히 던지는 부분에 주목해야 한다. 알고리즘은 의사결정을 대신한다기보다는 실제로 리더가 놓치지 말아야 할 사안에 집중하게 돕는다.

상황이나 조건에 맞는 의사결정을 내리기란 여간 어려운 일이 아니다. 관련 주제나 쟁점의 본질을 파악해야 하는 탓에 어려움이 따른다. 그 때문에 뛰어난 인지능력을 발휘해야만 적절한 해법에 도달한다.

알고리즘을 학습시켜 금융사기를 밝힐 수야 있지만, 우리가 결제업무를 해야 하는지 그 여부는 알고리즘이 알려주지 않는다. 또한 임의로 여러 실험을 진행해 이메일 캠페인의 효과를 확인할 수 있지만, 고가치 고객에게 인간 담당자가 직접 연락하는 게 효과가 있는지는 데이터가 알려주지 않는다. 이뿐만 아니라 TV 프로그램의 파일럿 에피소드를 제작하여 시청자들의 선호도를 분석할 수는 있지만, 시청자의 선호도를 분석하지 않고 전 시즌 에피소드를 먼저 제작하는 경우 어떤 결과가 발생할지 우리는 전혀 알지 못한다.

알고리즘 시대의 의사결정은 움직이는 타깃이다. AI가 발전하고 유용한 데이터가 축적됨에 따라 자동화할 대상과 그 당위성에 대한 경계가 끊임없이 바뀐다. 다양한 디지털 플랫폼은 고객을 실험대상으로 삼을 기회를 무수히 쏟아낼 것이다. 그 기회 중 일부는 수용되고 특히 좋은 경험으로 이어질 때는 매우 반갑기까지 할 것이다. 반면에 동의 여부가 불분명하고 제삼자가 개입하는 경우에는 문제의 소지가 있다(법적으로 문제가 될 수도 있다).

알고리즘 세계를 탐구하며 데이터에 기반해 의사결정을 내리는 일은 말처럼 쉽지 않다. 쟁점을 파악하고 올바른 판단을 내리기까지 어려움이 따른다. 그래서 올바른 의사결정을 내리기에 적합한 환경과 시스템을 만들어야 한다.

결국에 알고리즘 리더는 자신과 팀이 불확실성에 대처하는 메커니즘과 마인드셋(마음가짐)을 찾아야 한다. 그리하여 실제로 중요한 요인들을 분리하고 이상을 감지하고 가설을 검증하며 의사결정을 내려야 한다. 그다음 새로운 정보가 나왔을 때 결정한 사항을 재평가해야 한다.

알고리즘 리더를 위한 질문 ❓

- 실험 문화, 장기적인 미래 비전을 개발할 필요성, 이 2가지를 어떻게 조화시킬까?

알고리즘 시대의 성공 전략

1. 확률적 사고로 알고리즘 시대의 불확실성과 복잡성에 대처할 수 있다. 확률적 사고를 하는 사람은 예상을 적중시키려 하기보다는 시간이 지남에 따라 예상 에서 어긋나는 일을 줄이려고 노력한다.

2. 새로운 데이터와 통찰을 신속히 흡수할 줄 알아야 불확실성에 잘 대처할 수 있 다. 생산적인 회의 진행 원칙이 없으면 효과적인 정보 공유, 프로젝트 관리, 의 사결정에 관련한 역량이 떨어진다.

3. 의사결정을 감사해 실제로 중요한 의사결정과 자동화하거나 위임해도 되는 의 사결정을 구분한다. 불필요한 의사결정을 줄여나가면서 중요한 의사결정에 온 전히 집중한다.

4. 알고리즘 두뇌집단이나 자신만의 두뇌집단을 구성하여 조직에서 데이터와 알 고리즘을 사용하는 방법을 공유하고 체계화한다.

5. 실험을 진행하는 진짜 이유는 무엇일까? 해법을 찾기보다 더 나은 질문을 발견 하는 데 가치가 있다. AI가 혁신을 자동화할 일은 없다. 조직의 리더가 탐구할 만한 가치가 있는 사안과 아이디어에 집중하도록 돕는 것이 AI의 역할이다.

PART 2

일을 재해석하라

무엇이 성공하는 조직을 만드는가

기술은 쉬운 부분이다.
어려운 부분은 기술을 둘러싼 사회적·조직적 구조를 찾아내는 일이다.
–존 실리 브라운John Seely Brown, 딜로이트센터포디에지의 공동대표

일이 바뀌고 있다. 신기술이 효율성과 자동화를 이끌 뿐만 아니라 더 나아가 비즈니스의 본질을 더더욱 복잡하고 예측 불가능하며 역동적인 형태로 바꾸고 있기 때문이다.

그런데 이상하게도 업무와 의사결정의 자동화가 확대되고 있음에도 남아 있는 인간의 활동을 더욱 신중히 관리하고 지원해야 하는 필요성 또한 커지고 있다. 인간의 머리가 가진 창의성과 명민함을 하찮게 여기는 건 오로지 자기 책임이다! AI 기술이 발전해나감에 따라 기계가 하지 못해서 인간이 맡아야 할 일과 의사결정, 활동이 늘어날 것이다. 실제로 다른 모든 것이 자동화되더라도 인간만이 할 수 있는 일의 중요성은 날로 커질 것이다.

이런 새로운 환경에서 알고리즘 리더는 팀을 어떻게 관리해야 할까? 매우 구조적인 업무 흐름과 성과지표, 프로세스가 필요할까? 아니면 그저 행동 지침으로 삼을 유동적인 원칙만 있으면 될까?

이 질문이 중요한 이유는 21세기와 20세기를 가르는 핵심 차이가 드러나기 때문이다. 그 차이가 기술에 불과하다고 생각할지도 모르겠다. 소프트웨어 판매업체들은 시스템을 업그레이드하면 생산성과 협업, 직원들의 일에 대한 몰입이 상당히 개선된다고 큰소리칠 것이다. 그토록 간단한 일이라면 얼마나 좋을까!

중요한 것은 프로세스가 아니라 원칙이다

우리는 21세기로 가는 방법을 돈으로 살 수는 없다. 물론 거액을 들여 시스템을 업그레이드할 수 있지만, 직원들 간의 소통과 문제해결, 아이디어 창출 같은 활동과 관련된 원칙과 방법을 고찰하지 않는다면, 아무것도 바뀌지 않는다. 기술로 비즈니스의 하드웨어는 바꿀 수 있다고 하더라도 조직의 진정한 운영체계가 조직문화라는 사실은 바뀌지 않는다.

참된 조직문화를 형성하는 일은 말처럼 쉽지 않다. 조직문화를 만드는 방법이 딱 정해져 있는 것도 아니다. 이는 기업들이 스스로 풀어야 할 문제다. 그간에 조직문화에 관한 책들이 말 그대로 무수히 쏟아져 나왔다. 그렇지만 그 책들을 다 읽었다 한들 여전히 무엇부터 해야 할지 모르는 게 현실이다. 그 이유는 단순하다. 기업의 조직문화는 지역의 문화처럼 고유한 행동 양식으로 자리 잡히기 때문이다. 미국의 텍사스가 프랑스의 파리가 절대로 될 수 없는 것처럼 말이다.

그 때문에 다른 기업조직의 가치를 모방하여 현 체제에 덧붙이지 말고 현재 조직 안에 공유된 행동 양식, 사고방식을 찾아 사업의 효율을 높이는 방향으로 개선해가는 것이 조직문화를 효과적으로 변화시키는 참된 비결이다. 한편으로는 다른 기업의 접근법을 맹목적으로 채택하지 않으려 애쓰는 가운데 다른 리더들의 체험과 고난에서 교훈을 얻을 수도 있다. 조직문화의 구성요소들이 익숙해지더라도 데이터와 AI의 맥락에서 다시 들여다봐야 한다.

우선 통제에 관한 질문을 던지는 것이 좋은 출발점이다. 업무 효율이 높고 조직 구성원들이 따를 수밖에 없는 모델을 설계해야 할까? 아니면, 직원들이 최선이라고 생각하는 일을 추진하도록 자율권을 부여해야 할까?

이와 관련하여 알고리즘 시대에 직원을 관리하는 법에 관한 가장 영향력 있는 문서가 넷플릭스에서 나왔다. 「넷플릭스 문화: 자유와 책임Netflix Culture: Freedom & Responsibility」이라는 124장짜리 내부 문서는 슬라이드셰어(프레젠테이션 문서 공유 애플리케이션-옮긴이)에서 수백만 회나 조회되었다. 넷플릭스에서 14년간 최고인사책임자로 일한 패티 맥코드Patty McCord가 작성한 이 문서는 '넷플릭스 컬처 데크Netflix Culture Deck'라는 이름으로도 알려져 있으며 페이스북의 최고운영책임자COO 셰릴 샌드버그Sheryl Sandberg가 '실리콘밸리에서 나온 가장 중요한 문서'라고 극찬하기도 했다.

「넷플릭스 컬처 데크」는 기업들이 참고하는 인재 지침서로서 읽을 만한 가치가 충분하다. 맥코드는 「넷플릭스 컬처 데크」를 저서 『파워풀: 넷플릭스 성장의 비결』로 풀어냈다. 이 책에서 맥코드는 20세기에 유행한 정교하고 복잡한 인재관리 시스템으로는 더 이상 21세기에 생존하지 못한다는 교훈을 넷플릭스에서 얻었다고 말한다. 그런데 넷플릭스는 인재관리를 위한 복합적인 모델(홀라크라시 같은 제도)을 새로이 구축하지 않고 정반대의 방법으로 문제에 접근했다. 각종 정책과 프로세스, 업무 절차를 없애고 직원들이 각자 판단에 따라 일하게 했다.

기업들 대부분이 '직원 참여'와 '권한 부여', '연간 실적 평가에 따른 성과금 제공', '즐거운 직장생활' 같은 이야기로 직원들을 지휘, 통제하는 시스템을 운영해왔다고 맥코드는 판단했다. 여기서 직원들은 인센티브가 있어야 업무에 헌신하고, 지시를 받아야 일을 한다는 가정부터 잘못되었다. 핵심적인 행동철학을 나누고 그것을 실천하는 자유를 부여하면 자연히 동기부여가 되어 능동적으로 움직이고 결국 뛰어난 성과를 낸다는 것이 넷플릭스의 논리였다.

중요한 것은 프로세스가 아니라 원칙이다.

원칙이 모호해서는 안 된다. 실천할 수 있도록 구체적으로 명시해야 하고, 폭넓은 상황에 적용할 수 있는 용이성이 있어야 한다. 알맹이 없는 그럴싸한 선언문으로는 조직문화를 바꾸지 못한다. 에너지 회사 엔론Enron과 우량 은행이었던 베어스턴스Bear Stearns조차도 추구하던 가치들이 있었다. 모든 게 훌륭해 보였지만, 결국 그들은 파산의 운명을 맞이했다.

반면에 아마존의 리더십 14원칙이 효과가 있었던 것은 바람직한 리더의 행동이 공식화되어 조직에서 매일 사용되었기 때문이다. 그 원칙들은 잠시 시간을 내면 충분히 살펴볼 수 있다. 14가지 항목들을 천천히 읽어보면 영감이 떠오른다. 주제를 정해 동료들과 토론을 해도 좋다.

제프 베조스가 서른 살에 창업을 준비하던 시절, 냅킨에 14가지 원칙을 적었다는 내용이 믿거나 말거나 식의 이야기라 해도 아마존의 관리자들과 팀들이 그 원칙들을 열심히 실천했다는 사실에는 의심의 여지가 없다.

제1원칙 '고객에게 집착하라'를 예로 들어보자. 이를 정확히 표현하면 다음과 같다. '아마존의 리더는 고객에서부터 시작하고 나머지는 다음이다. 리더들은 고객의 신뢰를 얻고 유지하기 위해 노력의 고삐를 풀지 않는다. 또한 경쟁자들에게 주의를 기울인다 해도 집착하는 대상은 고객들이다.'

많은 기업이 유사한 고객주의를 표방하지만, 아마존이 그 가치에 생명을 불어넣는 수준에는 미치지 못한다. 예컨대, 아마존에서는 신제품을 기획할 때마다 담당 팀이 PR-FAQ를 작성하는데, 신제품이 출시되면 고객들이 어떤 유형의 질문을 하고 언론에는 어떤 식으로 발표될지 상상해보며 기사를 먼저 작성해보는 방법이다.

제13원칙인 '기개를 가져라' 같은 가치도 살펴볼 필요가 있다. 동의

하지 않고 전념한다는 말은 그 의미가 다소 불분명해 보일지 몰라도 아마존의 의사결정 문화를 한마디로 보여준다. 13번째 원칙을 주제로 베조스가 주주들에게 보낸 서한을 보면, 그가 팀의 의사결정에 동의하지 않을 때 팀이 그를 설득하느라 시간을 허비하게 하지 않고 오히려 팀을 지원해 그가 틀렸음을 증명할 기회를 주겠다고 말했다. 그러면서 아마존 스튜디오의 오리지널 프로그램 제작 승인에 관한 이야기를 예로 들었다.

"제작팀에 제 의견을 전했습니다. 얼마나 재미가 있을지 논란의 여지가 있고 제작하는 일이 간단하지가 않고 거래 조건이 썩 좋지 않다는 의견이었죠. 그리고 우리에겐 다른 많은 기회가 있습니다. 제작팀은 저와는 완전히 의견이 달랐고, 일을 진행하기를 원했습니다. 저는 즉시 '동의하지 않지만, 여러분의 뜻에 따르겠습니다. 지금까지 보지 못한 최고의 흥행작이 되길 기대합니다'라고 답장을 썼습니다. 만약 제작팀이 저의 헌신을 약속받기보다 실제로 저를 이해시켜야 했다면 그런 의사결정 사이클이 얼마나 더뎌졌을지 생각해보세요."

프로세스보다 원칙을 바탕으로 한 조직 운영의 핵심은 간단하다. 직원들을 뒤에서 밀어주는 것이다. 너무 많은 전통적 리더가 고객을 섬겨야 하고 혁신적 사고를 장려한다고 주장하지만, 정작 팀을 지원하고 판단을 존중해야 할 상황에서 확신과 지지는커녕 필요한 지원을 하지 않고 오히려 업무 능률을 떨어뜨린다.

교도관이 아닌 정원사처럼

대니얼 흄은 회사를 창업할 당시 우울한 생각에 빠졌다. 계산해보니 살아갈 날이 7백 달밖에 남지 않았다.

당시 20대 초반이었던 흄은 유니버시티 칼리지 런던에서 AI 최적화 분야에서 박사학위를 받았다. 어린 시절부터 우주의 작동원리라든가 인간이 되는 의미에 깊은 관심을 두다가 복잡성 이론과 인공지능을 연구하기에 이르렀다. 그런데 설득력 있는 해답을 찾는 와중에 위대한 철학자들(그리스 학파, 스토아 학파, 실존주의 학파)에 관한 과거 방송 프로그램을 들여다보게 되었다. 이는 덧없이 지나가는 시간의 본질에 대한 병적인 탐구심 때문이었다. 그렇게 흄은 고대 문헌에서 여전히 통하는 보편적 원칙을 발견했다. 삶의 궁극적 의미가 행복을 극대화하고 삶의 고통을 최소화하는 것임을. 요컨대, 삶의 의미는 선善을 극대화하는 데 있다.

이 원리를 고찰하던 흄은 학자로 사는 삶이 현실 세계의 문제를 해결하고 세상에 존재하는 고통을 줄이는 데 적합한 길이 아니라는 것을 깨달았다. 이런 깨달음을 바탕으로 AI 업체인 사탈리아를 창립했다. 사탈리아는 학문적 알고리즘의 전달 기관으로 출발하여 알고리즘을 세상에 널리 적용하고 있다. 한편으로, 흄은 알게 모르게 사탈리아를 통해 사람들의 동기를 불러일으키는 것이 무엇인지 사람들을 행복하게 만드는 게 무엇인지 알게 되었으며, 과학과 상업, 사회, 경제가 맞물려 돌아가는 생리를 배우게 되었다. 흄은 데이터와 코드를 통해 세상 돌아가는 이치를 알고 싶었다.

흄이 런던에서 우리를 찾았을 때, 그가 조직문화에 심은 가치들에 관해 물어보았다. 사탈리아에는 대략 직원 80명이 일하고 있다. 또한 관리자가 존재하지 않고 직제나 핵심 성과지표가 없다. 사탈리아의 직원들은 원하는 것은 무엇이든 할 수 있을 정도로 완전한 자유를 누린다고 흄은 설명했다. 사탈리아에서 인턴을 한다 해도 비용을 마음대로 지출할 수 있다. 그렇다고 회사 비용으로 몸에 좋은 음식을 찾아다니며 즐기더라도 아무도 제지하지 않는 집단을 말하는 것이 아니다. 직원에 대한 신뢰의 이면에 정교한 알고리즘 기반의 인프라가 존재하기에 가능한 일이다. 회사는 머신러닝을 이용하여 조직 구성원들이 상호소통하는 과정을 파악하고 업무 분야별로 적합한 전문 지식이 있는 직원을 정확히 짚어낸다.

흄은 사탈리아의 조직모델을 쉽게 이해할 수 있게 얼마 전 회사가 진행한 실험을 예로 들어 설명했다. 전 직원에게 각자의 급여를 공개적으로 평가하게 했다. 당시 사탈리아의 전 직원은 자신의 급여를 삭감해야 할지, 인상해야 할지, 그대로 유지해야 할지 투표를 진행했다. 다른 사람의 급여에 대해 투표하는 경우에는 지난 한 해 동안 그 사람과 얼마나 긴밀히 협력했고 전략적 의사결정자로서 얼마나 높이 평가하는가에 비중을 두고 투표했다.

흄이 말하는 조직 설계는 조직 전반에 권한과 의사결정권을 분산하는 한편 의사결정의 투명성을 높이는 시도였다. 일례로 급여 평가에서 발견된 놀라운 사실은 여성들은 스스로 평가절하한다는 점이었다. 이 정보가 공개되자 나머지 직원들은 여성들의 급여를 인상하는 쪽에 투표했다. 이런 유형의 의사결정은 전통적인 조직에서는 겉으로 드러나지 않기 때문에 급여가 투명하게 공개되지 않고 관리자가 급여와 관련한 의사결정을 내릴 때가 많다.

리더들이 교도관이 아닌 겸손한 정원사처럼 활동하는 것이 분권제 조직의 성공 비결이라고 흄은 말한다. 리더는 지시를 따르고 복종하도록 강요하는 역할이 아니라 앞에 나서지 않고 식물이 잘 자라도록 영양분과 공간을 마련해주는 정원사가 되어야 한다. 이를 기업조직에 적용한다면, 조직 구성원들에게 정보와 자원을 제공하여 그들과 회사 양쪽에 유리한 방식으로 업무에 집중할 수 있도록 돕는다.

인공지능 건강관리 서비스를 제공하는 바빌론 헬스의 설립자 알리 파르사도 전형적인 알고리즘 리더다. 이후에 자세히 소개하겠지만, 인터뷰했을 당시 파르사는 흄과 비슷한 의견을 내놓았다. 정원사처럼 행동하는 것은 다른 사람보다 많이 잘나지 않았다는 겸손함의 표현이라기보다는 기하급수적인 성장 앞에서 취해야 할 아주 현실적인 행동이라고 파르사는 말했다.

"기업들은 대부분 조직 상층부에 있는 소수가 운영합니다." 파르사는 설명을 이어갔다. "10퍼센트나 15퍼센트 성장을 한다면 별문제가 없습니다. 하지만 100퍼센트, 200퍼센트, 또는 300퍼센트로 성장하는 경우에 인간의 힘으로 그 모든 일을 머릿속에 담아두기란 불가능한 일입니다. 그러니까 꼭두각시 조정자가 되지 말고 정원사 같은 역할을 해야 합니다. 식물이 알아서 자라는 환경을 조성해야 합니다."

파르사는 분권화된 통제의 영향력을 자주 사례로 제시하는데, 현대에 나온 개념이 아니라는 점이 매우 흥미롭다. 파르사는 대영제국이 세력을 확장한 과정에 깊이 매료되었다. 대영제국은 100년 넘게 전 세계 곳곳으로 세력을 확장했으며, 지구 육지 면적의 20퍼센트가 넘는 영토를 차지하여 중앙에서 직접 통제하지 않고 관리했다. 그래서 해적, 무역상, 상선 승무원 들은 소위 고도로 자기 조직화한 방식으로 상당한 의사결정권을 위임받았다.

그러나 이는 통치모델을 변경하기 전까지의 일이었다. 파르사는 대영제국이 무너진 주요 원인으로 전신電信의 발명을 들었다. 배로 서신을 전달하던 시절엔 서신이 도착하기까지 6개월이 걸렸지만, 그 시간이 단 6분으로 단축되면서 모든 것이 허물어졌다. 파르사가 쓴웃음을 지으며 설명했듯이 대영제국의 중앙권력이 어느 순간부터 전신을 통해 사소한 것까지 관리했기 때문이다.

성공하는 팀 설계의 비밀

기업의 관리자들은 예부터 팀 설계를 두고 이런저런 시도를 해왔다. '똑똑한 사람들만의 작은 집단' 원칙을 신봉한 스티브 잡스는 회의를 주재할 때 핵심 인력만 부른 것으로 유명하다. 그는 필요하지 않은 사람들에게 그 사실을 통보하는 것에 전혀 거리낌이 없었다. 제프 베조스는 시간 낭비를 막고 의사결정의 속도를 높이기 위해 피자

두 판의 원칙을 고수했다. 이처럼 알고리즘 리더들은 조직 구성원들에게 스스로 관리할 자율권을 부여하는 한편 조직 구성원들의 업무 방식을 설계하고 그 구조를 개편하는 실험을 진행한다.

세계 최대 규모의 콘택트렌즈 제조업체인 존슨앤드존슨 비전 Johnson & Johnson Vision의 팀 설계 방식은 흥미로운 사례로 꼽힌다. 몇 년 전으로 거슬러 올라가서 존슨앤드존슨 비전은 콘택트렌즈 분야에서 영역을 확대하여 2030년까지 눈 건강 분야의 글로벌 리더가 되겠다는 야심 찬 계획을 발표했다. 계획대로 목표를 달성하려면 매출을 기존보다 연간 40억 달러나 끌어올려야 했다. 이렇게 목표로 한 성장세는 기존 눈 관련 제품의 매출을 늘린다 해도 쉽게 달성하기 어려웠기에 백내장과 녹내장 치료 분야와 같은 눈 건강 분야에서 인수와 혁신으로 매출을 늘려야 했다.

존슨앤드존슨에서 알고리즘 리더십에 관한 강연을 수차례 진행하면서 경영진 중 존슨앤드존슨 비전의 글로벌 프랜차이즈 개발팀의 책임자로 있는 알도 덴티 Aldo Denti를 알게 되었다. 덴티는 캐나다에서 성장했다. 그의 아버지는 의사였으며, 어머니는 간호사였다. 그가 여섯 살밖에 안 되었을 때 형이 백혈병으로 세상을 떠났다. 가족에게는 평생 지워지지 않는 고통으로 남았고, 이를 계기로 그는 건강관리 분야에서 일하게 되었으며, 결국 존슨앤드존슨에 합류하기에 이르렀다.

2030년까지 그처럼 대담한 목표를 달성하려면 극적인 변화가 필요하다는 것을 덴티는 깨달았다. 존슨앤드존슨은 새로운 사업 방식이 필요했다. 아마존과 월마트는 이미 일찍이 건강관리 분야로 진출했다. 나이키는 굴지의 고객 정보 분석업체인 조디악Zodiac을 인수했다. 도미노 피자는 기술을 적용한 고객 경험을 최우선 과제로 삼으면서 기술 기업으로 발돋움했다. 펩시도 아마존과 경쟁하려고 2백 명의 직원으로 구성된 이커머스 팀을 만들었다. 덴티의 관점에서 보면, 전통적인 경쟁 기업들뿐만 아니라 이 모든 기업과 팀이 존슨앤드존슨의 팀보다 변화에 민첩하게 반응하고 적응하며 철저히 데이터에 기반하여 움직였다.

2014년 덴티가 팀 설계 문제를 고찰하기 시작했을 무렵 회사는 계층적 사고구조와 심각한 사일로(부서 간 소통 부재-옮긴이) 식 운영 모델의 폐해를 겪고 있었다. 소비자 중심의 브랜드를 강화하고 디지털 플랫폼을 중심축으로 소통의 통로를 구성해야 한다는 압박이 있었음에도, 존슨앤드존슨의 조직 구조에서는 부서 간 소통이 원활하지 않았다.

이런 상황에서 덴티는 소위 세 다리 의자 모델three-legged stool model을 운영하여 혁신을 이루려고 노력했다. 그에 따라 R&D, 마케팅, 공급 체인 팀이 혁신 사이클을 가속화하여 18개월 만에 완전히 새로운 일회용 콘택트렌즈를 출시하게 되었다. 조직 전반에 걸쳐 의견일치가 되길 기다리지 않고 소규모의 역동적 팀이 목표를 달성했다. 처음에는 목표를 달성하기까지 2년은 더 걸릴 것으로 예상했지만, 그 시간마저도 절약했다.

이런 성공의 경험을 바탕으로 존슨앤드존슨은 새로운 프로젝트를 추진했다. 이번에는 소규모 크로스펑셔널팀(복합기능팀이라고 하며 태스크포스의 일종으로 프로젝트 중심으로 각 부서의 직원이 한시적으로 참여하는 팀-옮긴이)을 구성하여 콘택트렌즈에 광색성 첨가물을 넣는 기술 외 여러 신기술을 연구했다. 하지만 새로운 계획은 제대로 실행되지 않았다. 팀에 자원이 충분하지 않았을뿐더러 권한이 제대로 위임되지도 않았다. 팀이 수행할 역할을 두고 경영진이 한목소리로 지원하지 않았으며 크로스펑셔널팀에 적합한 직원들로 팀이 구성되지도 않았다. 또한 경영진 간에 간극이 존재했다. 결과적으로 성과가 미미했다. 이를 계기로 덴티는 큰 교훈을 얻었다. 적절한 자원이 제공되지도 않고 목표와 업무를 두고 팀 구성원들이 한 방향으로 정렬하지도 않고 경영진의 지원이 없다면, 성공의 기회도 없다는 것을.

덴티와 그 팀원들은 두 차례 진행한 실험에서 얻은 교훈을 바탕으로 아시아의 뷰티 분야 소비자에게 초점을 맞춰 '팟pod' 팀이라는 개념을 만들었다. 아시아에서 밀레니얼 세대에 속하는 뷰티 소비자층이 미국과 유럽의 소비자층과는 미美를 추구하는 면에서 다른 관점을 가지고 있었다. 존슨앤드존슨은 아시아 시장을 파악했다. 과거에 그와 같은 특정한 고객들을 포섭하지 못했기에 그들을 공략하여 관련 사업을 빠르게 확장하고 싶었다. 이를 위해 혁신을 추진한 것은 물론 인플루언서와 소셜 플랫폼을 이용한 디지털 마케팅을 강화함으로써 참여 모델을 변화시켰다.

덴티가 만든 뷰티 팟은 성공을 거두었다. 12명으로 구성된 핵심 구성원들과 함께 뷰티 팟은 명확한 목표를 중심으로 일체감을 이루었다. 요컨대, 뷰티 채널을 통해 새로운 콘택트렌즈를 개발하고 아큐브^{Acuvue} 브랜드를 강화하겠다는 계획을 세웠다. 이번에는 R&D 부문 담당자, 로컬 마케터, 공급망 전문가 등을 참여시켜 균형 잡힌 팀을 구성했다. 이들은 모두 한 사람(경험이 풍부한 일본계 마케터)에게 업무를 보고했다. 또한 팀원들은 그 팟 리더에게 재무와 홍보 관련 업무를 지원했다. 뷰티 팟은 고정된 시간 안에 야심 찬 목표를 달성하기 위해 한시적으로 가동하는 사업부서에 가깝다.

"또 이해해야 할 게 있습니다." 텐티는 이렇게 설명하며 자신의 이야기를 마무리했다.

"뷰티 팟이라는 구성이 추진력을 발휘할 수 있는 것은 알고리즘과 AI, 머신러닝이 새로운 사업 방식의 핵심임을 깨달았기 때문입니다. 그 결과로, 우리가 실제로 살아남기 위해 데이터가 필요하다면 데이터를 중심으로 사람들을 배치하여 거기서 추출한 데이터를 가지고 뭔가 흥미로운 일을 해야 한다는 것이었습니다.

과거에는 데이터 하면 분석과 통찰에 초점을 두었어요. 그래서 데이터 부서를 찾아가 필요한 부분을 끄집어내는 수고를 한 다음 마케팅 같은 일상적인 직무를 수행하고 그 데이터로 새로운 일을 시도하는 게 일반적이었습니다.

그런데 지금은 새로운 방식에 따라 데이터 과학자와 알고리즘, 머신을 우리가 진행하는 일의 중심에 배치해야 합니다. 풀고자 하는 과제를 목표로 설정하세요. 그러고 나서 데이터를 추출하고 다룰 줄 아는 사람들에게 그 목표를 제공하세요. 우리의 팟 시스템은 데이터 과학과 머신러닝을 기반으로 구축되었습니다. 모든 팟은 팟 설계의 원칙을 바탕으로 데이터와 데이터 과학에 연결되어야만 합니다."

IBM이 재택근무를 포기한 이유

2016년 중반 IBM은 재택근무의 전통을 깨고 직원들을 다시 사무실로 불러들이기 시작했다.

IBM의 최고정보관리책임자인 제프 스미스Jeff Smith는 회사가 변화에 민첩하게 대응할 수 있게 했다. 소규모 팀들이 프로젝트를 협업으로 진행하고 데이터를 기반으로 의사결정 하여 업무를 추진해나가야 한다는 생각이었다. 그렇게 하려면 직원들이 사무실에서 업무를 진행해야 했다.

IBM 직원들은 오랫동안 재택근무로 별 탈 없이 업무를 진행해왔다. 그런데 혁신과 독창성으로 성공을 거둔 팀들을 분석해보니 대부분 한 장소에 근거지를 두고 있다는 사실을 발견했다. 스미스의 말을 들어보면 IBM이 직원들을 사무실로 불러들인 이유가 드러난다. "지휘관은 부대원들과 함께해야 합니다. 그리고 부대원들은 한 장소에 있어야 합니다."

원격 재택근무는 IBM에서 오래된 전통으로 자리 잡았다. 1980년대로 거슬러 올라가 보면, 당시 직원들의 집에 원격 단말장치를 설치했다. 2009년 대부분 기업이 회사 사무실이나 회사 건물에서 업무를 해야 한다고 주장했던 시절에도 IBM은 전 세계에서 활동하는

386,000명의 직원 중 40퍼센트가 집에서 근무했다. 그러다 참신한 아이디어와 파괴적 혁신이 요구되면서 IBM의 관리자들은 직원들이 모여야 생산성이 올라간다고 기대하고 있다.

업무공간을 재구성한 기업은 IBM만이 아니었다. 똑똑한 사람들을 한 장소에 모아야 창의성이 촉발된다는 것은 이제 전혀 새로운 개념이 아니다. 도시와 같은 규모에서도 집중이 더욱 생산적인 연결로 이어지는 증거가 있다. 예컨대, 제인 제이콥스Jane Jacobs처럼 20세기에 명성을 떨친 도시계획가들이나 로버트 루카스 주니어Robert Lucas Jr. 같은 경제학자들은 재능 있는 노동자들이 밀집되어 있을 때 지역경제를 살리고 창조적 사고를 북돋는다고 주장했다. 그렇다면 관리자들이 이런 유형의 결과가 최적화되도록 알고리즘과 데이터를 활용하면 어떨까?

예전에 시애틀에 갔다가 댄 앤서니Dan Anthony와 숀 맥키버Sean McKeever, 이 두 건축가와 NBBJ 디자인 컴퓨테이션 팀의 관리자들과 함께 시간을 보낸 적이 있다. NBBJ는 세계 최고의 건축디자인 기업으로 미국의 구글과 아마존, 중국의 알리페이와 텐센트Tencent 같은 기술 기업들의 사옥 디자인을 맡아서 진행했다.

NBBJ는 의뢰인들의 업무공간을 재설계하는 일에서 알고리즘 기반의 컴퓨테이션 디자인 프레임워크를 적극적으로 활용하고 있다. 파라메트릭 디자인parametric design으로 알려진 이 접근법은 알고리즘과 컴퓨터 모델을 이용하여 건물 거주자들의 건물 사용 방식을 시뮬레이션하는 기술이다. 대개 파라메트릭 모델을 이용하는 경우 기하학과 데이터를 연결하여 각기 다른 사무실의 모양이나 구성 같은 일정한 요건들에 적용한다. NBBJ는 거기서 몇 단계 더 나아가 '휴먼 익스피리언스 툴킷Human Experience Toolkit'이라는 디자인 툴을 개발했다.

또한 NBBJ는 신경과학자들 및 심리학자들과 협업하여 업무공간 모델에 행태 통찰을 변수로 집어넣고 있다. 예를 들어, 건물 평면도는 이제 팀 구성원들이 서로 편하게 협업할 수 있도록 알고리즘을 이용해 최적화될 수 있다.

그게 아니라면 인류학과 신경과학의 인간행동이론인 조망prospect과 피신refugee의 원리를 설계에 적용할 수 있다. 사바나(인류가 본능적으로 조상들이 거주했던 아프리카 동부와 비슷한 환경에 여전히 끌린다고 보는 이론을 사바나 가설이라고 한다-옮긴이) 환경에서 일상생활을 한 이래 긴 시간 진화를 겪어왔지만, 인류의 뇌는 지금도 업무공간에 대한 반응에 영향을 미친다. 즉, 인간은 주변 지역을 조망하고 몸을 숨기기에 좋은 은신처를 찾았을 때 안정감과 편안함을 느낀다. 알고리즘 기반의 디자인을 이용하여 이런 인간 수행human performance에 대한 통찰을 물리적인 업무 환경에 심어 실제로 구현할 수 있다.

설계는 팀을 구성하는 방법뿐 아니라 그 팀이 활동하는 환경에 적용된다. 말 그대로 영리하게 성공하고 성공의 발판을 마련하는 공간을 설계해야 한다. 단순히 사무공간을 다시 꾸미는 데서 더 나아가 회사를 변화시켜야 할 때도 있다. 자신의 문화를 조성할 방법을 찾아야 한다.

조직문화에 데이터를 이용하라

짐 박스데일Jim Barksdale은 미국 남부 출신의 매력이 풍기지만 냉정한 사업 감각을 지닌 경영자로서 의외의 면모를 보여주는 인물이다. 페덱스Fedex에서 최고운영책임자, AT&T 무선사업부에서 최고경영자를 지낸 박스데일은 알려지다시피 넷스케이프Nestscape를 사업 초기부터 최초의 닷컴 스타트업 기업으로 성장시켜 인터넷 서비스업체인 AOL에 매각하면서 세간의 이목을 집중시켰다. 그가 한 말 중 자주 인용되는 말이 있다. "데이터가 있으면, 그 데이터를 이용하자. 각자 의견이 다르면, 내 의견대로 하자." 그의 스타일을 잘 보여주는 대목이다.

조직 구성원들의 행동을 바꾸기란 여간 어려운 일이 아니다. 관련 주제를 두고 사실에 근거한 대화가 먼저 이루어져야 한다. 단지 이런저런 일화나 소위 부족 지식tribal knowledge(기업의 관점에서는 조직 집단이 가지고 있는 지혜로 종종 외부에 알려지지 않은 정보나 지식-옮긴이), 누군가를 지지하기 위한 의견을 가지고 조직문화를 바꾸려 해서는 잘 풀리지 않는 경우가 많다.

이런 이유로 알고리즘 기반 조직들은 팀과 팀 구성원들을 성공적으로 꾸려내기 위해 데이터를 이용하기 시작했다. 특히 구글은 팀의 성과에 관한 연구를 장기간 진행했지만(앞서 소개한 아리스토텔레스 프로젝트와 관련한 내용 참고), 이는 결코 보기 드문 사례가 아니다.

벤 웨이버Ben Waber는 세계적인 미디어융합기술연구소인 MIT미디어랩에서 박사과정 연구를 진행하던 중 기존 연구 자료를 우연히 접했다. 말하는 태도의 변화를 보고 이를테면, 연봉 협상에 참여하는 사람이 만족할 만한 결과를 얻을지, 벤처투자가가 사업계획서의 내용을 어떻게 평가할지, 혹은 연인의 데이트가 얼마나 성공할지 예측할 수 있다는 내용이었다. 이 연구는 단어 자체를 대상으로 하지 않고 목소리 높낮이의 변화나 목소리의 크기, 말의 빠르기 같은 것들을 대상으로 했다.

연구에 깊이 매료된 웨이버의 연구진은 그런 신호들을 바꾸려 했을 때 벌어질 일이 궁금하여 소프트웨어를 제작했는데, 설득 수준이나 매력도 같은 특성을 증대시키거나 감소시킬 수 있었다. 그리고 연구소에서 실험을 진행하기 위해 꽤나 크고 사원증처럼 생긴 웨어러블 센서를 개발했다.

어느 날 MIT 슬로안 경영대학원 소속의 한 교수가 연구소에 들렀다가 웨이버 팀이 만든 ID 센서를 보고 관심을 보였다. 그 교수는 독일에 소재한 한 대형 은행의 생산성에 관한 연구를 진행 중이라면서 직원들의 모든 이메일 데이터를 모아 그들이 하는 일을 매일 조사하고 있다고 말했다. ID 배지를 본 그는 직원들이 회사에서 대면하는 방식에 관한 데이터를 모아 성과와 직무만족도 등을 예측할 수 있냐고 물었다. 또한 독일에서 함께 연구를 진행할 의향이 있는지 웨이버에게 물었다.

웨이버는 그 교수의 제안에 구미가 당겼지만, 한편으로 신경 쓰이는 부분이 있었다. 연구소에서 센서를 작동시킨 시간은 총 2시간에 불과했다. 그러하기에 ID 배지를 거의 하루 종일 작동시켜야 하는데, 실제 근무환경에서 얼마나 잘 작동할지 의문이 들었다.

그럼에도 웨이버 연구진은 도전을 받아들이고 독일로 향했다. 연구에 착수한 그들은 ID 배지의 운영체제가 종료되는 시간까지 내내 일해야 했다(연구실이 아닌 숙소에서 일했다). 매일 한 사람당 대략 4기가바이트의 데이터가 들어오자 간단한 것부터 분석하기로 했다.

곧이어 웨이버 연구진은 은행 직원들이 사내에서 접촉한 사람들, 직원들의 인간관계 유형을 추적하고 분석했다. 그런 다음, 그 분석 데이터만 가지고 스스로 보고한 직무만족도뿐만 아니라 개별 직원이 업무성과에 대해 내린 주관적, 양적 평가를 예측했다. 이는 확률적 문제해결이 실행된 전형적인 사례다!

직원들 간에 간단히 상호교류한 데이터가 믿기 어려울 만큼 정확한 예측 변수가 된다는 사실에 모두가 놀랐다. 데이터 중에서 집단의 단합이나 서로 대화하는 사람들의 수는 측정된 거의 모든 특징보다 단연코 업무성과에 대한 가장 강력한 예측 변수가 되었다. 웨이버가 "대학원 학생들이 학술 논문을 완성했다"는 내용을 첨부했지만, 수십억 달러 규모의 유럽계 은행을 대상으로 한 이 실험에서 연구 결과를 확인한 은행의 경영자들은 분석 내용을 기초로 사업 전반을 재편했다.

웨이버는 이후 대니얼 올구인, 테미 킴, 투오마스 제뉘, 알렉스 펜틀랜드 MIT 교수와 함께 휴머나이즈Humanyze라는 회사를 공동 설립했다. 행동 분석 기업인 휴머나이즈는 웨어러블 센서를 사용하여 기업의 조직문화와 운영모델을 변화시키는 일을 한다. 그 유럽 은행이 연구팀의 연구 결과 데이터를 조직 구조에 어떻게 적용했냐고 물어봤더니, 웨이버는 많은 전통 기업이 불완전한 정보를 제공하는 조직도에 의존한다고 설명해주었다.

"조직도는 누가 무슨 일을 해야 하는지 말해주지만, 당연히 그것도 다른 측면이 있습니다. 누가 누구와 함께 일해야 하는가 하는 문제입니다. 그들은 관계가 있지만, 또 다릅니다. 그래서 그 은행이 했던 일이 전략적으로 함께 일해야 할 사람들을 들여다보는 것이었습니다. 은행은 이런 사실을 알고 나서 함께 일해야 할 사람들을 같은 팀이나 조직의 같은 부서에 투입하였습니다."

기업들은 의도적이든 그렇지 않든 직원들의 업무 방식, 동료들과의 상호교류, 고객과의 관계 등과 관련한 엄청난 양의 데이터를 모은다. 이처럼 많은 데이터를 가지고 있음에도 오늘날 거의 모든 기업이 해법을 내지 못하는 근본적인 질문이 있다고 웨이버는 말한다. 이를테면, 영업부서는 기술부서와 얼마나 대화할까? 상점 점원은 고객과 얼마만큼 대화해야 할까? 이것이 핵심 문제임에도 대부분 리더는 실제 상황이나 올바른 접근방식에 대해서만 추측할 뿐이다.

직원들의 일하는 방식과 관련한 세분화된 데이터를 수집하고 분석하는 일이야말로 조직문화를 변화시키고 운영상의 의사결정에서 현명한 선택을 하는 길이라고 웨이버는 판단했다. 사무실을 새로이 꾸밀 때조차도 직원들의 대인관계를 들여다보고 괜찮은 의사결정을 내릴 수 있다. 이런 유형의 의사결정을 내릴 때는 흔히 비용을 먼저 따진다. 그래도 직원들이 소통하는 방식, 모여서 일할 때 필요한 것을 파악한다면, 직원들을 한 공간에서 일하게 하는 문제를 두고 좀 더 정확하고 효과적으로 의사결정을 내릴 수 있다.

웨이버는 사례를 하나 들어 설명해주었다. 휴머나이즈에 서비스를 의뢰한 세계적인 경영 컨설팅업체 보스턴컨설팅그룹Boston Consulting Group, 이하 BCG은 뉴욕에서 근무하는 직원 1천 명을 새로운 사무실로 이동시킬 계획을 세웠다. BCG는 새로운 업무공간에서 몇 가지 행동목표를 달성하고자 했다. 고객 맞춤 분석 도구와 프로그램을 제작한 소프트웨어 개발자들이 업무시간의 40퍼센트 이상을 방해받지 않고 집중하게 하는 것이 그중 하나였다.

그런데 직원들이 새로운 사무실로 이사하자마자 업무 집중도가 20퍼센트까지 떨어지는 안타까운 일이 벌어졌다. 웨이버가 출입증을 통해 입수한 데이터를 분석해보니 사무실의 디자인이 문제라는 사실을 알게 되었다. 프로그래머들의 자리가 직원식당 바로 옆에 있었던 것이다. 커피라도 마시러 직원식당을 찾는 사람들은 그 앞에 멈춰 서서 대화를 나눴다. BCG의 관리자들은 관련 데이터를 확인한 후 직물 소재의 벽을 설치했다. 그로부터 일주일이 지나자 직원들의 업무시간 집중도가 거의 두 배로 치솟았다.

직원들이 의지가 박약해서가 아니다. 관리방식을 바꿔 조직의 인재가 성장하는 환경을 조성해야 한다. 기술을 개선하거나 다른 기업의 방식을 무조건 모방한다고 해서 그런 조직문화가 형성되지는 않는다. 직원들의 성향에 가장 잘 맞는 환경이 가장 좋은 환경이다.

미래 성공의 열쇠는 가장 역량이 뛰어나고 혁신적인 동료들이 상호소통하는 방식과 태도에 숨겨져 있다. 올바른 가치를 바탕으로 한 팀 설계, 멘토링, 업무 환경 조성, 알고리즘에 기반한 분석, 데이터 수집 등을 한다면, 조직 전반으로 활력이 넘치는 분위기를 확대할 수 있을 것이다.

알고리즘 리더를 위한 질문 ?

• 조직을 변혁할 때 조직문화의 어떤 측면이 가장 도움이 되는가? 또 어떤 측면이 변혁을 가로막는가?

알고리즘 시대의 성공 전략

1. 기술이 비즈니스의 하드웨어를 변모시켰다면, 조직문화는 본질적인 조직 운영 체계라고 할 수 있다. 업무 절차에 따라 직원들을 통제하기보다 조직 환경에 적합한 원칙을 세우고 정립해나가야 활력 넘치는 조직문화를 조성할 수 있다.

2. 알고리즘 리더는 데이터와 머신러닝을 지렛대 삼아 팀이 보다 자율적이고 탈중심적인 환경에서 일하는 환경을 조성한다. 교도관처럼 통제를 1순위로 삼기보다 정원사처럼 결실을 낳는 환경을 제공하는 편이 더 낫다.

3. 직무와 성향에 적합한 팀 설계는 조직문화의 변화를 가속화하는 좋은 방법이다. 존슨앤드존슨에서 알도 덴티가 설계한 팟 팀은 신속한 성장을 요구하는 환경에서 소위 애자일 경영과 혁신, 쾌속 개발에 팀 구조가 중요한 틀이 된다는 것을 잘 보여준 사례다.

4. 업무공간도 업무 방식 못지않게 중요하다. 앞으로 데이터과학과 컴퓨테이셔널 디자인을 행동과학과 인류학에 접목하여 알고리즘 방식으로 업무공간을 재설계하는 시대가 도래한다.

5. 변화에 필요한 사항을 테이블 위에 올려두고 사실에 근거한 대화를 나누어야 한다. 이는 조직문화의 변혁에 착수하는 첫걸음이다. 업무 방식과 관련된 데이터를 수집할 방법을 찾아 조직문화를 변혁하기 위한 초석으로 삼아야 한다.

일하지 말고
일을 디자인하라

> 디지털은 디지털 사업 단위를 인정하지 않는다.
> ─사티아 나델라Satya Nadella, 마이크로소프트 최고경영자

알고리즘 리더의 책무는 일하는 것이 아니다. 일을 설계하는 것이다. 즉, 알고리즘 리더는 표준 비즈니스 지표로 직원들의 성과를 평가하고 고민하기보다는 한 걸음 물러서서 일 자체의 본질을 들여다봐야 한다.

그런데 기업의 관리자들은 현상이 존재하는 이유에 의문을 던지기보다 무심코 현상을 유지하는 지표에 기댄다. 그러다 보니 목표를 충족하고 있는가? 핵심 성과지표를 기준으로 계획을 잘 추진하고 있는가? 팀이 기대 이상의 성과를 올리고 있는가? 이번 달에 직원 몰입도가 상승했는가? 아니면 감소했는가? 등 현상 유지를 위한 질문을 던진다.

불행하게도 지난 반세기 동안 '작업 완료'의 상당 부분은 직원들을 평가하는 기준을 설정하기 위한 활동과 결과를 표준화하는 것으로 해석되었다. 아마도 이것들 중 가장 논란이 되는 것은 1980년대 잭 웰치가 GE 회장이 된 뒤 인사 시스템으로 도입한 활력곡선vitality curve 일 것이다.

직원별로 연초 목표를 얼마나 달성했는지 평가하는 제도인 스택 랭킹stack ranking이나 강제해고 순위, 또는 좀 더 일상적인 표현으로 순위를 매겨 최하위 직원을 쫓아내는 제도인 랭크앤양크rank and yank로 알려진 활력곡선은 경영에 실제로 자리를 잡았다. 활력곡선에 따라 조직 전반이 세 집단으로 나뉘었다. 웰치는 부서별 직원들을 A, B, C 등급으로 순위를 매기라고 관리자들에게 지시했다. 최상의 20퍼센트를 차지하는 A급 우수 직원에게는 탁월한 보상과 승진을 제공했다. 그다음 70퍼센트에 속하는 B급 직원들은 적정한 수준의 직무 능력을 가진 것으로 평가해 일자리를 계속 유지하게 해주었다. 마지막으로 최하위 10퍼센트를 차지하는 C급 직원들은 곧바로 해고하라고 웰치는 지시했다.

직원들에게 부정적 영향을 미치고 차별과 정치 보복이 일어날 가능성을 제쳐놓더라도 활력곡선에 심각한 문제가 생겨나고 GE에서조차 유지되지 않은 이유는 과학적 방법론에 따른 연구나 증명과 관계가 없는 유사 과학에 근거했기 때문이다.

활력곡선을 이용해 핵심 인재를 가려낸다기보다 조직이 최우선으로 처리해야 할 과제를 두고 혼란만 야기했을 뿐이다.

A급 직원을 가려내기 위해 웰치가 제시한 기준은 너무도 모호했다. 그의 의견에 따르면 A급 직원은 '열정에 차 있고' '일이 되게끔' 헌신하며 '그들 앞에는 비상할 수 있는 길이 수없이 많을 정도로' 축복을 받은 사람이라는 식이다. 또한 A급 직원들은 '에너지가 충만하고' '카리스마가 넘치는가 하면' '공통의 목표를 가진 주변 사람들에게 활력을 북돋는' 사람들이다. 이런 기준은 고성과를 측정하는 지표가 아니라 마치 직장 내 반사회적 인격장애자를 가려내는 심리 조사에 나오는 항목처럼 보인다.

A급 직원 같은 추상적 개념 또는 직원 몰입도 같은 기준을 활용하는 여부가 실제로 중요한 문제가 아니라는 사실이 안타깝다. 어느 조직이든 같은 문제에 직면한다. 성과 측정 기준에서 특정한 시점에 조직이 우선순위로 삼는 것들이 드러난다. 그렇다면 변화의 시기에는 어떤 일이 일어날까?

나의 존재 이유에 이의를 제기하라

알고리즘 리더의 책무 중 하나로, 직무와 활동 또는 사명에서 한 걸음 물러나 끊임없이 스스로 질문을 던질 줄 알아야 한다. '이 일을 처리할 때 이것이 가장 현명한 방법인가?' 그래서 알고리즘 리더는 점수나 시간 등 측정 지표를 무조건 달성하려 들지 말고 메타적 관점을 취하며 일 자체의 궁극적인 전제를 살펴야 한다.

늘 던져야 하는 질문은 '우리는 결과를 얻고 있는가?'가 아니라 '우리는 올바른 접근법을 가지고 있는가?'이다.

세계 최초 로봇 변호사를 개발한 조슈아 브라우더Joshua Browder는 10대 후반에 운전을 시작했다. 그러던 어느 날 주차위반 과태료 딱지를 여러 개 받았다. 과태료 딱지 중 상당수가 완전히 부당하게 발급되었다고 그는 생각했다. 주차구역 안내 표시가 모호한 경우가 많았으며 알아볼 수 없을 때도 많았다. 이에 브라우더는 주차위반 건들에 대해 이의를 제기하기로 했지만, 곧바로 이의신청 절차가 상당히 복잡하고 무료로 이의신청을 대신해주는 서비스도 없다는 것을 체험했다. 물론, 이의신청을 대신해주는 변호사들이 있었지만, 성공률이 절반에도 미치지 않았다. 변호사들은 대부분 벌금의 절반을 성공보수로 받으려 했다.

브라우더는 이런 문제를 잘 다루는 능력이 있었다. 열두 살에 독학으로 코딩을 공부했는가 하면 구조적인 방법으로 문제를 들여다보는 법을 알았으니 말이다(말하자면, 그는 타고난 컴퓨팅 사고력 소유자다). 주차위반에 대해 이의신청을 할 당시 브라우더는 이의신청 절차 자체가 너무도 정형화되어 있다는 점을 깨달았다. 질문이 딱 정해져 있었고, 답변에 따라 추가되는 질문들이 있었다. 자동화에 의존한 절차였던 것이다.

그러다 스탠퍼드대학 재학생이 된 브라우더는 매일 자정부터 새벽 3시 사이에 시간을 내서 '두낫페이DoNotPay'라는 웹사이트를 만들기 시작했다. 그리하여 로봇 변호사가 운전자들이 받은 여러 유형의 벌금에 대해 이의신청을 할 수 있게 도와주는 애플리케이션이 탄생했다. 웹사이트는 금세 입소문을 탔다. 웹사이트가 2015년에 개설된 이래 운전자들이 총 수백만 달러의 벌금을 감면받았다. 거기다 신용 평가기관 에퀴팩스의 개인정보 유출로 피해받은 사람들이 로봇 변호사의 도움으로 소액재판을 신청하는가 하면 항공권 가격 변동을 대신 지켜봐주고 환불을 받도록 해주는 등 다양한 고객 지원 서비스를 제공하는 쪽으로 서비스 영역을 확대했다.

조슈아 브라우더의 사고방식과 접근법이 정확히 알고리즘 리더의 방식이라 그의 사연이 더 흥미롭다. 바로 알고리즘 리더가 조직에 깊이 뿌리박힌 비효율적인 작업 흐름을 식별하고 제거할 때 채택하는 방식이었다. 업무 효율을 높이는 방법을 찾는 과정은 변혁의 여정에서 밟아나가야 할 첫 단계에 불과하다.

디지털 변혁이 이루어지려면, 업무 절차를 자동화해야 할 뿐 아니라 업무를 재설계하는 과정을 밟아야 한다. 이는 어떤 면에서 1993년 마이클 해머Michael Hammer와 제임스 챔피James Champy가 쓴 『리엔지니어링 기업혁명Reengineering the Corporation』의 논리를 확대해야 한다는 의미와 같다. 출간 후 리엔지니어링 붐을 일으켰던 이 책에서 기업들이 그들의 업무 절차에서 한 걸음 물러나 달성하고자 하는 실제 목표에 집중해야 한다고 해머와 챔피는 주장한다. 그런 후에야 관리자들은 작업 절차를 고안하고 목표 달성에 필요한 직무를 생각해낼 수 있다. 컴퓨터가 포함되어야 하는가 하는 질문은 분석을 마친 후에 고려하면 된다. 해머가 1990년 발표한 논문의 부제인 '자동화하지 말고 완전히 흔적도 없이 지워버려라'가 리엔지니어링의 중요성을 시사한다.

디지털 변혁은 비즈니스 성과관리Business Process Management, 이하 BPM 보다 훨씬 더 복잡하고 정교한 변화 프로세스여서 리더는 더 많은 역할을 해야 한다. BPM은 규칙에 근거한 업무의 흐름을 한눈에 볼 수 있도록 만들고 자동화하여 효율적으로 관리한다는 것이 핵심이다. 반면 디지털 변혁은 고객의 관점에서 출발한다. 디지털 변혁의 과정에서 리더들은 데이터와 알고리즘, 여러 디지털 플랫폼을 이용하여 근본적으로 고객 경험 전반을 재설계하는 법을 구상해야 한다.

해머와 챔피는 가치를 더하지 않는 프로세스를 즉각 제거해야 한다고 주장한다. 이런 점에서 알고리즘 리더는 해당 단계를 넘어서서 고객의 관점에서 목표와 프로세스를 재설계해야 한다.

어떤 조직의 업무처리에 대한 근본적인 구조를 사람들이 이해할 필요는 없다. 자동차 대출이나 보험 약관에 서명할 때도, 공공요금을 납부할 때에도 그 절차가 매끄럽고 직관적이어야 한다. 직원들도 마찬가지다. 새로운 컴퓨터를 주문하는 일부터 고객을 등록하고 직원을 승진시키는 일까지 모든 일이 예측 분석을 통해 바뀌고 있다. 그래서 직원들이 할 일을 찾는 것이 아니라 예측 분석의 결과에 따라 일에 적합한 사람을 찾을 수 있다.

좋은 소식은 전문 기술 없이도 관리자들이 직무를 재설계하기가 갈수록 더 쉬워지고 있다는 점이다. 의사소통과 문제해결에 이메일과 스프레드시트를 활용하는 식의 매우 비구조적인 활동이 자동화된 의사소통 모듈을 설계하고 통합하는 시스템으로, 즉 더욱 구조적인 활동으로 직무가 바뀌고 있다.

'직무 설계'의 접근법은 IT 분야에서 처음으로 나온 개념이다. IT 전문가들은 엄청난 양의 '도움 요청' 건을 처리하기 위해 사용자들의 요청을 자동화된 방식으로 처리하는 구조적인 방법을 개발해야 했다. 그런데 어떤 비즈니스 분야(마케팅, 재무, 인사관리 등)에서나 여전히 비구조적인 방식(전화통화, 메모 남기기, 회의, 비공식적 협력 등)으로 업무가 처리되고 있다. 반면에 알고리즘 기반의 기업조직에서는 시스템이 포착하는 활동이 늘어날수록, 또 알고리즘이 학습으로 더 똑똑해질수록 관리자들은 더욱 효율적인 직무처리 방식을 고안할 수 있다.

바빌론의 성공에는 이유가 있다

한층 영리해진 알고리즘을 이용해 업무처리 방식을 구상하는 과정에서 한편으로 소위 확장을 위한 솔루션을 내놓는 방안을 찾기도 한다.

아날로그 시대의 경영자들은 주로 사업을 운영하면서 수익을 창출할 방법을 찾았다. 투입한 인력과 자산에 대한 합당한 보상을 만들어야 했기 때문이다. 반면에 알고리즘 시대의 경영자들은 전 세계적인 범위로 서비스를 전달하는 모델을 설계하려고 한다.

세계 최고의 AI 의료서비스 기업 바빌론 헬스의 성공담은 알고리즘을 이용해 확장을 위한 솔루션을 실현하고 혜택을 얻는 과정을 가장 잘 보여준 사례다. 대부분의 의료서비스 기업들이 주로 자국의 거주민들에게 서비스를 제공하려고 애썼던 시기에 온라인 기반의 바빌론은 르완다, 사우디아라비아, 중국, 영국 등 전 세계 곳곳에 AI 기반의 서비스를 제공하기 시작했다. 바빌론 헬스는 어떻게 영역을 확대했을까? 바빌론이 전 세계적으로 뻗어 나가는 여정은 어떠했을까? 바빌론 설립자인 알리 파르사의 삶을 들여다보면 이를 잘 이해할 수 있다.

영국 런던의 첼시에 있는 사무소를 방문했던 당시, 파르사는 자신의 삶과 경험이 회사에 녹아든 과정을 설명해줬다. 테헤란Teheran에서 태어나 어린 시절을 보낸 파르사는 카스피해 해안지역으로 가족과 함께 이주했다. 그의 아버지는 토목 기술자였고, 어머니는 공공기관 소속의 지도제작자로 일했다. 열여덟 살이 되기 전까지 현지에서 비교적 평온하고 평화로운 삶을 살았지만, 지역 곳곳에서 변화가 일어났고 정부에 항의하는 집회와 시위가 거세졌다.

1979년 페르시아 역사상 마지막 군주 샤Shah가 추방된 후 국민투표가 열려 이슬람 공화국이 수립되었으며 아야톨라 호메이니Ayatollah Khomeini가 최고지도자로 등극했다. 당시 10대였던 파르사는 전국을 뒤덮은 변화의 물결을 직접 보려고 모인 군중 속에 들어갔던 일을 떠올렸다. 하지만 혁명이 일상생활을 뒤흔들고 중고등학교와 대학교 등 교육 기관들이 문을 닫기 시작했을 때, 파르사는 교육을 받기 위해 떠나야 한다고 깨달았다. 그렇게 해서 파르사는 영어를 배운 적도 없으면서 거의 돈 한 푼 없이 혼자서 런던으로 이주했다. 그가 열여섯 살밖에 안 되었을 때의 일이다.

혁명이 일어나 학교가 문을 닫았던 시기에 파르사는 집에서 공부하는 데 익숙해졌다. 영국에 와서 진로를 정할 때도 마찬가지였다. 2년 동안 집에서 공부하며 영어를 독학했고 대학 입학시험을 준비했다. 그러다 열여덟 살에 유니버시티 칼리지 런던에 입학하여 토목공학을 공부했다. 이후 공학 물리학 박사학위를 받고 졸업했다.

그런데 파르사는 박사학위를 보유하고 학자가 되면 명예는 얻겠지만 금전적 보상은 받을 수 없다는 사실을 곧 알게 되었다. 그래서 부업으로 미디어 이벤트 기업을 설립하여 생활비를 충당했다. 그러다 몇 년 후 운 좋게 사업체를 매각했다. 그런데 파르사는 자신의 사업체가 인수되는 과정에서 매각을 주도하는 은행이 사업체를 설립한 사람들보다 시간당으로 따져서 훨씬 더 많은 수익을 벌어들인다는 사실을 알고 깜짝 놀랐다. 그래서 그는 은행가가 되기로 결심했지만, 막상 되고 보니 그 삶이 몹시 싫어졌다. 그의 말에 따르면, 자신 안에 있는 개발자가 직무의 특성상 일할 때마다 온통 돈에만 신경을 집중해야 하는 것에 실망했다고 한다. 그는 어린 시절 내내 늘 뭔가를 만드는 모습을 보고 자랐다. 아버지는 도로와 공장을 설계했고 어머니는 멋지고 정밀한 지도를 제작했으니 말이다.

파르사는 열정을 바칠 일이 무엇일까 고민하던 시기에 연이어 무릎 수술을 받아야 했다. 그러던 중 런던에서 내로라하는 사립병원들의 실정을 보고 충격을 받았다. 당시 영국에 소재한 병원들은 대개 개원한 지가 사립병원이 50년, 공립병원이 70년 가까이 되었다. 그 때부터 파르사는 병원의 포트폴리오를 짜기로 마음먹었다. 최신 장비를 갖추고 최신 관리기법을 바탕으로 운영되는 현대화된 병원을 구상했다. 그는 이 새로운 사업을 '서클Circle'이라고 이름 붙였고, 리먼 브라더스Lehman Brothers와 스코틀랜드 왕립은행을 설득해 5억 달러 투자금을 유치했다. 그렇지만 2008년 금융위기가 닥치자 투자기관들이 모두 발을 빼고 말았다.

갑자기 사업 자금이 사라진 상황에서 파르사와 그 팀은 방향을 바꿔야만 했다. 결국 실적을 못 내는 기존 병원을 운영하기로 했다. 처음에는 NHS(영국의 국민보건서비스-옮긴이)가 소규모 외래수술과만 운영해달라고 의뢰했다. 이후 해당 부서의 실적이 개선되자 NHS는 가장 규모가 큰 외래수술과의 운영을 맡겼다. 결국 파르사는 NHS의 외부 운영자로서 최초로 병원 전체의 운영을 맡았다.

그렇게 맡게 된 힌칭브룩Hinchingbrooke은 영국에서 최악의 경영실적을 기록한 병원이었다. 파르사는 병원의 모든 종사자가 고통을 분담한다면 전환점이 생기리라 판단했다. 그런 차원에서 모든 직원을 병원의 공동 소유자로 만들었다. 또한 서클사에 대한 자신의 보유지분 50퍼센트를 병원 직원들에게 기부했다. "이제 우리는 협력자들입니다. 우리가 개선할 것이 있다면, 모든 것을 함께 개선합니다." 그가 직원들에게 말했다.

그런데 병원 운영모델을 재설계하고 별 탈 없이 일선 직원들의 지지를 얻었음에도 여전히 신경이 쓰이는 부분이 있었다. 보건의료 체계 전반을 개선하는 데는 한계가 있었고 상당한 자본과 자원을 갖추지 않고는 변화를 불러일으키기 어려웠다. 그래서 더더욱 열정을 불태울 방법을 찾아야 했다. 서클사가 2011년 주식을 상장하고 나서 파르사는 회사를 나와 다른 일을 찾기로 했다.

그렇게 파르사가 찾은 일이 모바일 헬스케어 애플리케이션인 바빌론을 제작하는 것이었다. 사용자들은 한 달 사용료를 내고 의사나 의료 전문가와 가상 상담을 할 수 있었다. 파르사는 어린 시절 경험 덕분에 영국뿐만 아니라 세계 곳곳의 취약계층에 손쉬운 의료서비스를 제공하고자 의욕에 가득 찼다.

파르사는 서클사에서 병원을 운영한 경험을 바탕으로 바빌론 운영에 들어간 비용의 70퍼센트를 직원들의 급여로 할당했다. 의사와 간호사를 통해 의료서비스를 제공했다면 그처럼 비용을 삭감하지도 못했을뿐더러 그토록 많은 사람에게 솔루션을 제공하지도 못했을 것이다.

"그리고 기억하세요. 우리가 지금 의료보건에 쓰는 10조 달러는 겨우 세상의 반을 구한답니다." 파르사가 격앙된 표정으로 설명했다. "세상 인구의 절반이 의료서비스를 전혀 접하지 못합니다. 돈이 있다고 해도 의사가 부족합니다. 그래서 다른 해법을 찾게 되었습니다. 또 다른 유일한 해법은 구글이 정보를 이용해 진행한 프로젝트와 같은 겁니다. 모든 곳을 다 가지 못하고 모든 곳에 도서관을 세울 수는 없습니다. 그래서 구글은 누구나 이용할 수 있는 무료 도서관을 만들었습니다."

바빌론은 의료서비스용 '무료 도서관'을 만들기 위해 수많은 인력을 채용하지 않고도 인간의 전문 지식을 이용할 방법을 찾아야 했다. 그때부터 파르사와 그의 팀은 알고리즘과 AI를 이용해 환자를 분류하고 진단하는 방법을 찾아 나갔지만, 환자의 상태를 진단하기 어렵거나 민감한 사항을 전달해야 할 때는 여전히 의사들에게 의존해야 했다. 그럼에도 시스템을 개선해나가면서 전 세계로 서비스의 영역을 확대할 뿐 아니라 주요한 이점을 누릴 수 있다고 판단했다. 어쩌면 의료보건 분야의 주요한 문제를 해결해가는 단계를 밟은 셈이다. 바로 모범 사례의 확산이었다.

"인간 의사들의 경우, 모범 사례를 일반 사례로 만들기까지 17년이 걸립니다." 파르사는 머리를 절레절레 흔들며 입을 열었다. "기계는 즉시 할 수 있는 일입니다. 무언가의 모범 사례를 기계에 말하면, 바로 그게 모범 사례가 되는 겁니다."

알리 파르사가 알고리즘 리더로 성공한 것은 단지 그의 회사가 AI를 이용했기 때문만은 아니다. 기술과 실제의 렌즈를 확장하며 끊임없이 목표를 재구성하는 능력 덕분이었다. 파르사는 지구상의 모든 사람이 손쉽고 저렴하게 건강관리 서비스를 이용하게 하겠다는 목표를 세웠다.

프로세스 자동화를 넘어서

직무 설계는 업무에 관한 새롭고 혁신적인 방법을 찾는 일에 국한되지 않는다. 우리가 이미 보유한 정보를 유지하는 일 또한 직무 설계에서 매우 중요한 부분이다.

조직에서 꽤나 중요한 역할을 하던 직원들이 회사를 떠나는 경우를 흔히 볼 수 있다. 그 수는 해마다 상당수에 이른다. 그들은 기존 회사보다 괜찮은 조건으로 경쟁 회사에 입사하기도 하고 경력을 전환하여 새로운 일을 찾아 나서기도 한다. 혹은 단순히 퇴직하는 사람들도 있다. 미국만 보더라도, 매일 약 1만 명의 베이비부머 세대들이 퇴직한다. 30년에서 40년간 경력을 쌓으며 회사에서 축적한 조직 내 지식과 인적 지식을 가지고 회사를 떠난다. 이처럼 그들이 일을 처리하는 방법과 과정에 관한 지식은 미묘한 의미의 맥락적 지식으로 스프레드시트나 데이터베이스, 또는 PDF 등의 형태로 변환되지 못한다. 이런 맥락적 지식은 인간의 두뇌 안에 존재한다. 이런 것들이 '재능의 패턴talent patterns'이 아닐까?

증강현실 분야의 AI 스타트업 기업 코그니티브스케일CognitiveScale에서 임원으로 있는 가네시 패드매나반Ganesh Padmanabhan은 설명 가능성(AI가 결정을 내린 이유를 설명할 수 있어야 한다는 개념-옮긴이)의 문제에 깊은 관심을 두다가 소위 설명 가능 인공지능(판단 이유를 사람이 이해할 수 있도록 제시하는 인공지능-옮긴이)을 중점으로 다루는 벤처기업을 설립한 적이 있다. AI가 특정한 판단을 내린 경우, 그 판단에 의존해야 하는 사용자에게 AI가 그런 판단을 내린 이유를 어떻게 설명하겠는가?

패드매나반의 벤처기업은 날아오르지 못했지만, 패드매나반을 코그니티브스케일에 안착시켰다. 여기서 그는 설명 가능성의 문제를 고찰하기 시작했다. 시간이 지날수록 학습과 작업의 질이 좋아지는 시스템, 이를 인간에게 부여할 수 있을까? 로보틱 프로세스 자동화robotic process automation, 이하 RPA처럼 알고리즘 시스템의 기본 형태를 넘어서는 것이 차별화하는 데 가장 중요한 과정이었다.

RPA는 인간 운영자를 대신하는 알고리즘이 컴퓨터 터미널에서 반복적인 업무를 처리하여 생산성을 향상시키는 규칙 기반의 시스템이다. RPA는 서류나 양식을 작성하고 이런 활동을 자동화하는 것처럼 인간이 일상에서 수행하는 반복적인 업무에 활용된다. 하지만 조금 더 나아가서 좀 더 난해한 사항이나 인지적 의사결정 과정이 필요한 경우, 자동화 시스템은 벽에 부딪힌다. 자동화 시스템은 프로그래밍의 유형에 상관없이 정확히 같은 방식으로 작업을 처리한다. 10번을 처리하든, 100번을 처리하든, 100만 번을 처리하든 마찬가지다. 정해진 방식에서 벗어나지도 벗어날 수도 없다.

"증강지능에 담긴 개념은 다릅니다." 패드매나반은 설명을 하며 회의실 유리벽으로 보이는 프로그래머들을 보라고 손짓했다. "증강지능은 두뇌의 인지 기능이 피드백 고리를 거치는 원리와 비슷합니다. 특정한 패턴에 직면해서 인간에게 '바로 이 프로세스에 대해 이런 결정을 추천합니다'라면서 해당 추천에 대한 이유와 근거를 제시합니다. 그러면 인간은 직관이나 경험을 바탕으로 판단해서 그 추천을 받아들이거나 받아들이지 않겠죠."

"그렇다면, 기본적으로 어느 한쪽으로 기울어진 결과가 나와서는 안 되는데, 시스템이 시간이 지날수록 학습을 하나요?"라고 패드매나반에게 물어보았다.

"말씀 그대로입니다." 그가 말했다. "우리가 시스템을 통해 반복함에 따라 인간 참여human in the loop에 의해 시스템이 학습하고 작업의 질이 좋아집니다. 증강지능이 일반 AI의 방식과 다른 점이 여기에서 드러납니다."

인간 참여에 대한 패드매나반의 비전이 더더욱 중요해진 이유가 있다. 알고리즘이 인간의 일을 빼앗아간다는 걱정을 떨쳐버리고 조직에서 새나가는 지식의 패턴을 유지할 방법을 고찰하게 되었기 때문이다. 이를테면, 최상의 고객 경험이나 고객센터와의 긍정적 소통, 또는 의료시설의 배려 있는 보살핌은 고유한 인간의 패턴을 바탕으로 이루어지는 것이지 인간의 지원 없이 기계가 이해하거나 평가하기는 어렵다.

패드매나반은 암 환자를 돌보는 간병인의 패턴을 수집했던 사례를 들었다. 추천 시스템이 신입 간병인들의 행동을 촉발한다는 말이었다. "조 스미스Joe Smith가 30년 동안 이용했던 방식이기 때문에 올바른 절차입니다. 특정한 일을 처리하기에 최고의 방법이라고 스미스는 믿었습니다."

그렇다고 스미스 같은 사람들의 재능 패턴을 유지하고자 그들이 은퇴할 때까지 기다릴 필요는 없다. 이런 점에서 알고리즘 리더는 명백한 프로세스를 자동화하는 데 그치지 않고 조직 전반에서 최적의 행동 패턴을 식별하고 기록하며 복제해나가야 한다.

데이터 기반의 조직에서는 끊임없이 반복하고 검증하며, 또 그렇게 함으로써 조직이나 프로세스의 가장 이상적인 형태를 계속 스케치해나갈 수 있다. 직원들의 업무처리 방식에서 최상의 패턴을 수집하여 개선된 방향으로 조직을 설계할 수 있다.

직원들 각자 직무를 설계한다

누가 업무를 소유하는가? 이상한 질문 같지만, 대부분의 대규모 기업에서는 애플리케이션을 제작하고 데이터를 수집하고 프로세스를 자동화하는 기술자들과, 의사결정, 문제해결, 업무처리를 담당하는 사람들을 구분한다.

그런 이유로 수없이 많은 일이 시스템 밖에서 처리된다. 직원들은 회사 서버에서 데이터를 다운로드하고 스프레드시트에 데이터를 입력한 다음 첨부파일로 만들어 이메일을 보낸다. 팀 구성원들은 문서를 편집하고 각자의 방식으로 저장한다. 또 다른 직원들은 문서를 인쇄하여 그 위에 필기하고 메모지를 붙이기도 한다. 본래 문서를 작성한 직원은 회의를 열어 프로젝트에 대해 논의하고 보기만 해도 답답해지는 프레젠테이션 슬라이드를 대형 화면에 띄워 보는 사람들의 머리를 아프게 한다. 그러다 보니 회의 참석자 중 누구도 관심을 기울이지 않는다. 프로젝트를 담당한 직원들은 저마다 문서를 만들어 회의에 참석하며, 저마다 가장 최근에 만든 문서라고 주장하면서 논쟁이 벌어진다. 곧이어 혼란이 일어난다.

스프레드시트가 기업 활동의 필수 도구로 자리 잡은 지는 그리 오래되지 않았다. 과거 출납 직원들이 사무실에 모여 영업 관련 데이터를 빠른 속도로 장부에 기록한 적도 있었다. 그러나 지금은 실시간 데이터와 적응형 알고리즘을 업무에 이용하기 때문에 과거보다 더 정교한 도구가 필요하다. 근본적으로 사업이 진행되고 데이터가 바뀜에 따라 그에 스스로 적응하는 시스템이 필요하다. 또한 조직 구성원들이 기술 발전에 보조를 맞추기 위해 기술부서에 의존하지 않고도 프로세스를 추적하고 공유하며 자동화할 줄 알아야 한다.

"지난 5년 또는 10년 전부터 소프트웨어 개발 방법론에서 큰 변화가 있었으며 애자일 소프트웨어 개발 방법론이 등장하였습니다." 릭 윌렛Rick Willett이 인터뷰하는 자리에서 설명했다. "그런데 사실 노코드no-code(노코드 접근법은 처음부터 새로운 코드를 작성하지 않고 재사용할 수 있는 기능 컴포넌트를 연결해 새로운 애플리케이션의 기초를 만드는 접근법이다-옮긴이)가 소프트웨어를 개발하는 가장 신속한 방법이라고 생각합니다. 팀이 의뢰인들에게 말해주는 반복적인 개발 프로세스 대신에 2주 단위의 스크럼scrums(애자일 소프트웨어 개발 방법론 중 하나로 팀의 집중력과 생산성을 유지시켜 점진적으로 소프트웨어를 산출하는 방법-옮긴이)을 적용하면 노코드 개발이 실현됩니다. 이로써 의뢰인은 효율적으로 소프트웨어를 제작합니다."

직원들 또는 IT 부서의 의뢰인들이 직접 애플리케이션을 제작하고 회사의 데이터를 이용하고 변경하도록 해주겠다는 개념은 과거의 기술 환경에 종사한 사람들에게는 무모한 일처럼 보일지 모른다. 일반 기업에서 프로그램을 짤 줄 아는 직원은 거의 찾아보기 어렵다. 그렇지만 그런 직원들이 각자의 고유한 통찰력과 판단력으로 좀 더 효율적인 업무처리 방법을 설계할 수 있다.

릭 윌렛이 최고경영자로 있는 퀵 베이스Quick Base는 비전문가인 직장인들이 직접 애플리케이션을 제작할 수 있는 플랫폼으로, 클라우드 플랫폼에서 데이터를 조작하고 처리할 수 있다. 요컨대, 수작업으로 데이터를 입력하고 스프레드시트 간에 항목을 이동시키느라 며칠(심지어 몇 달)을 소모하지 않고 실시간 정보를 이용해 프로세스를 설계하고 변경할 수 있다.

GE에서 사회 첫발을 내디딘 윌렛은 관료제 조직의 위험성을 직접 체험했다. 회사가 성장하고 관리 계층이 정보를 독식하고 숨기면서 발생시키는 소통의 단절도 심각했다. 그래서 직접 필요한 소프트웨어를 제작하고 업무 절차를 자동화하는 플랫폼을 직원들에게 제공한다면, 즉 직원들이 일반인 개발자citizen developer가 된다면, 이 또한 전통적인 기업조직에 만연한 계층과 계급을 허물어뜨리는 방법이라고 윌렛은 생각했다.

즉 조직 구성원들이 일반인 개발자가 되도록 독려하고 권한을 부여하여 직무를 설계하는 단계로 나아가는 것이다. 하지만 도구만으로는 충분치 않다. 직원들이 직접 소프트웨어를 제작하는 분위기를 가로막는 가장 중요한 원인은 유연성과 통제 사이의 틈을 메워야 하는 필요성 때문이다.

비즈니스 빌더가 애플리케이션 빌더는 아니다. 접근 제어, 보안, 시험 따위의 IT 개념을 비즈니스 빌더는 한 번에 이해하지 못한다. 그 때문에 조직 구성원들에게 직무 설계의 권한을 위임할 때는 데이터의 민감도라든가 업무에 필수적인 애플리케이션이 될 만한 것을 책임 있게 다루고 관리하는 법에 대해 교육을 진행해야 한다.

제조업체 롤스로이스는 어떻게 서비스업체가 되었을까

1980년대 많은 청소년이 방 안에 람보르기니 카운타크Lamborghini Countach의 그림을 붙여놓곤 했는데, 내가 숭배한 대상은 사뭇 달랐다. 미국의 전략 정찰기 SR7-1 블랙버드였다. 그것은 마치 외계의 기술로 제작된 작품 같았다(일부 사람들은 정말로 그렇다고 주장한다). 날개 끝이 매우 얇은 이 정찰기는 공기흡입 방식의 유인 항공기로 여전히 최고의 속도를 자랑하며 뉴욕에서 LA를 한 시간 만에 주파할 뿐만 아니라 85,000피트 상공, 대기권 끝까지 올라간다. 블랙버드에 관한 이야기 중 들으면 까무러칠 만한 내용이 있다. 컴퓨터의 도움은 물론 고도의 알고리즘 없이 1950년대에 펜과 종이를 이용해 항공기의 디자인을 그렸다는 사실이다.

블랙버드가 아날로그 시대에 인간의 총명함이 정점을 찍어 나온 결과물이라면, 그에 상응하는 디지털 시대의 걸출한 작품은 당장 뭔가 확 와 닿지 않을지 모르지만, 재래식 디지털 제트엔진이다. 롤스로이스 트렌트 엔진은 에어버스 A330부터 보잉 787 드림라이너까지 매우 다양한 항공기에 탑재된다. 당시에는 대개 항공기 엔진의 수명이 다했을 때 항공사가 대체 엔진을 구매하여 설치하고 유지보수를 했다. 여기서 문제가 있었다. 항공사에 다양한 종류의 항공기가 있었고 대개 관리해야 할 엔진 모델 또한 매우 다양했기 때문에 항공사의 서비스부서가 항공기 엔진의 수명을 최대한 사용할 만큼 역할을 잘 해내지 못했다. 엔진을 너무 일찍 교체하거나 너무 오랫동안 방치하다 보니 엔진이 심하게 고장 나는 일이 매우 흔했다.

이런 현실에서 롤스로이스는 항공기 운항 시간에 따라 엔진 요금을 부과하는 가입형 모델을 개발했다. 이처럼 엔진 가동 시간에 따라 사용료를 받는 방식으로 엔진의 설치부터 유지보수까지 엔진과 관련한 모든 서비스를 제공했다. 새로운 비즈니스 모델은 항공사에도 롤스로이스에도 혁신을 불러일으켰다. 덕분에 항공사는 항공기 도입 시 초기 비용을 최소화하여 부담을 줄였으며, 롤스로이스는 반복적이고 예측할 수 있는 수익 모델을 가졌다. 하지만 여기서도 문제가 있었다. 서비스 중심의 사업을 운영하려면 엔진 제조를 중단하고 엔진에 관련한 데이터를 모으는 데 중점을 둬야 했다.

롤스로이스는 먼저 엔진에 각종 센서를 부착하여 엔진의 성능에 관한 데이터를 실시간으로 수집하고 분석했다. 비행 중인 항공기에서도 데이터가 R&D센터로 전송되고 분석되었으며 필요한 경우 사전 조치가 취해졌다. 롤스로이스는 방대한 수의 엔진을 관리했기 때문에 규모에 맞게 각종 엔진의 디지털 성능을 연구하기 시작했다. 오류를 파악하고 예측하고 효율적인 유지보수를 하며 연료 소비를 최적화하기 위한 새로운 방법을 구상했다. 그리하여 물리적 엔진의 디지털 버전을 설계하고 관리하면서 롤스로이스는 가격을 두고 여타 벤더들과 경쟁하던 제조업체에서 알고리즘 기반의 서비스업체로 변신하여 운영 효율을 중시하는 항공사들에 엔진 유지보수 서비스를 제공하고 있다.

롤스로이스 트렌트 엔진은 '디지털 트윈'의 가장 오래된 사례라고 할 수 있다. 디지털 트윈은 현실 세계의 기계나 장비, 사물 등을 컴퓨터 속 가상세계에 구현한 것을 말한다. 실제 기계의 성능을 최적화는 기술이다. 예컨대, 제조라인이나 공장, 자율주행차, 심지어 대형 시스템의 소규모 구성요소들까지 디지털 트윈으로 구현할 수 있다. 각종 센서와 데이터를 이용하여 선적 시설이나 풍력 발전소, 조직 내 부서의 업무 프로세스 등을 디지털 트윈으로 만들 수 있다. 또한 트렌트 엔진처럼 디지털 트윈은 각종 센서로부터 수집하는 데이터를 이용하여 끊임없이 스스로 학습하고 업데이트한다. 이런 기술을 활용하여 우리는 시뮬레이션을 실행하고 결과를 예측하며 다양한 운영 시나리오를 구상할 수 있다.

이제 '일을 처리'하기보다 '일을 설계'하는 마지막 단계로, 진행 중인 업무의 디지털 버전을 구상하는 일이 남았다. 한 걸음 물러나 제품이나 전체 프로세스를 추상화 및 가상화하고 관찰이 가능한 대상으로 그려볼 때, 자동화 기회뿐만 아니라 완전히 새로운 비즈니스 모델을 발견할 수 있다.

경제학자 브라이언 아서W. Brian Arthur가 주장했듯이, 기업의 제품과 프로세스가 디지털 및 모듈화될수록 관리자들이 기존 가상구조 라이브러리에 접근할 수 있으며 레고 블록을 짜 맞추듯 완전히 새로운 조직모델을 구축할 수 있다.

데이터 수집과 분석, 시뮬레이션 등의 활동에는 기계의 지능이 도움이 되겠지만, 결국 그 결과물에 대한 효율적인 사용법을 고안하고 설계하는 일은 인간인 알고리즘 리더에게 달렸다.

알고리즘 리더를 위한 질문 ?

- AI와 알고리즘, 자동화를 이용해 백지상태에서 다시 사업을 추진한다면, 어떤 부분을 다르게 할 것인가?

알고리즘 시대의 성공 전략

1. 알고리즘 리더의 진정한 책무는 일을 하는 것이 아니라 일을 설계하는 것이다. 때문에 '결과에 도달하고 있는가?'가 아니라 '올바른 접근법을 가지고 있는가?' 가 우리가 고찰해야 할 물음이다.

2. 확장 솔루션을 찾아라. 알리 파르사와 바빌론 헬스의 스토리는 AI가 전통 산업을 전복하고 전 세계적 규모의 서비스를 구축하는 과정을 보여준다.

3. 직무 설계의 중요성은 혁신적인 업무처리 방법을 찾는 일에 그치지 않는다. 재능의 패턴 또는 퇴직이나 은퇴를 앞둔 핵심 인재의 암묵적 지식과 전문 지식을 식별, 유지, 복제하는 일도 직무 설계에 포함된다.

4. 조직 구성원들에게 권한을 위임하여 일반인 개발자가 되게 하려면, 관련 업무에 가장 익숙한 직원이 직무 설계를 주도하게 해야 한다. 전문 프로그래밍 기술이 없어도 직원들이 직접 직무 설계를 할 수 있다.

5. 알고리즘을 이용한 직무 설계의 가장 좋은 사례가 디지털 트윈, 즉 제품이나 부품, 프로세스의 디지털 버전을 구현하는 일이다. 디지털 트윈을 구현함으로써 자동화 기회뿐만 아니라 완전히 새로운 비즈니스 모델을 발견할지도 모른다.

피할 수 없는 자동화,
그 이후

> 인간은 비숙련 노동으로 대량 생산될 수 있는,
> 무게도 70킬로그램밖에 나가지 않는
> 싸구려 비선형 다목적 컴퓨터 시스템이다.
>
> —나사NASA, 1965년

자동화의 영향을 고려하지 않은 채 향후 몇 년간 생산성을 생각하는 것은 불가능하다. 자동화가 가능하다면, 우리가 아니더라도 경쟁 업체 중 어디라도 거의 분명히 자동화를 추진하리라 분명히 예측할 수 있다.

알고리즘 시대의 리더에 대한 화두는 자동화가 아니라 자동화 이후 뒤따르는 일들에 관한 것이 되어야 한다. 로보틱 자원을 운용함으로써 급기야 인력을 제거해 조직을 최대한 간소화시킬 수 있다면 어떻게 될까?

인력을 제거한다고 할 때, 제거한다는 뜻의 'decimate'는 라틴어 'decemare'에서 유래한 말로 '열에 하나를 골라 죽인다'는 의미가 있

다. 열 명 중 한 명을 골라 죽이는 방법은 로마 시대에 큰 집단의 중
범죄를 처벌할 때 효과가 있었다. 처벌받을 집단을 열 명 단위로 나
눈 다음 제비뽑기로 열 명당 한 명을 뽑았다고 한다. 그러면 나머지
아홉 명이 돌팔매질이나 구타하여 한 명을 죽였다.

　자동화로 인해 일자리가 사라지지 않을까 고민하기보다 스스로
이런 질문을 던져야 한다. 적어도 관리자라면 말이다. '내가 오랫동
안 해온 일 안에서 새로운 일은 무엇일까?', '주변 직원들을 제거해야
하는가? 아니면 승격시켜야 하는가?'

오래된 일자리에서 새로운 일을 찾는다

　기업들이 인력으로 진행하던 일에 알고리즘과 머신러닝을 적용하
면서 자동화가 인력 제거로 이어질 것인가, 직원들의 승격으로 이어
질 것인가 하는 질문이 현실로 다가왔다. 엘리베이터 안내원 같은 직
종이 좋은 예인데, 많은 일자리가 자동화로 인해 사라졌다. 그래도
어느 직종에서는 자동화가 이루어졌지만, 흔히 관련 제품이나 서비
스에 대한 요구가 충족되지 않을 때는 일자리가 오히려 늘어난다.

　경제학자이자 보스턴대학 법과 대학에서 강사로 활동하는 제임스
베센James Bessen은 자동화와 고용의 상관관계를 연구하고 있다. 베센은
생산성을 늘리기 위한 기술이 오히려 고용을 증가시킬 수 있다고 주
장한다. 즉 어떻게 경제가 가능한 한 가장 효율적으로 재화와 서비스

를 생산하는가 하는 질문이 핵심이다. 자본과 인간의 노동이 한정된 자원이라는 점을 고려하면, 적은 자원으로 많은 일을 하면 상대적으로 가격이 낮아진다. 그리고 가격이 내려가고 구매할 여유가 있는 사람들이 늘어날수록 기업들은 새로운 수요를 맞추기 위해 고용을 늘려야 하는 등 시장이 확대된다.

우리의 역사 또한 베센의 이론을 뒷받침하는 것 같다. 예를 들어 산업혁명 시기에 면방직 산업에 자동화가 도입되었다. 방직공들이 수작업했을 때보다 방적기계 하나로 생산량이 시간당 2.5배나 늘어났다. 이후에 생산 기술이 발전하여 시간당 생산량이 20배나 올라갔다. 면직물 1야드당 노동의 양이 감소하면서 면직물의 가격이 저렴해지고 면직물을 구매하는 사람들이 늘어나면서 수요가 증가했다. 그 결과 1830년에서 1900년 사이 미국에서 방직공의 수가 감소하기보다 오히려 4배로 증가했다.

베센은 은행 업종에 ATM(현금자동입출금기)이 도입되었을 때 유사한 현상이 일어난 사실을 발견했다. ATM이 도입되면 당연히 출납 창구 직원들이 일자리를 잃으리라는 게 보편적 시각이었다. 그리고 분명히 출납창구 직원들이 일자리를 잃는 현상이 벌어지기도 했다. ATM 도입이 본격화된 1990년 초에는 도심지역에 소재한 은행 지점에서 평균 21명의 창구직원이 필요했다. 그러다 ATM이 확산하면서 창구직원 수는 대략 13명으로 감소했다. 그런데 지점 개설 비용이 감소하자 은행들은 고객을 응대하고 브랜딩과 마케팅 플랫폼으로 활용하기 위해 접근이 쉬운 지역에 지점 개설을 확대했다.

그에 따라 또다시 출납창구 직원에 대한 수요가 늘어났지만, 직원들의 업무는 달라졌다. 은행 직원들은 하루 종일 돈을 세고 반복적인 금융거래 업무를 더는 하지 않았다. 그런 업무는 자동화되었거나 고객의 셀프서비스로 대체되었다. 직원들은 주로 고객과 관계를 형성하고 다른 금융상품을 교차 판매하는 등 인간 참여, 공감, 판단 같은 소프트 스킬이 필요한 업무를 수행했다.

흥미롭게도 베센은 자동화가 고용에 미치는 영향뿐 아니라 기술 혁신과 특허 같은 다른 영역에도 관심이 있었다. 베센은 학자가 되기 전 1983년 필라델피아에서 최초의 위지위그WYSIWYG(문서 편집 과정에서 화면에 보이는 낱말과 문장이 출력물과 동일하게 나오는 방식-옮긴이) 출판 프로그램을 개발하여 한 지역신문을 인쇄하는 데 적용하기도 했다. 이런 경험을 계기로 베센은 기술이 조판 직업에 미치는 영향을 두고 특유의 관점을 얻게 되었다.

"본래 식자공이 없었다면 출판 업종도 빛을 보지 못했겠지요." 베센에게 지나온 여정을 이야기해달라고 했더니 이런 설명을 해주었다. "그들은 고도의 기술을 숙련한 사람들이었습니다. 미국에서는 4년간 견습생을 거쳐야 비로소 식자공이 된 거로 알고 있습니다. 많은 기술이 필요한 일이었지만, 인쇄할 수 있는 글자체는 한정적이었습니다. 그런 이유로 우리에게 포토샵 같은 데스크톱용 출판 및 그래픽 디자인 소프트웨어가 생겼습니다. 어느 순간 완전히 새로운 기술이 요구되었습니다. 시대 변화에 잘 적응하는 사람들도 있었습니다. 식자기를 다루던 사람들이 그래픽 디자이너가 되기도 했습니다. 하지만 분야에 따라 식자공이 진로를 바꾸기 어려울 때도 있었습니다. 미디어 재벌 루퍼트 머독이 가공할 영향을 미치는 영국에서 자동화 기술의 도입을 두고 파업이 거세졌을 정도로 특히 신문업계에 급격한 변화가 일어났습니다."

베센의 주장에 따르면, 자동화로 인해 안정되고 지속 가능한 수준으로 일자리가 늘어나는 문제는 제품이나 서비스의 수요, 노동자들의 기술과 자동화 기술의 상호보완성, 노동시장의 제도 개선에 달렸다. 자동화의 영향은 단순히 기계가 인간을 대체하는 수준에 그치지 않는다. 기술을 이용할 줄 아는 인간이 다른 인간을 대체한다고 베센은 주장한다.

직장인 중에는 AI를 다룰 줄 알아서 동료 직원들의 존재를 무색하게 하는 사람들도 있다. 이는 실제로 교육과 훈련이 중요한 이유를 보여준다. 알고리즘 시대에 직원들의 기술을 향상시키는 일은 직원들의 복지를 개선하는 일이라기보다는 오히려 전략적이고 경제적으로 필요한 일이다.

"우리 아이들도 그래픽 디자이너들입니다." 대화를 마무리할 즈음 베센이 설명을 이어갔다. "디자이너들에게는 매우 냉혹한 현실일 겁니다. 여전히 엄청난 혼란과 변화가 계속되고 있습니다. 많은 디자이너에게 기술을 따라잡는 건 매우 어려운 일입니다. 많은 디자이너가 인쇄 디자인 교육을 받았습니다. 그리고 지금은 웹디자인도 있고 모바일 디자인도 있고 여러 새로운 포맷들이 있습니다. 제가 생각하기에는 우리가 예전에 겪었던 것과 같은 양상을 보일 것 같습니다. 어떤 종류의 기술들은 더 중요해지고 다른 종류의 기술들은 가치가 떨어질 겁니다. 전자인 경우라면, 우리에게 문제가 될 건 없습니다."

기업의 관리자들은 자동화가 도입된 분야에서 새로운 일자리를 창출하기 위해 본래의 활동과 프로세스 범위 밖으로 시선을 돌려야 한다. 그래야 가치가 실제로 창출되는 영역으로 나아갈 수 있다.

오버사이트 시스템Oversight Systems(AI를 이용해 기업들의 규정 준수와 운영에 관한 분석을 돕는 기술 기업)에서 임원으로 있는 매니시 싱Manish Singh은 알고리즘 시대에 재무부서의 사무직이 어떻게 달라지고 있는지에 대해 흥미로운 사례를 소개했다.

대규모 기업들은 대부분 출장비 같은 지출 내역 등의 감사를 주요 업무로 하는 부서를 별도로 운영한다. 감사부서는 대개 보고서를 보면서 규정을 위반한 부분이나 오류가 있는지, 혹은 규정 자체에 문제가 없는지 확인한다. 그런데 오늘날 머신러닝과 AI를 기반으로 한 소프트웨어로 그런 감사 업무의 상당 부분을 자동화할 수 있다. 이를테면, 단순히 오류를 점검하는 수준을 넘어서 어느 특정한 직원이 과거에 제출한 청구서들뿐만 아니라 유사한 상황에 있는 다른 직원들이 제출한 청구서들도 분석할 수 있다. 이런 다차원적 분석의 요점은 지출 청구를 승인 또는 거부하는 게 아니라 필요한 경우 어떤 패턴이 있는 의혹에 대한 근거를 수집해서 궁극적으로 어떻게 해야 하는지 알려주는 것이다. 가령 직원이 법인 카드로 귀금속을 구매하여 숙박비로 비용을 청구하는 일이 지난해 세 차례나 반복되었다면, AI로 구동되는 시스템이 이를 패턴으로 식별하여 즉시 조처해야 한다고 알려준다.

이런 관점에서 보면 자동화는 직원들이 과거에는 실현조차 하지 못했던 방향으로 관점을 전환하게 해준다. 그에 따라 재무부서 직원들의 역할이 감사 업무를 처리하는 일에서 전략을 수립하고 위험을 완화하며 오류를 수정하는 역할로 확대되고 강화된다. 하나의 패턴이 식별되기만 하면, 관련 직원에게 확인하고 잘못을 바로잡을 수 있다. 한 번에 한 건씩 처리하면서 문제를 찾으려고 애쓸 필요가 없다.

다시 설명하면, AI로 위험 완화를 자동화하여 비즈니스 프로세스상의 위험을 제거하면, 거래를 처리할 때마다 지출되는 비용 등을 두고 매번 관리자의 승인을 받을 필요가 없어 불필요한 절차를 없앨 수 있다. 요컨대, 비즈니스 프로세스상의 위험을 제거함으로써 비즈니스 프로세스를 상당히 자동화할 수 있고, 조직 내 경험의 질을 끌어올려 직원들의 동기와 의욕을 북돋울 수 있다.

재교육-재장전-재충전이 시급하다

자동화로 인해 기업 내 전통적인 일자리들이 완전히 사라지진 않겠지만, 그러한 일자리들의 특징과 요구되는 기술의 성격이 완전히 바뀔 것이다.

코카콜라에서 판매 담당자로 일하고 있다고 상상해보자. 여러 점포와 판매점을 돌며 판매원들에게 제품 진열 방법을 교육하고, 브랜드 지침을 준수하는지를 확인한다. 그러나 이제 세일즈포스의 아인슈타인 같은 플랫폼을 이용해 점포의 냉장고 안 재고 현황을 파악할 수 있다. 또한 무슨 일을 해야 하며 어디에 제품을 진열해야 하는지는 알고리즘이 알려준다. 이처럼 AI가 판매 담당자의 업무 방식을 변화시켰다면, 판매 담당자는 무엇을 위해 일해야 할까? 판매 담당자의 기술 중 여전히 써먹을 만한 것은 무엇일까? 경력 이동은 어떤 양상을 띨까?

대량 자동화가 확대되면서 피할 수 없는 정치적·사회적 결과가 발생한다. 과거에 우리가 이미 겪은 일이다. 경제학자 데이비드 아서David Arthur는 19세기 말경 미국에서 농업 의존도가 높은 주들이 농업 분야의 자동화가 확산하면서 대량실업에 직면했다고 주장한다. 그런 현실에 처했던 주들은 손 놓고 상황을 관망하지 않고 열여섯 살까지 학교에 머물게 하는 고등학교 운동(정규 교육을 12년으로 늘리자는 운동-옮긴이)을 이끌었다. 이 운동이 기초가 된 K-12 교육제도가 지금도 여전히 시행되고 있다.

하지만 그 교육제도는 우리가 직면한 과제에는 부합하지 않을 수도 있다. 온라인 교육의 선구자이자 온라인 공개강의 서비스 코세라Coursera의 공동설립자인 앤드루 응은 소위 비정형적이고 비반복적 업무를 하도록 교육하고 훈련할 방법을 찾는 일이 중요한 과제라고 말한다. 지금의 교육제도로는 규모로나 속도로나 산업 환경의 급속한 변화를 제대로 따라잡기 어려운 실정이다.

그 때문에 교육에 대한 상당한 책임이 고용주들에게 부여되었다.

이미 변화의 속도에 발맞추는 기업들도 있다. 일례로 유나이티드 테크놀로지스United Technologies는 대학이나 대학원에서 학위를 취득하는 직원에게 수업료 비용을 연간 12,000달러까지 지급한다. 페이스북은 IT 부서에서 일하든 안 하든 상관없이 모든 직원에게 무상으로 AI 수업을 제공한다. MS의 성과관리 제도에는 직원들이 동료 직원들에게서 어떻게 지식을 습득하고 그 지식을 어떻게 적용하는지에 대한 평가가 포함된다.

그런데 직원들이 새로운 방식의 사고와 업무로 방향을 전환하지 않는다면 훈련만으로 부족하다. 이런 점에서 세계 최대 통신기업 AT&T의 종업원 재교육 및 방향 전환 제도가 조직 내 방향 전환을 확대하는 정책의 좋은 사례다. AT&T는 세계 최대 규모에 속하는 기업이다. AT&T의 평균 근속연수는 12년이며, 고객센터 직원을 빼면 22년에 달한다. 2013년에 실시한 내부 조사 결과에 따르면, 직원 24만 명 중 10만 명이 10년간 회사에 불필요했을지 모르는 역할을 했다. 더 심각하게는, 경영진이 조직에 필요한 역할의 유형을 분석했다가 상당한 기술격차를 발견했다. AT&T는 예컨대 조직 내 코딩 기술을 강화하고 데이터와 분석을 바탕으로 효율적인 의사결정을 내리는 관리자들을 양성할 필요가 있었다.

이 문제를 해결하기 위해 AT&T는 조직을 완전히 개편했다. 이런 노력 중 하나로 유사한 직능을 한데 묶어 그 수를 줄이고 직무별 범위를 광범위하게 넓혀 기존에 존재했던 수천 개의 직급을 간소화했다. 이처럼 직급체계의 단순화로 직원들이 조직 내에서 다양한 방향으로 진로를 정하여 새로운 직무에 필요한 기술을 습득하는 데 전념할 수 있었다.

이처럼 조직 정비에 나선 AT&T는 커리어 인텔리전스^{Career Intelligence}라는 온라인 시스템을 만들었다. 이에 직원들은 자신이 선택할 수 있는 직무를 찾아 그에 필요한 기술과 빈 일자리 수, 향후 해당 분야의 성장 전망, 급여 수준 등에 관한 정보를 얻었다. 하지만 꼭 좋은 점만 있지는 않았다. 교육이 무료이고 일부 교육과정은 사내에서 진행되었지만, 직원들이 업무 이외의 시간을 교육에 상당히 투자해야 했다.

직원 재교육 제도를 도입한 기업들이 풀어야 할 숙제는 AI의 진화 속도가 매우 빨라서 직원들이 갖춰야 할 직능을 콕 집어내기가 쉽지 않다는 사실이다. 진로를 바꿀 준비가 된 직원들에게 변화에 뒤떨어진 직무 교육을 진행한다면, 미래 직업에 대한 교육을 진행하지 않을 때보다 더 나쁜 결과를 초래한다. 그래서 직장인들은 기계가 진화해감에 따라 끊임없이 자신의 가치를 높여야 한다. 또한 알고리즘 리더는 자신과 주변 직원들이 AI 혁명의 변곡점에서 한 발짝 앞서 나아가 변화에 발맞추고 자신의 가치를 유지하도록 독려하고 그에 대한 책임을 다해야 한다.

대규모 기업에서 귀에 못이 박이도록 하는 평생교육이라는 말은 머신 인텔리전스 시대에 완전히 새로운 의미로 다가온다.

팀의 변화를 꾀하는 메타팀을 만들어라

조직 구성원들의 기술과 능력을 올리는 방법이 또 있을까? 바로 팀의 변화를 꾀하는 팀을 구축하는 것이다.

이런 메타팀meta-team은 데이터와 알고리즘 같은 여러 기술 인프라를 가지고 업무 기능을 지원하고 강화하는 역할을 주로 한다. 이런 팀들은 흔히 '운영 또는 관리'라는 말을 부서 이름에 붙인다. 그래서 마케팅 운영팀은 고객 정보 수집 및 분석, 마케팅 자동화 플랫폼의 유지, 컴퓨니케이션과 콘텐츠 관련 디지털 워크플로우 설계 등 마케팅 기능을 지원하는 일을 한다.

마찬가지로 조직 내 인사관리 부서는 인사 관련 데이터를 수집하고 다양한 팀과 부서와 관련한 데이터를 분석하고 관리하는 것은 물론 온보딩onboarding(조직에 새로 합류한 사람이 사내문화와 관련 지식과 기술을 빨리 익히도록 돕는 과정-옮긴이), 내부 인사이동, 휴직 등의 인사 업무를 자동화 기술로 처리할 방법을 모색할 것이다. 가까운 예로 아마존은 글로벌 HROA라는 부서를 두고 해당 유형의 인사 관련 업무를 처리하고 있다.

인사관리 부서들은 운영 효율과 자동화 프로세스에 초점을 맞출 뿐만 아니라 관련 직무를 설계해나가는 일에서 한 축을 담당해야 한다. 구글이 자체 법무 운영팀을 만든 것이 적절한 예다.

메리 오캐럴Marry O'Carroll이 책임자로 있는 구글 법무 운영팀은 세계 최대 규모이자 가장 적극적 활동을 펼치는 법무팀 중 하나로 전 세계 곳곳에서 1천 명의 직원이 활동하고 있다. 그들은 비밀정보 요청 건부터 특허 신청, 복잡한 조세 구조, 최첨단 기술의 규제 영향 등 온갖 사안을 다룬다.

"이런 말을 들어보셨을 겁니다. '법률을 사업하듯 운영해야 한다.' 법무부서는 인사, IT, 재무 같은 기업조직 내 대부분 부서와는 다른 관점을 가져야 합니다. 자금과 관련한 예산이나 효율, 가치를 두고 같은 수준의 검증을 해서는 안 됩니다." 언젠가 메리를 만났고 구글이 법무부서 외 법무 운영팀을 구성한 이유를 물었더니 이런 설명이 돌아왔다.

"법무 운영팀은 우리와 재정적으로 관련된 업체들(우리의 기술공급 업체들과 법률회사들), 또 사내 모든 시스템과 기술 도구, 제가 전략이라고 부르는 것들을 관리할 목적으로 설립됐어요. 전략은 내부 운영과 관계가 있어요. 제때 교육이 진행되도록 하고 우리 프로세스를 점검하며 성능과 속도, 비용 면에서 최적화하는 것이 우리가 하는 일입니다."

이런 회사가 구글이라고 한다면, 오캐럴이 이끄는 법무 운영팀은 다른 무엇보다도 기술과 데이터, 알고리즘을 이용하여 변호사의 고용을 늘리지 않고 조직 안에서 법률 지식에 쉽게 접근하는 방법을 찾을 것이다. 일례로 오캐럴의 팀은 결정트리decision tree(의사결정 규칙과 결과를 도식화한 일종의 의사결정 지원 도구-옮긴이)를 기반으로 한 셀프서비스 툴을 개발해서 내부고객들이 필요한 해법을 쉽게 찾을 수 있게 했다. 해당 도구를 이용하면, 군이 변호사에게 문의할 필요가 전혀 없다. 또한 특정 사안에 필요한 법률 지식을 수월하게 수집할 수 있다.

구글 법무팀은 또한 계약분석 소프트웨어와 머신러닝을 이용하여 계약서에서 메타데이터metadata(데이터에 대한 구조화된 데이터로 다른 데이터를 설명해주며 속성 정보라고도 한다-옮긴이)와 법률 조항을 뽑아낸다. 계약서를 읽느라 많은 시간을 소모할 일이 없어지는 것이다. 머신러닝을 이용하여 특허의 속성 정보를 자동 태그하기 때문에 직원들이 포트폴리오(특허의 집합-옮긴이) 전반을 쉽게 파악할 수 있다. 인간이 직접 많은 시간을 들여 수작업으로 처리할 일이 사라진 셈이다.

구글이 머신러닝을 이용하니 변호사를 고용할 일이 줄어들었냐고 오캐럴에게 물었더니 이런 답이 돌아왔다. "그게 우리 목표는 아니에요. 우리는 현재 사람 손으로 하는 일 중 가치 창출이 낮은 일들을 없애고 있어요. 직원들이 꺼리는 업무를 자동화하는 일에 집중하고 있어요."

사실 이디스커버리 소프트웨어가 개발되어 법조계가 변화를 맞이한 것처럼(프롤로그 참조), 구글이 자동화를 통해 법률 자문에 대한 접근성을 높였기 때문에 구글 내에서 법률서비스에 대한 전체 수요가 실제로 증가할 것으로 보인다.

오캐럴이 구글에 합류하고 추진한 핵심 계획 중 하나가 외부 법률회사들을 관리할 목적으로 데이터 기반의 대시보드dashboard를 만든 것이었다. 오캐럴 팀은 그들의 전자결제시스템에서 모든 데이터를 추출하여 지출이 예산과 차이 나는 부분을 분석한 정보를 가지고 지역별 지출을 한눈에 알아보게 정리했다. 오캐럴이 생각하기에 대시보드는 투명성을 위한 플랫폼이다. 법률 고문이 오캐럴에게 늘 던지는 질문도 같은 맥락이다. 오캐럴은 '우리가 지출로 올바른 가치를 얻고 있는가?', '우리는 디스커버리Discovery(증거개시제도-옮긴이)에 평균 얼마나 지출하는가?', '이런 유형의 특허를 얻기까지 얼마나 지출하였는가?', '이 지역에서 혹은 이 법률회사에 얼마나 지출하는가?' 등의 질문을 늘 고찰한다.

위 물음들을 고찰하는 오캐럴은 대시보드를 이용해 해법을 구할 뿐 아니라 유용한 드릴다운drill-down(데이터를 더욱 상세하고 구체적으로 분석하는 연산-옮긴이) 분석법으로 문제를 더더욱 상세히 분석한다. 이를테면, 전체 거래총액을 파악하고 나서 서비스 공급자들과 서비스의 성격을 두고 유용한 논의를 하는 식이다. 게다가 무엇이 지출을 일으키는지, 어떤 문제들이 연관되는지, 얼마나 많은 사람이 사건과 관련이 있는지, 그들의 팀에 배정된 임원들이 누구인지 세부적으로 분석할 수 있다.

구글의 법무 운영팀이 소속 변호사들의 직무 능력을 향상시키는 수준을 넘어 업계 전반에 변화를 몰고 올 정도로 영역을 확대하는 중이라는 사실이 흥미로웠다. 이런 점에서 표준화야말로 법조계를 변혁하는 방법 중 최선이라고 오캐럴은 주장한다. 여러 측면에서 법조계는 여타 업계보다 변화에 소극적이다. 법률회사들이 저마다 다른 방식을 고수하는데, 이는 법률회사들이 저마다 완전히 다른 방식으로 계약을 하고 법률 자문을 하며 해법을 제공한다는 의미다.

구글에서 법무 운영팀을 이끄는 오캐럴은 기업 법무 운영 컨소시엄의 운영진으로도 활약하고 있다. 컨소시엄 회원들이 서로 의견을 나눈 이래 과거부터 유행한 소위 개인 맞춤화customization가 필요 없다는 점에 인식을 함께했다. 컨소시엄과 구글은 개개인에게 맞춰 법률 서비스를 제공하는 현실을 개선하기 위해 표준화에서 해법을 찾고 있다.

오캐럴의 관점에서 보면, 변호사는 지식 노동자다. 그래서 변호사들은 쓸데없는 일로 시간을 허비하지 않고 흥미롭고 부가가치가 높은 일을 하고 싶어 한다. 법률 의뢰인들도 마찬가지로 비용을 투자한 만큼 가치를 얻으려 한다. 그래서 오캐럴은 협력사들이 변호사의 역할과 가치를 드높인다는 최종 목표를 가지고 첨단 지식관리 시스템과 협업 시스템을 설계하여 일상적인 업무를 자동화하도록 독려한다.

일을 바꾸지 말고 재해석한다

자동화는 팀의 직능을 향상할 기회가 될 뿐 아니라 업무를 심도 있게 재해석하는 계기가 된다.

명백해 보이는 것이 전부가 아니라는 관점에서 현실에 이의를 제기해야 한다. 과거에는 할 수 없었지만 지금 할 수 있는 일은 무엇일까? 그간 고성능 알고리즘으로 문제를 해결하고 제품을 개발했다면,

그와 관련한 새로운 접근법은 무엇일까?

다국적 투자은행인 골드만삭스Goldman Sachs 같은 업체를 한번 생각해보자. 골드만삭스에 취직하면 독점적이고 보수적인 금융의 중심지에서 투자은행 업무를 하는 그림이 머릿속에 그려진다. 트레이딩, 증권인수, 거래 자문, 기업의 주식 상장 같은 업무를 하는 모습을 상상하기 마련이다. 그런데 이런 모습이 과거에는 흔했는지 모르지만, 자동화와 알고리즘이 만들어내는 가능성으로 인해 모든 것이 변화하고 있다.

2007년 세계 금융위기가 발발하기 전에는 뉴욕 골드만삭스 본사에서 미국 주식 거래 데스크에만 트레이더 600명을 고용했다. 지금은 주식매매 트레이더가 두 명밖에 남지 않았다(앞에서 소개했던 헤지펀드 매니저 마노즈 나랑에게 거래 데스크에 두 명밖에 남지 않았다는 이야기를 했더니 그것도 많다며 깜짝 놀란 표정을 지어 보였다). 어느 날 트레이더 600명이 사라지면서 수많은 데스크가 텅텅 비었다. 골드만삭스는 데이터와 머신러닝을 활용하고자 소규모 사내 기술 스타트업 기업들을 유치했으며 남는 공간을 그들의 사무공간으로 활용했다.

골드만삭스가 창업자의 이름을 따서 출시한 소매금융 플랫폼 마커스Marcus를 통해 소매금융으로 활로를 모색한 점은 무척 인상 깊다. 마커스는 처음 출시됐을 때 소비자가 신용카드를 효율적으로 사용하도록 돕는 기능을 했다. 시장에 성공적으로 안착한 마커스는 인간이 전혀 개입하지 않는 인터넷 은행으로서 소프트웨어로만 운영된다.

마커스는 운영을 시작하고 1년 6개월 만에 소비자들에게 30억 달러를 대출해주었다. 이 대목에서 주로 자동화와 알고리즘의 운용 목적으로 설계된 마커스 같은 회사들이 골드만삭스를 소매금융 시장에 진출하게 해주었다는 사실에 주목해야 한다. 골드만삭스는 그전까지 투자은행 업무에 중점을 두다 보니 소매금융 시장에는 전혀 관심이 없었다.

어느 업종을 막론하고 골드만삭스의 마커스와 유사한 사례를 찾을 수 있다. 자동화의 목적은 비용 절감에 국한되지 않는다. 자동화로 제품 개발과 관련하여 완전히 새로운 접근법을 이끌어낼 수 있다. 그래서 미국 신발 제조업체인 나이키는 과거부터 신발 생산에 사용하던 다이커터와 유압 프레스를 자동화하는 데 그치지 않았다. 나이키는 핏비트Fitbits(글로벌 웨어러블 업체로 걸음 수, 심박 수 같은 데이터를 측정하는 기기를 생산한다-옮긴이) 등 소비자 가전제품을 생산하는 기술 기업 플렉스와 업무제휴를 맺었다.

플렉스가 나이키와 계약을 맺고 처음 한 일이 있었다. 각기 다른 신발 50켤레를 온라인으로 주문해 받은 다음 각각의 신발을 분해해서 어떻게 만들어졌는지 이모저모 살펴보았다. 이러한 기물 파손 행위에 대한 영감은 나이키 자체의 역사에서 비롯되었다. 육상코치 출신으로 나이키를 공동 창립한 빌 바우어만Bill Bowerman은 말 그대로 직접 기존의 신발들을 분해하여 내부를 살피며 불필요한 부분을 제거했다. 이런 방법으로 운동화의 무게를 줄여 운동선수들이 몇 초라도 기록을 단축할 수 있게 했다. 지금은 어떨까? 나이키는 맞춤 신발을 주문하고 나서 기다리는 시간을 줄이기 위해 노력하고 있다. 개인 맞춤형 제품에 대한 수요를 따라잡기 위해 단일 맞춤 신발의 생산시간을 몇 주 단위에서 며칠 단위로 줄이려는 것이다.

신발 업종에서는 대대로 많은 재료와 노동력을 투입하여 신발을 만들었다. 대개 매우 다양한 발 크기를 기준으로 수백 개에 이르는 천 조각을 수작업으로 자르고 붙여서 신발을 만든다. 이런 여건에서 신발업계의 외부 업체인 플렉스가 생소한 접근법을 시도했다. 그전까지만 해도 불가능하다고 여겼던 2가지 개념인데, 첫 번째는 재료 접합의 자동화이며, 두 번째는 레이저를 이용해 재료를 자르는 방식이었다. 플렉스에 소속된 기술자들은 복합적인 전자제품들의 공급망 문제를 잘 해결했던 경험을 바탕으로 부드러운 재질이든 딱딱한 재질이든 어떠한 재료라도 잘라내는 프로세스를 개발했다. 그 프로세스로 작업현장에서 바로 레이저로 재료를 원하는 모양으로 잘라낼 수 있다. 나이키는 현재 봉제 패턴대로 작업하던 방식을 고수하지 않고 디지털 파일을 통해 수요에 맞춰 신발을 생산한다.

새로운 시장에 진출할 때도, 새로운 협력업체들과 제휴업무를 할 때도, 자동화는 기존 업무를 재해석하고 그 가치를 향상할 기회를 준다.

기계가 하지 못하는 예외적인 것을 찾아라

관리자의 직무 중 예상할 수 있는 일상 업무를 자동화한다면, 이후 관리자는 업무시간을 어떻게 보내야 할까? 이른바 리더의 인지 잉여

(교육받은 시민들을 하나로 모은 집합체-옮긴이)를 어떻게 하면 가장 잘 사용할 수 있을까? 간단히 답하면, 예외적인 것들을 관리하는 것이다.

인도 남부지방 하이데라바드Hyderabad에서는 IT 산업단지가 급속히 확산하고 있다. 강연차 하이데라바드를 여행하던 중 현지에 소재한 오스트레일리아계 대형 은행 운영센터의 사진을 보게 되었다. 막 로보틱 프로세스 자동화를 도입한 은행이었다. 이 은행은 직원들의 두려움을 없애기 위해 새로운 알고리즘을 적용한 데스크와 단말기를 설치한 다음, 각각의 단말기에 '로봇'이라는 푯말을 붙여두었다. 직원들이 자동화에 잘 적응한 보기 드문 예인데, 운영센터 직원들은 신입 디지털 동업자들의 성실함과 효율성에 매우 감명을 받은 나머지 사무실에서 명당자리인 창가 데스크를 그들에게 제공하기로 했다.

향후 몇 년 안에 로보틱 자동화 프로세스 소프트웨어가 사람을 대신하여 행정 사무 업무의 상당 부분을 맡게 될 것이다. 이런 유형의 자동화가 반복적인 업무 프로세스를 대체하는데, 표준 사용자 인터페이스를 통해 마치 사람과 애플리케이션 간에 상호작용이 이루어지는 모습과 흡사하며 단순한 의사결정 규칙이 적용된다. 신입사원 또는 신규 고객의 온보딩, 미지급금 관리, 송장 처리, 준법 위험관리 활동 운영 등 다양한 업무처리가 그와 같은 기술로 자동화되는 모습을 보게 될 것이다.

그런데 하이데라바드에 소재한 전통적인 글로벌 서비스센터에서 확인했지만, 프로세스 자동화에는 중대한 문제가 있다. 저임금을 받는 직원들이 저비용 고효율의 알고리즘과 경쟁하지 못한다는 점이다. 직원들이 스스로 가치를 일깨워야 알고리즘과 경쟁할 수 있다.

고도로 자동화가 이뤄져 고객을 대면하지 않는 부서에서도 인간은 필수 불가결한 자원이다. 그래도 인간의 역할은 저임금 노동에서 규칙 기반의 기계가 처리하지 못하는 역할로 전환되어야 한다(규칙에서 예외적인 부분을 다뤄야 한다). 하루빨리 그런 역할을 해야 한다.

속도는 자동화의 본질이다. 플랫폼의 문제 식별 기능이 나날이 발전해 인간 관리자들은 더더욱 능동적으로 위기를 방지하고 기회를 포착해야 한다. 맥킨지 앤드 컴퍼니 출신의 마틴 듀허스트Martin Dewhurst와 폴 윌모트Paul Wilmott는 「관리자와 기계: 새로운 리더십 공식Manager and Machine: The New Leadership Equation」이라는 보고서에서 눈여겨 봐야 할 점을 이야기한다. 마틴과 폴의 주장에 따르면, 비록 관리자들이 일상의 관리 문제에는 시간을 덜 들이지만, 예외 보고서가 난제를 제시하는 상황에 관리자가 능동적으로 대처할 때야말로 그들 스스로와 조직의 건전성이 경쟁자들(인간 또는 인간이 아닌 대상)과 차별화된다고 한다.

두 사람의 관점에서 예외적인 것들은 2가지 형태로 나타난다. 즉, 통찰이 필요한 것들(예: 우수 고객의 신용한도 재설정하기)과 영감이 필요한 것들(예: 조직이 신속히 대응하고 새로운 방식으로 일하며 혁신을 도모하도록 독려하기)로 나뉜다.

부서 직원들의 직무 능력을 높이려고 한다면, 팀의 강점과 한계를 파악하는 일이 우선이다. 인간인 우리는 늘 패턴을 찾도록 만들어져서 대량의 데이터가 제시되면 거기서 패턴을 찾으려고 애쓴다. 한편으로 우리는 인지적 잡음 때문에 고생하는데, 그로 인해 자주 반복되는 의사결정에서 판단을 주저하거나 하다못해 일관적이지 않은 결정을 내린다. 그럼에도 우리에게는 다른 경향들을 파악하는 능력도 있으며, 소위 비선형적이고 직관적이거나 새롭게 발견된 방법으로 '새로운 선택 가능성'을 찾는 능력도 있다.

이 모든 것들이 우리의 미래를 생각하면 좋은 이야기다. 업무 절차를 자동화하고 그 가치를 상승시키고자 너무 먼 곳을 보지 않아도 된다. 인간은 예외적인 것을 관리하고 문제의 맥락을 이해하는 일을 매우 잘하는 것으로 밝혀졌다. 특히 데이터를 구하기 어렵고 매우 모호하며 모순적인 상황에서 인간의 능력은 빛을 발한다.

알고리즘 리더를 위한 질문 ?

• 향후 5년 안에 우리 팀의 역할과 활동 중 사라질 부분은 무엇일까? 어떤 새로운 기술과 역량이 절실히 필요할까?

알고리즘 시대의 성공 전략

1. 기존 업무를 없애기보다는 자동화로 업무를 변화시켜야 한다. '언제 내 업무가 사라질까?'가 아니라 '내 기존 업무 안에 새로운 업무는 무엇일까?'라는 질문을 자신에게 던져야 한다.

2. 일자리에 변화가 일어나는 만큼 새로운 기술을 습득해야 한다. 알고리즘 시대의 리더들은 AI 혁명 속에서 계속 앞서 나가기 위해서라도 끊임없이 역량을 개발하고 존재의 가치를 유지해야 한다.

3. 구글 법무 운영팀의 사례에서 확인한 것처럼 팀들의 변화를 꾀하는 팀을 구축하면 직원들의 기술과 능력을 효과적으로 향상시킬 수 있다. 전문 운영팀을 두는 이유는 업무 효율을 극대화하고 팀의 기능 자체를 끊임없이 재해석하기 위해서다.

4. 자동화를 도입하여 팀의 기술과 역량을 향상시킬 수 있다. 자동화는 또한 업무를 철저히 재해석하는 계기가 된다. 스스로에게 이의를 제기해라. 알고리즘 시대 이전에는 불가능했지만 지금은 가능한 업무들을 고찰해라.

5. 일상에서 반복되는 업무를 자동화해나감에 따라 예외적인 것들을 관리하고 난해한 문제에 대한 비선형적 해법을 찾아 나가라. 이것이 시간을 가장 가치 있게 사용하는 길이다.

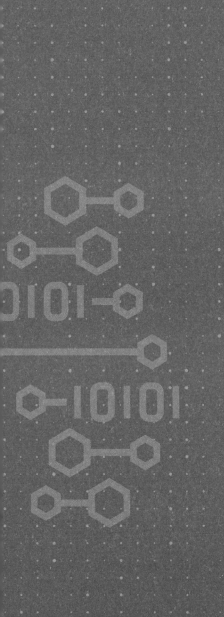

PART 3

세상을 바꿔라

8장

답이 X면,
Y라고 물어라

온라인 서비스가 무료로 제공된다면
당신은 고객이 아니라 상품으로 취급당하는 것입니다.

－팀 쿡Tim Cook, 애플 최고경영자

알고리즘 시대에는 관리자들이 '왜?'라는 질문을 달고 살 정도로 늘 자신에게 이의를 제기해야 한다. 알고리즘이 X라고 답을 내놓더라도 '왜 X인가?'라고 질문해야 한다.

이를테면, '알고리즘은 왜 그런 예상을 했을까?', '왜 그런 최적화 결과가 나왔을까?', '우리 고객 정보를 왜 이런 식으로 처리했을까?', '우리 법무팀은 왜 사용자 계약을 20페이지 분량으로 만들었을까?' 하는 식의 물음을 늘 스스로에게 던져야 한다.

감을 잡았겠지만 이런 물음들은 윤리 및 가치와 관련되어 있어 답을 내기가 쉽지 않다. 그래서 의미 있는 해법을 얻기 위해 난해한 윤리적 딜레마에 직면한다. 윤리적 기준은 정확히 어떠해야 할까? 법을 지키면 그만일까? 아니면 옳고 그름을 따질 또 다른 기준이 필요할까?

페이스북과 애플의 중요한 차이

디지털 시대에 윤리 문제를 다루는 일은 여간 어렵지 않다. 21세기에 기업 관리자들은 늘 어려운 선택에 직면한다. 기업 또한 마찬가지다. 고객의 관점에서는 기업이 고객들의 데이터를 이용해 개인 맞춤형 서비스를 제공해주길 기대한다. 그러면서 고객 정보를 부적절하게 사용하거나 조작하는 일은 없길 바란다. 해커, 테러리스트, 또는 테러 지원국이 디지털 위협을 가하면서 정책에 영향을 미친다. 한편, 규제 기관들과 정치권 외 정부기관은 대중의 인식이 높아짐에 따라 분명한 입장을 유지하려고 애쓸 것이다.

이 모든 난제가 주어진 상황에서 구글의 비공식적 모토 '사악해지지 말라Don't be evil'라는 말은 고지식하면서도 앞을 내다본 말처럼 보인다. 우리가 개인 사용자들의 취향과 그에 맞는 서비스 창출 시스템을 만들어내면, 사악한 일을 할 우리의 능력도 기하급수적으로 늘어난다. 그럼 사악한 행동의 정의는 무엇인가. 법을 어기는 행위일까? 업계 행동규범을 어기는 행위일까? 사용자의 신뢰를 저버리는 행위일까?

2013년 마이클 코신스키Michal Kosinski, 데이비드 스틸웰David Stillwell,

소어 그래펠Thore Graepel로 구성된 연구진이 미국국립과학원 회보에 발표한 논문은 유용한 정보를 제공하는 알고리즘 시대의 윤리적 고찰에 관한 사례 연구로, 디지털 프라이버시의 중대 기점이 될 만한 초석을 마련했다.

연구진이 '개인의 성격 특성과 특질은 인간 행동의 디지털 기록으로 예측 가능하다'라는 제목으로 발표한 논문에서 페이스북의 '좋아요(클릭할 때 공개되도록 기본 설정이 되어 있다)'를 이용해 성적 취향, 성별, 민족성, 종교관, 정치관, 성격 특성, 중독성 물질 사용 여부, 부모님의 별거 여부, 나이를 비롯한 매우 민감한 개인의 성격적 특징을 다양한 범주에서 자동적으로 정확히 예측할 수 있다고 말한다. 가령, 사용자가 뇌우와 컬리 후라이를 보며 느끼는 감정을 바탕으로 높은 지능을 가졌는지 예측할 수 있다. 프랑스를 대표하는 화장품 브랜드 세포라와 할리데이비슨에 대한 '좋아요'는 낮은 지능을 예측하는 유력한 지표로 활용된다고 한다.

특히 연구진이 발견한 사실은 놀라움을 안긴다. 사람들이 성적 취향이나 정치적 선호 같은 개인정보를 드러내지 않을지라도 이런 정보들이 여전히 예측 가능하다고 한다. 사람들이 드러내는 삶의 측면을 두고 통계적 감각으로 예측할 수 있다는 말이다. 이 사실에 주목해야 하는 이유가 있다. 사용자들이 '좋아요'를 누른다고 하여 성격 특징을 대놓고 드러낸 경우가 드물기 때문이다. 예컨대, 동성애자로 밝혀진 사용자 중 명백히 동성애자 집단과 관계가 있는 경우는 5퍼센트도 안 된다고 한다. 마찬가지로, 민주당의 정책을 지지하는 경향은 버락 오바마 같은 특정 정치인을 선호한다는 사실보다 헬로키티에 대한 선호도로 더 정확히 예측할 수 있다는 말이다.

마이클 코신스키 연구진은 연구 결과를 발표하면서 이를테면 제삼자들이 차별을 조장하는 용도로 논문을 악용할 가능성을 피력했다. 그럼에도 마이클 코신스키와 케임브리지대학 동료 교수인 알렉산더 코건Alexander Kogan은 위험과 위기에서 기회를 먼저 보았다. 이에 2014년 영국의 정치 컨설팅 기업 케임브리지 애널리티카Camebridge Analytica가 코건 교수와 민간벤처 계약을 체결하여 코신스키 연구진의 연구물을 이용하기로 했다.

곧바로 코건은 디스이즈유어디지털라이프thisisyourdigitallife라는 개인의 성격을 알아보는 퀴즈 애플리케이션을 제작했다. 그다음 케임브리지 애널리티카는 해당 애플리케이션을 이용하는 사람들에게 대가를 지불했다. 생활 잡지에 자주 나올 만한 퀴즈를 사용자들에게 제시하여 답을 내게 하고 심리 상태를 알려주었다. 사용자는 퀴즈를 풀기 위해 페이스북 계정을 만들고 유권자 명단과 일치하게끔 미국 유권자로 등록해야 했다. 그러면 애플리케이션은 사용자 본인의 페이스북 계정은 물론 페이스북 친구들의 계정에서 데이터를 수집하여 각각의 퀴즈 결과와 통합했다.

페이스북의 개방적인 성격 탓에 제삼자가 페이스북 가입자들의 데이터에 접근할 수 있었고 그래서 코건은 퀴즈를 생성할 수 있었다. 몇 년 전인 2010년 4월 페이스북은 오픈 그래프Open Graph라는 일종의 프로토콜을 만들어 외부 개발자들이 페이스북 사용자들과 소통하며 사용자들의 개인정보에 대한 접근 허용을 요청할 수 있도록 했다. 여기서 중요한 대목은 가입자 친구들의 데이터에도 접근할 수 있다는 것이다. 디스이즈유어디지털라이프에서는 30만 명에 가까운 사용자들이 퀴즈를 풀었던 것으로 추정되었다. 하지만 나중에 케임브리지 애널리티카가 퀴즈 테스트로 데이터를 불법적으로 획득하여 페이스북 가입자 8,700만 명의 개인정보를 정치 선전에 무단으로 사용한 사실이 드러났다.

그런데 미국에서 정치 선전을 목적으로 소셜 미디어를 악용한 사례는 그것이 처음은 아니었다. 페이스북은 사업 초기에 정치 정당들이 대중의 지지를 끌어모으는 도구로 활용되었다. 페이스북의 공동 창업자인 크리스 휴스Chris Hughes는 2007년 초 당시 상원의원이었던 버락 오바마의 선거캠프에 참여하기 위해 회사를 그만두었다. 오바마의 선거캠프에 참여한 크리스는 뉴미디어를 활용한 캠페인을 벌였으며, 인맥 구축 사이트인 마이버락오바마닷컴My.BarackObama.com을 구축하여 자원봉사자 200만 명을 끌어모은 것도 모자라 20만 건에 이르는 오프라인 행사를 조직, 홍보하였으며 3천만 달러의 기부금을 조성했다.

오바마의 대선팀은 2012년 재선 캠페인에서 IT 기술을 한층 더 활용했다. 데이터 분석가와 IT 전문가, 종전에 온라인 소매와 전자 상거래를 전문으로 했던 디지털 마케팅 전문가들을 고용했다. 오바마가 첫 대선에서 고용했던 데이터 분석가는 6명이었는데, 재선에서는 8명으로 늘어났다. 그렇게 구성된 데이터 팀은 주로 A/B 테스트를 활용했다. A/B 테스트는 온라인 소매업체들이 주로 사용하는 도구로, 데이터를 바탕으로 여러 옵션 중 가장 반응이 좋은 옵션을 찾는 방법이다. 오바마 대선팀은 기부나 지지를 요청하는 이메일을 보낼 때마다 여러 문구와 표현을 사용하여 사람들의 행동을 유발하려고 했으며, 데이터베이스상에서 가장 반응이 좋은 결과를 선거 활동에 적용했다.

2013년 말 오슬로Oslo에서 우연히 짐 메시나Jim Messina와 택시를 함께 탔다. 메시나는 2009년부터 2011년까지 버락 오바마 대통령 밑에서 백악관 비서실 부실장을 지낸 인물로 2012년 재선 캠프에서 본부장을 지냈다. 그간 선거를 치르면서 무엇을 배웠는지 물어보았다.

메시나는 선거 캠페인을 계획대로 진행하면서 선거에서 이기는 전략을 찾기 위해 각 분야를 대표하는 리더들을 만났다고 말했다. 구글 회장 에릭 슈미트는 완전히 새로운 시도를 해야 하므로 정치권에 있는 사람을 고용하지 말라고 당부했다고 한다. 패션 잡지《보그Vogue》의 편집장인 안나 윈투어Anna Wintour는 로고를 바꾸라고 제안했다고 한다. 그러면 많은 지지자가 새로운 티셔츠를 구매할 것이라는 생각에서였다. 영화감독 스티븐 스필버그Steven Spielberg는 첫 대선의 승리가 1960년대 영국의 록밴드 롤링스톤스가 인기를 끌었던 모습과 닮은 데 반해 재선은 다를 것이라고 말했다. 로커들이 나이를 더먹고 더 유명해졌으며 콘서트 표가 비싸졌기 때문에 사람들을 참여시키는 일이 더 어려워졌다는 의미였다. 그래서 선거캠프가 캠페인을 다시 매력적으로 만들어야 한다는 것이 스필버그의 생각이었다.

스티브 잡스는 그의 아이폰을 들어 보이며 "대선 16개월간 여러분이 하는 모든 일이 이 안에 없다면, 여러분은 패배할 겁니다"라고 말했다. 2008년에는 웹사이트에 관한 게 전부였다면, 재선은 웹과 스마트폰 안의 모든 곳에서 일어나는 일과 관련이 있을 것이라고 잡스는 설명했다.

흥미롭게도 오바마 캠프는 흡사 케임브리지 애널리티카처럼 가입자의 데이터를 수집할 목적으로 페이스북 애플리케이션을 제작했다. 오바마 지지자들은 애플리케이션에 가입하여 기부하거나 투표에 필요한 준비물을 챙기거나 유세장 인근 숙소를 알아봤다. 애플리케이션은 사용자의 사진과 친구 목록, 뉴스피드를 스캔하려고 사용자의 허가를 받았다. 가입자들이 다루는 데이터가 정치 캠페인을 지지할 목적으로 이용된다는 사실을 가입자들이 알았다는 점이 중요한 차이였다(가입자의 친구들은 그 사실을 몰랐을 수 있지만 가입자들은 알았다). 케임브리지 애널리티카 관련 애플리케이션을 사용했던 사람들이 자신들의 개인정보가 어느 정치 캠페인에 이용되는지 전혀 몰랐던 것과는 대조적이었다. 해당 애플리케이션은 케임브리지대학 연구진이 활용할 개인 심리 테스트용 퀴즈로만 소개되었다.

그런데 2012년 오바마 재선에서 판도를 뒤엎은 것은 페이스북이 아니었다. 오바마 캠프는 케이블 TV에 얹혀 있던 셋톱박스에서 승리의 열쇠를 찾았다. 그것은 셋톱박스에서 추출한 데이터였다. 당시 유권자들이 선호하는 TV 프로그램에서 유권자들의 정치 선호도를 분석했던 것이다. 그와 같은 데이터에 접근함으로써 4천만 달러 이상을 절감하는 효율을 얻었을 뿐만 아니라 새로운 투표 성향을 밝혀낼 수 있었다. 이는 굳이 황금시간대에 TV 광고를 편성하지 않고도 특정한 시청자층이 선호하는 방송을 겨냥해 TV 광고를 할 수 있다는 의미였다. 기본적으로, 셋톱박스 데이터로 TV 광고를 삽입할 TV 쇼를 정확히 파악했다. 특정 시청자층의 투표 성향을 파악했기 때문이다.

다음 선거에서 기술 전쟁이 어떻게 강화될지 메시나에게 물어보았다. 프로그램을 이용해 특정한 유권자들에게 메시지와 광고를 보내는 수준까지 도달할 것이며 어떤 면에서 이는 민주주의의 종말을 의미한다고 메시나는 답했다. 메시나와 대화를 나눌 때만 해도 전혀 몰랐던 사실이지만, 이미 여러 움직임이 일어났을 정도로 그의 예언은 놀랍도록 적중했다.

2014년 페이스북은 문제가 생길까 부담을 느끼며 제삼자의 데이터 접근을 제한하는 정책을 채택했다. 바뀐 데이터 정책에 따르면, 개발자들은 접근 권한을 얻지 않고는 가입자의 친구 목록에 접근하지 못하게 되었다. 하지만 케임브리지 애널리티카는 전년도에 수확했던 데이터를 그대로 가지고 있었다. 그러다 2015년 말 영국 일간지 《가디언》은 공화당 대선 후보를 뽑는 경선 과정에서 캐임브리지 애널리티카가 테드 크루즈Ted Cruz 상원의원을 도왔다고 폭로했다. 코신스키 연구진이 사용한 방식과 유사하게 테스트 데이터와 개인정보를 이용해 경쟁 후보였던 도널드 트럼프Donald Trump보다 크루즈 상원의원이 우위를 점하도록 도운 일이었다. 이 사실이 알려지자마자 페이스북은 코건의 애플리케이션을 금지하고 케임브리지 애널리티카에 그간 수집했던 데이터를 삭제하라고 요구했다.

2016년 초 미국 대통령 선거 직전에 트럼프의 대선팀은 페이스북 광고에 막대한 투자를 했으며, 이 과정에서 케임브리지 애널리티카가 핵심 조력자 역할을 했다. 그러다 2018년 3월 중반 케임브리지 애널리티카의 직원인 크리스토퍼 와일리Christopher Wylie가 내부고발자로 나섰다. 와일리는 회사가 코건의 원 데이터를 취득해 유권자들에게 정치 선전 메시지를 보냈다고 《가디언》과 《뉴욕타임스》에 폭로했다.

이 사건으로 여론의 질타가 거세지는 상황에서 페이스북 최고경영자 마크 저커버그는 미온적으로 대응했다. 그는 케임브리지 애널리티카와 벌인 상황에 대해 공개적으로 사과하는 자리에서 그 사건을 '이슈'라거나 '실수' 혹은 '배임'이라고 언급했다. 그로부터 2주 후 페이스북은 미국과 영국의 주요 일간지에 전면 광고 사과문을 내어 '신뢰를 저버린 것', 가입자 수백만 명의 데이터가 유출되지 않도록 더 많은 조치를 하지 못한 점을 다시 한 번 인정한다며 사과했다.

그즈음 규제 기관들이 페이스북을 겨냥했다. 페이스북은 2011년 개인정보보호 방침이 바뀌는 경우 가입자들의 동의를 받아야 하는 협약을 맺은 바 있다. 미국공정거래위원회는 2011년의 이 법원 화해 명령을 위반했는지 조사할 것이라고 발표했다.

페이스북은 이용자 데이터 처리와 관련한 정책을 사전에 마련하지 못한 데다 이용자들의 정보를 협력업체에 지나치게 공개한, 이중의 실수를 저지른 것일까? 결국 청문회를 개최하고 로비 집단에 더 많은 재원을 쓴 미 상원의원들의 반응을 예상해야 했을까? 좀 더 포괄적인 이용자 계약을 했다면 페이스북이 법적 책임에서 자유로웠을까? 혹은 단순히 운이 없어서 벌어진 사태일까? 당시 코건에게 연구 데이터를 제공한 것은 합당한 행동이었을까?

알고리즘 시대의 리더로서 페이스북이 위기를 겪기 전이나 후의 상황에 직면한다면 어떤 선택을 내릴 것인가? 애플이 겪은 유사한 상황을 들여다보는 것도 윤리적 기준에서 페이스북의 선택을 분석하는 방법이다.

페이스북과 구글 같은 동종업계 기업들과 관련한 여러 이슈를 두고 지난 10년간 애플은 그들과 반대되는 태도를 보였다. 애플은 페이스북이나 구글과 달리 폐쇄적인 생태계를 철저히 관리했다. 이를테면, 아이폰에서는 애플이 인증한 소프트웨어만 구동할 수 있다. 애플은 자사 제품 간 커뮤니케이션 서비스인 아이메시지iMassage와 페이스타임FaceTime에 종단간 암호화end-to-end encryption(메시지를 보내는 곳에서 받는 곳까지 메시지를 암호화한 상태로 보내는 기술-옮긴이) 기술을 적용한 것을 비롯해 최초로 기기를 전면 암호화한 업체라고 할 수 있다. 플로리다주 해군기지 총격 사건을 두고 FBI가 범인의 아이폰을 잠금 해제해달라고 요청했을 때도 애플은 FBI의 요청을 거부하고 고객의 사생활을 침해한다는 이유로 법정 공방을 벌였다. 또한 애플은 iOS 기기가 쿠키를 통해 광고를 추적하지 못하도록 제한하는 노력에 앞장섰다. 애플페이를 출시했을 때는 자체 분석을 위해 모든 데이터를 기록하기보다는 고객 거래에 대한 보안에 중점을 두었다.

페이스북과 애플의 이용약관을 비교해보면, 정책의 차이가 확연히 드러난다. 페이스북의 이용약관은 난해한 법률문서 같다. 약관이 계속 변경되고 이해하기도 어렵다. 반면에 애플의 이용약관은 단순해서 고객 중심의 접근방식임을 알 수 있다.

당시 페이스북의 활동이 법률과 업계의 관행 안에서 이루어졌다 해도 고객을 최우선으로 하는 정책을 펼치지는 않았다. 페이스북이 이용자들의 신뢰를 저버렸다며 저커버그가 사과했던 일과 같은 맥락이다. 이런 일이 벌어진 이유는 의외로 단순할지도 모른다. 고객에게 상품을 판매한 애플과 달리 페이스북은 광고업체들에 가입자 정보를 팔아넘기면서 고객을 상품으로 취급해서다.

AI 윤리를 두고 담론을 펼치기에 이른 감이 없지 않다. 그래도 향후 10년을 대비하는 차원에서 논의가 필요하겠지만, 분명한 원칙 하나가 있다. 우리는 두 주인을 섬길 수 없다는 것. 결국 법을 준수하는 문화를 형성하거나 사용자 권한에 중점을 둬야 한다. 선택이 단순해 보일지 모르지만 실제로는 그렇지 않다.

고객의 이익을 최우선으로 삼는 태도는 법률 준수의 문제를 넘어선다. 단기적 관점에서 큰 비용을 치러야 한다는 점에는 이견이 없다. 그래도 시간이 지나면 고객의 충성이라는 보상을 얻을 것이다.

기계도 편향적일 때가 있다

AI 윤리의 중요성이 주목받는 지금 알고리즘 리더들은 직접 설계하고 관리하는 시스템에서 편향이 일어날 가능성에 대한 경계를 게을리하지 말아야 한다.

기계가 인간보다 더 공정하며 편향에 쉽게 빠지지 않는다고 생각하는 것은 데이터와 프로그래밍의 실제를 이해하지 못하는 데서 비롯된다. 알고리즘에 개발자의 편향이 반영되고 또 무심코 그러한 편향을 적정 규모로 자동화할 여지가 충분히 존재한다.

우리의 편향이 대개 기계의 편향과는 성격이 다르겠지만, 기계도 마치 인간처럼 편향에 시달리기도 한다. 인간은 사고하며 단점을 보완하도록 진화되어서 우리의 편향은 흔히 휴리스틱스 또는 정신적 지름길mental shortcuts에서 비롯된다. 예를 들어, 의사결정을 해야 할 상황에 직면했을 때 당장 머릿속에 떠오르는 것들로 서둘러 결정을 내버린다(가용성 편향). 때로는 개인 경험에 과도하게 치중하는 경우도 있다(기준점 편향). 아니면 자신의 믿음에 부합하는 정보만 받아들인나(확증 편향).

그런데 기계의 편향은 설계상의 오류, 데이터와 자동화의 오류로 인해 발생한다. 웹사이트에서 가장 있기 있는 노래가 모든 사람이 가장 좋아하는 노래일까? 아니면 톱 10 목록에서 1위를 차지한 노래가 최고의 인기곡일까? 알고리즘의 설계 과정에서 발생한 오류는 확증 편향으로 이어질 수 있다. 머신러닝 알고리즘이 데이터를 통해 이전에 인지하지 못한 패턴을 밝히기도 하지만, 데이터 자체가 결함이 있거나 핵심 속성을 놓치는 경우, 데이터로부터 생성된 예측 모형 또한 편향에 빠진다.

캐롤라인 신더스Caroline Sinders는 데이터 민족지학자ethnographer(인간 사회와 문화와 관련한 현상을 현장조사를 하며 정성적, 정량적 방법으로 연구하는 학자-옮긴이)로 인터페이스 설계 못지않게 데이터 세트 이용 문화가 중요한 분야에서 비교적 생소한 직업을 가졌다. 포토저널리즘과 컴퓨터과학 분야 경력을 가진 신더스는 사진을 다루면서 사람들에 대한 관찰, 이미지와 틀, 표현에 관련한 정치를 고찰하는 일, 두 방법 모두의 가치를 알게 되었다.

알고리즘의 편향을 식별하고 방지해야 할 필요성에 관해 신더스에게 의견을 물었더니 다른 무엇보다도 데이터 세트의 구성요소를 알아야 한다는 답변이 돌아왔다. 데이터로 학습하는 시스템에 의사결정을 맡기는 일이 늘어나는 상황에서 데이터 세트의 구성요소를 파악하는 일은 프로그래머들에게 국한된 문제가 아니다. 기업조직 도처에서 활동하는 관리자들에게도 매우 중요한 문제가 되었다.

기업의 관리자들은 데이터를 둘러싼 질문을 제대로 던질 줄 알아야 한다. 데이터가 얼마나 오래되었는가? 데이터 세트의 용량이 얼마나 큰가? 누가 데이터를 수집했는가? 데이터가 다양성과 대표성이 있는가? 제한되고 특정한 목적으로 데이터를 수집했는가? 아니면 보다 범용적인 쓰임새를 목적으로 데이터를 수집했는가? 이런 식의 물음을 끊임없이 던져야 한다. 머신러닝 기술은 통계적 패턴을 식별하기에 매우 좋은 도구인 데 반해 일반적인 사례만 찾다 보면 일반적인 규칙을 넘어서지만 관련성 있는 여러 패턴을 배제할지도 모른다.

신더스는 경력 초반에 클레이 셔키Clay Shirky 교수와 함께 일했다.

현재 뉴욕대학교 언론대학원 교수로 있는 셔키 교수는 사람들이 어떻게 인터넷에서 연결되는지에 대한 이론가다. 그는 디지털 커뮤니티와 자연어 시스템natural language systems의 설계에 관한 관심을 불러일으켰다. 셔키 교수의 영향을 받은 신더스는 IBM왓슨으로 자리를 옮겼다. 거기서 공학지식이 범람하는 시대임에도 데이터 관련 문화 이슈에 대한 인식이 너무도 부족하다는 사실을 금세 깨달았다.

신더스의 주장에 따르면, 기업조직의 관리자들은 알고리즘 시스템을 제대로 구축하기 위해 데이터를 두고 올바른 유형의 질문을 던질 줄 알아야 한다. 이런 점에서 설계자들은 사람에 관해 깊이 고찰하는 전략가가 되어야 한다. 기술자들은 윤리적 선택을 이해해야 하며, 관리자들은 모든 예측 가능한 위기 시나리오를 두고 토론과 논의를 해야 한다.

이런 일이 실현되려면, 업무 프로세스에 다양한 관점과 시각이 적용되도록 조직에 충분한 다양성이 존재해야 한다.

신더스를 만났던 당시 유익한 이야기를 들었다. "시스템에 돌발적인 편향을 일으키는 문제와 관련하여 초점을 맞춰야 할 부분이 있다고 봅니다. 누구라도 시스템의 결함을 잡아내거나 문제를 꼬집을 수 있도록 충분한 다양성이 존재해야 해요."

다양성은 인종이나 문화에 국한된 개념이 아니라 성별에도 매우 밀접하게 관련된다. 기술 업종은 여성보다 남성이 차지하는 비율이 극도로 높다. 기업용 메시징 솔루션업체 라이브퍼슨LivePerson이 얼마 전 미국 소비자들을 대상으로 한 설문 조사의 결과를 눈여겨볼 만하다. 라이브퍼슨은 설문 조사에서 기술 분야의 유명한 여성 리더 이름을 대보라고 응답자들에게 요청했다. 그랬더니 응답자 중 8.3퍼센트만이 이름을 댔다. 또한 그들 중에서 25퍼센트가 AI 비서 '시리Siri'나 '알렉사Alexa'의 이름을 제시했다.

오늘날 알고리즘은 세상의 다양성에 제대로 적응하지 못하는 모습을 보이기도 한다. 이런 사례가 갈수록 늘어나는 모습을 우리는 이미 목격하고 있다. 구글 포토 머신러닝 알고리즘은 흑인을 고릴라로 분류했다. 사진 필터 애플리케이션인 페이스앱FaceApp은 사용자들의 얼굴을 보정하는 기능을 제공하여 인기를 끌었지만, 밝은색 피부와 둥근 눈 등 다른 인종처럼 꾸미는 필터 기능을 제공했다가 인종차별 논란을 낳았다. MS가 밀레니얼 세대를 겨냥해 선보인 대화형 AI 챗봇인 테이Tay는 트위터 같은 소셜 플랫폼에서 사람들과 상호작용하며 나름의 언어로 대화하는 법을 습득한다. 그런데 테이는 출시되고 24시간 만에 일부 사용자들이 욕설과 인종차별 발언을 지속적으로 학습시킨 탓에 똑같이 폭력적인 인종차별 발언을 반복했다. 결국 MS는 테이를 '일부 수정'하기 위해 서비스를 긴급하게 중단했다.

때로는 알고리즘 시스템이 고정관념뿐만 아니라 사회·경제적 문제에 대한 이분법적 태도를 한층 더 고수하기도 한다. 예를 들면, 미국의 비영리 인터넷 언론 프로퍼블리카ProPublica는 2016년 미래 범죄자를 예측하는 소프트웨어 알고리즘이 흑인들에게 강한 편견이 있다는 사실을 발견했다. 이 사실은 MS 연구소의 수석 연구원 케이트 크로포드Kate Crawford에게 전혀 놀라운 일이 아니었다. 데이터 세트가 문화뿐만 아니라 현실 세상의 계층구조를 반영한다고 크로포드는 주장한다. 크로포드에 따르면, 머신러닝의 공정성을 실현하기 위해 '우리가 구축하는 시스템 덕분에 누가 혜택을 얻는가? 그리고 누가 피해를 보는가?'라는 궁극의 질문을 던져야 한다고 말한다.

그런 질문에 적정한 답이 전혀 나오지 않을 때도 있다. 그래서 머신러닝 플랫폼이 사회적으로 수용 가능한 결과를 생성하지 못하는 경우를 파악하는 것도 알고리즘 관리자들의 책무 중 하나다. 현시점에서는 인간이 고안한 자동화 모델이 유일한 대안일 것이다.

맥킨지 앤드 컴퍼니 타이페이 사무소의 파트너인 토비아스 베어Tobias Baer, 매사추세츠 소재 노스아메리카 지식센터에서 데이터 분석 전문가로 있는 비슈뉴 카말나스Vishnu Kamalnath, 이 두 전문가는 단순히 머신러닝을 이용하지 않는 것이 편향을 피하는 가장 좋은 방법이 될 때가 있다고 주장한다. 결정트리나 로지스틱 회귀logistics regression(독립 변수들 간의 인과관계를 예측하는 표준 통계기법으로 여러 분야에서 사용된다-옮긴이), 인간의 의사결정에 이르기까지 수동으로 만든 모델이 융통성과 투명성을 확대하는 접근법이 되는 반면에 알고리즘은 속도와 편의성을 제공한다.

그러하기에 알고리즘 리더들이 늘 숙지해야 할 교훈이 있다. 조직 구성원들이 시스템의 구축 목적을 깊이 고찰하고 시의적절한 대안을 마련해나가도록 시스템에 편향이 일어날 가능성을 예측해야 하는 것은 물론 조직 안에 다양성을 보장해야 한다.

작동방식을 알기 어려운 AI에 대한 우려

오늘날 왜 AI에 대한 우려의 목소리가 높아지고 있을까? AI가 우리에게 등을 돌릴 것이라는 걱정 때문이 아니다. 이유는 단순하다. 다른 무엇보다도 우리가 AI의 작동방식을 이해하지 못하기 때문이다.

머신러닝 알고리즘을 블랙박스라고 부르기도 한다. 흡사 폐쇄된 시스템처럼 입력하면 출력이 되기까지 왜 그런 결과가 도출되었는지에 대해 어떤 설명도 없다는 의미다.

어느 분야를 막론하고 '결과가 도출되기까지의 과정'을 이해하는 일은 매우 중요하다. 특히 소비자 금융 같은 업무 위탁을 하는 분야 또는 취약계층과 관련한 의료 및 교육 분야, 결정의 타당함을 증명할 수 있어야 하는 국방 및 정부용 애플리케이션 제작 분야에서 유념해야 할 일이다.

하지만 딥러닝 플랫폼에 관해 이야기하자면, 소위 AI의 설명 가능성에 의문이 생긴다. 입력과 출력 간에 있을 만한 관계성을 도식화하여 설명할 수 있다면 어떨까? 그렇다면 굳이 머신러닝이 필요하지 않을 것이다. 신경망과 적응형 알고리즘을 사용하고 있다면, 대부분은 AI가 스스로 학습하며 프로그래밍하고 있음을 의미한다. 관계성을 도식화한 그림은 예측성이 굉장히 뛰어날지는 몰라도 설명 가능성 면에서는 문제를 드러낸다.

수동으로 코드를 입력하는 시스템과 달리, 우리는 신경망 내부를 보지 못하여 신경망이 작동하는 과정을 이해하지 못한다. 복잡한 AI

시스템을 개발한 사람들조차도 AI가 특정한 결론에 도달한 과정과 이유를 완벽히 설명하지 못한다. 인공 신경망은 인간의 뇌처럼 수없이 많은 인공 뉴런으로 구성되어 있다. 인공 뉴런들은 여러 층을 거쳐 연산하는데, 각각의 층이 입력과 출력 신호를 받아서 다음 층에 반영되며, 이 과정이 최종 출력이 결정될 때까지 반복된다.

뉴욕 마운트 신나이 병원이 도입한 딥페이션트Deep Patient라는 딥러닝 플랫폼을 예로 들어보자. 환자 70만 명의 진료기록 데이터에 접근하여 학습한 딥페이션트는 질병의 징후를 예측하고 병원 데이터에 숨겨진 패턴을 밝혀 인간의 개입 없이 간암을 비롯한 여러 질병으로 발전할 만한 질환의 징후를 조기에 발견하는 데 능숙해졌다.

당시 이는 세상을 놀라게 했다. 딥페이션트는 당대 최고의 의료진도 예측하기 어렵기로 악명 높은 조현병 같은 정신질환의 징후도 예측했다. 그런데 이제 의료계는 풀어야 할 숙제가 있다. AI나 그 작동방식을 완전히 이해하지 못한다는 사실을 고려하여 AI에 관한 신뢰정도를 파악하여 시스템의 효력과 가치를 균형감 있게 받아들여야 한다는 것이다.

여러 기업과 업종에서 머신러닝 시스템을 검사하고 작동방식을 설명하는 역량을 개발하는 데 투자하고 있다. 다르파DARPA(미국 방위고등연구계획국)는 드론과 인텔리전스 마이닝intelligence mining에 동력을 제공하는 딥러닝을 해석한다는 목표를 세우고 '설명 가능한 AI'의 개발에 박차를 가하고 있다. 또한 미국 은행지주회사인 캐피털원Capital One은 딥러닝을 설명 가능한 기술로 만들 방법을 모색하고자 전문

연구팀을 꾸렸다. 유망 고객에게 신용카드 발급을 거부했는지 따위를 미국 규제 기관들이 물으며 결정 과정을 설명하라고 요구하는 현실이 반영된 것이다.

AI가 삶에 미치는 영향에 관해 대중의 관심이 높아지는 상황에서 향후 몇 년 안에 알고리즘 규제가 정교해질 가능성이 높다. 유럽연합 일반개인정보보호법General Data Protection Regulation(유럽연합이나 유럽경제지역에 속한 사람들의 사생활과 개인정보를 보호하기 위한 규제-옮긴이)이 적용된 것이 좋은 예다. 2018년 이 규제가 효력을 발휘한 이래 유럽연합은 알고리즘의 결과 도출 과정을 설명하라고 기업에 요구하고 있다.

알고리즘 규제 이면에 담긴 의의는 책임에 대한 의무다. 설명이 용이한 AI를 만들어 관리자들이 알고리즘으로 도출된 결과를 신뢰할 수 있도록 하고, AI 기반의 의사결정에 늘 이의를 제기하는 태도를 견지하도록 하는 것이다. 사실, 알고리즘의 투명성에 관한 쟁점은 머신러닝뿐만 아니라 내부 작동과정이 밝혀지지 않은 '블랙박스 알고리즘'에도 적용된다.

한편으로 작동방식이 편향되어 보이거나 모호한 알고리즘에 관한 문제들이 이미 법정에서 다뤄졌다. 2014년 휴스턴교사협회가 교사들에 대한 평가, 해고, 상여금 지급 등을 결정하는 보안 알고리즘을 휴스턴 교육부가 사용한 일은 부당하다며 제기한 소송이 좋은 예다. 관련 시스템을 개발한 사설 업체는 해당 알고리즘을 영업비밀로 분류하여 교사들에게 공개하지 못한다는 입장이었다. 교사들은 자신들이 평가받는 과정을 알지 못하는 처지에서 해고나 평가결과에 이의를 제기할 권리를 인정받지 못했다. 이에 연방순회재판소는 결과 도출 과정을 알 수 없는 소프트웨어가 미국 수정 헌법 제14조의 적법 절차 조항과 관련하여 교사들의 권리를 침해했다고 판단했다. 이 사건은 결국 2016년 알고리즘의 사용을 중단하는 것으로 판결이 났다. 향후 몇 년간 비슷한 소송이 꽤나 많이 제기될 것으로 보인다.

AI 시스템이 꽤 효과를 발휘하는 이유라고 할 수 있는데, AI는 본질적 특성상 인간이 보기에 즉각적으로 명백하지는 않은 해법을 제공한다. 그래서 어쩌면 결과 도출 과정이 충분히 이해되지 않아도 그와 같은 도구를 사용하는 것일지도 모른다. 이런 이유로 기업조직의 관리자들이 풀어야 할 숙제가 생긴다. 그들의 조직 안에서 그와 같은 문제를 찾아내고 알고리즘의 해법을 적용하기에 적합한 영역을 찾는 것이다. 주로 논란의 여지가 없거나 정치적 또는 사회적으로 민감하지 않은 문제들에 대해 AI 기반의 해법을 적용해야 한다는 말이다.

데이터센터를 예를 들어보자. 데이터센터의 규모가 커지고 동력을 많이 쓸수록 서버에서 발생하는 엄청난 열기를 냉각시켜야 하는 문제로 골치를 앓는다. 그러한 냉각 문제를 해결하기 위해 기업들이 지금까지 특별한 조치를 하게 되었다. MS는 스코틀랜드 오크니섬 인근 바다 밑에 데이터센터를 통째로 집어넣었으며, 페이스북은 북극권 근처에 위치한 스웨덴 북부지역에 데이터센터를 지었다. 앞서 다루었듯이, 딥마인드의 방식(범용 AI를 이용해 구글 데이터센터를 냉각하는 방법)으로 알고리즘이 추천하는 설명 가능한 행동, 그리고 인간이 설계한 보안 프로토콜, 양자를 절충할 수 있다. AI 시스템의 추천과 예측을 완전히 이해하는 것이 이상적으로 보일지라도, 알고리즘 리더들은 그보다는 경쟁력을 유지하기 위해 적절한 보호 수단을 가지고 설명 가능한 절충점을 찾아야 한다. 사실은 AI가 사고하는 과정을 완전히 이해하려고 애쓰기보다는 알고리즘이 가장 잘 활용되는 영역을 이해하기만 해도 AI 관련 현안을 해결하는 데 도움이 된다.

AI 프로그램의 잘못일까

솔직히 말하자면, 나는 자동차 내비게이션 애플리케이션을 전적으로 신뢰하지 않는다.

목적지까지 길 안내를 받기 위해 웨이즈Waze나 구글 맵스Google Maps 같은 애플리케이션을 사용할 때마다 좀처럼 의심이 사라지지 않는다. 내가 설정한 목적지에 가장 빠른 길을 안내해주면 좋은데 최적의 경로를 안내해주는지 의구심이 들었다. 물론, 전체적으로 관리되는 네트워크에 일정한 논리가 있다는 것은 인정한다. 만약 그러한 논리가 사라진다면 매우 혼란한 상태가 벌어질 것이다. 마음속으로 품었던 상상인데, 여타 내비게이션보다 목적지로 빨리 인도하는 나만을 위한 자동차 AI를 가지고 싶은 바람이다.

우리는 AI를 가장 잘 활용할 수 있는 부분을 파악함으로써 AI에 관해 많은 것을 배울 수 있다. 이처럼 AI의 최적화에 초점을 맞추면,

확실한 설명 가능성을 따져 시스템의 오류를 사전에 방지할 수 있다. 일례로 인터넷 이론가인 데이비드 와인버거David Weinberger에 따르면, 딥러닝 플랫폼을 이해할 수 있는 수준으로 너무 단순화하다 보면 우리가 알고리즘을 이용하는 근본 취지를 약화시킬 수 있다고 한다. 알고리즘이 특정한 결론에 도달한 과정을 이해하려고 하기보다는 알고리즘을 적용할 대상을 잘 선택하기 위해 신경 써야 한다고 와인버거는 말한다.

최적화된 상태는 중요하다. 그런데 최적화된 AI가 인간에게 치명적인 결과를 안겨줄 수 있다고 한다. 이와 관련한 전형적인 사례로 스웨덴 출신의 옥스퍼드대학 철학과 교수인 닉 보스트롬Nick Bostrom이 '종이클립 최대화 기계Paperclip Maximizer'라는 사고실험을 제안했다. 이 실험은 AI가 우리 세상을 파괴하는 과정을 잘 보여준다. 보스트롬이 2003년에 작성한 논문 '진보한 인공지능에 관한 윤리적 현안Ethical Issues in Advanced Artificial Intelligence'에 다음과 같은 내용이 나온다. "그런 일이 일어나는 하나의 과정은 프로그래머들이 선의로 모여 팀을 이뤘지만, 목표 시스템을 설계하면서 치명적인 실수를 저지르는 것이다. 그 결과로, 앞선 사례로 돌아가서, 초지능superintelligence이 종이클립 만드는 것을 최대 목표로 삼게 된다. 우선 지구 전체를 종이클립 제조 시설로 바꾸고 이어서 우주로 확대해나가 전 우주가 종이클립 제조 시설로 가득 차게 된다."

보스트롬의 논문에 나오는 AI는 본질적으로 사악하지 않다. 보스트롬의 관점에서는 AI가 단지 잘못된 목표와 통제되지 않은 상태에 있었을 뿐이다. 잘못된 목표나 최적화된 상태가 의도치 않게 수많은 피해를 불러일으킬지도 모른다. 이를테면, 보스턴에서 학교 시간표를 설정하는 AI 프로그램이 맞벌이 부모의 항의로 인해 해당 프로그램 사용을 반대하는 의견에 부딪혀 폐기되었다. AI 프로그램이 학부모의 일정을 전혀 고려하지 않고 교육을 볼모로 효율성만 따진다는 이유에서였다. 이는 AI 프로그램의 잘못일까? 프로그램은 어쨌든 비용을 절약하는 방법을 찾도록 코드화되어 있었다.

최적화에 관한 논의는 트롤리 문제trolly problems라는 심리 사고실험을 두고 고찰해볼 수 있다. 실험은 50년 전으로 거슬러 올라가 진행되었다. 질주하는 전차 안에서 운전자는 보행자를 치지 않기 위해 벽쪽으로 방향을 틀어야 한다. 그런데 그렇게 하면 전차에 타고 있는 승객들이 모두 죽게 될지도 모른다. 자율주행차량이 등장한 이래로 우리는 또다시 윤리적 고찰을 하게 되었다. 보행자 한 명을 죽임으로써 두세 명의 탑승자를 살리는 것을 허용해야 할지의 문제다. 그런데 알고리즘이나 알고리즘 기반의 사회를 설계하기 위한 실용적인 틀이 거의 없는 실정에서 우리는 트롤리 문제를 두고 윤리적 딜레마를 접한다.

알고리즘은 여느 시스템과 마찬가지로 완벽하지 않다. AI는 기업 조직이나 정부기관처럼 우리의 우선순위를 반영하는 하나의 툴이다. 자동차 사고나 작업장 사고로 인한 인간의 죽음을 통계적 관점에서 논의하는 일이 냉정해 보일지 모르지만, 대개 사고를 최대한 줄이도록 알고리즘 시스템을 설계하였다면, 만약 알고리즘이 대신하는 원래 시스템이었다면 얼마나 피해가 발생했을까 예측해야 한다.

다시 말해, 자동화 제조시설이나 자동 화물 운송 시스템에서 얼마나 많은 사람이 상해를 입는지 고민할 게 아니라 공장에 로봇이 없었다면 얼마나 더 큰 피해가 발생했을지 혹은 목적지에 제때 도착하려고 밤새도록 운전대를 잡은 운전사가 과로에 지쳤다면 얼마나 더 큰 피해가 발생했을지 살펴야 한다.

기업의 경영자들은 고객과 주주, 규제 기관으로부터 최적화와 관련한 요구를 수없이 받을 것이다. 또한 AI 시스템의 운영을 두고 일어난 법정 공방에서 우리가 고려해야 할 윤리적·사회적 문제가 무엇인지, 편향이나 차별의 흔적을 추적하기 위해 AI 시스템의 도출 결과를 얼마나 잘 추적 관찰했는지 등 AI 시스템을 설계하기까지 인간이 의사결정을 한 과정을 밝혀야 할 일도 있을 것이다.

의사결정 과정을 주의 깊게 문서로 만들고 이를 숙지해야 한다. 아무리 못해도 비즈니스의 중추에 있는 알고리즘 프로세스에 관해 제대로 이해해야 한다.

21세기에는 우리의 AI 플랫폼이 아무도 이해하지 못하는 블랙박스와 같다는 주장만 해서는 법정 공방에서 변호를 제대로 하지 못할 것이다. '알고리즘이 결과를 도출하는 과정'이 설득력이 있는가가 중요한 관건이 될 것이다.

나무가 아닌 숲을 보라

알고리즘 기반의 조직을 운영하는 리더라면, 늘 알고리즘 시스템을 두고 적절한 질문을 고찰하며 올바른 윤리적 선택을 내려야 하지만, 추상화라는 또 다른 알고리즘상의 위험에 부딪힐 수밖에 없다.

추상화는 알고리즘 시스템의 작동과정에서 핵심을 이루는 부분이다. 각 계층의 산출 결과를 신뢰할 수 있다면, 연산 시스템이 작동하는 과정을 세세히 이해할 필요는 없다. 이런 신뢰를 가지고 프로그래머는 기계어machine code(가장 낮은 단계의 프로그래밍 언어. CPU가 해독 및 실행하는 컴퓨터 언어를 통칭한다 – 옮긴이)를 수정하지 않고 높은 수준의 추상화 작업을 할 수 있다.

오늘날 기업조직이 마치 알고리즘 머신을 닮아가고 있어서 관리자들이 종단간 시스템을 잘 이해하지 못할 우려가 있다. 이것이 자동화의 전반적 모습이라는 의문이 들지도 모른다. 기계적인 직무와 의사결정 과정을 없앰으로써 관리자들이 겪는, 이른바 인지 부하cognitive load를 줄이면 매우 난해하고 긴급한 사안에 집중할 수 있을까?

어떤 면에서는 옳은 말이다. 하지만 나무만 보고 숲을 보지 못하는 근시안적 사고는 절대 바람직하지 않다. 비즈니스 프로세스를 자동화하더라도 프로세스의 각 부분이 맞물려 있는 구조를 알아야 한다. 한 무역회사가 각종 거래와 가격 결정, 시장 조성 등 사업의 모든 부분을 알고리즘을 이용해 처리한다고 생각해보자. 이런 경우 실제 위험은 무엇일까? 오랜 시간 동안 프로그램 담당자 몇 사람만이 업무 운영 이면의 복잡한 원리를 알고 있다는 점이다. 그런데 이들이 어느 날 회사를 떠나거나 플랫폼상에서 갈수록 단편화되고 추상화되는 부분에만 초점을 맞춰 일한다면 문제가 생기게 마련이다.

차세대 비즈니스 리더들은 전 세대에 비해 알고리즘 기반의 자동화 시스템을 쉽게 접하고 이용하겠지만, 한편으로 전체 그림을 그릴 줄 아는 구세대 비즈니스 리더들의 가르침을 받아야 한다. 구세대 비즈니스 리더들은 여느 대규모 조직에서도 그 중심을 이루는 비즈니스 로직business logic 및 근간이 되는 복잡성을 이해하기 때문이다.

요컨대, 알고리즘 리더들은 AI 시스템의 설계와 데이터를 두고 적절한 물음을 던지고 AI의 추측 결과에 이의를 제기할 줄 알며 깊은 지식과 전문성을 가지고 미래에 관해 논의할 줄 알아야 한다. 이런 맥락에서 알고리즘 리더들은 늘 '왜 그런가?' 하는 핵심적인 질문에 익숙해져야 한다.

알고리즘 리더를 위한 질문 ?

- AI가 치명적인 실수를 저질렀다면, 누가 최종 책임을 져야 할까? 알고리즘을 설계한 프로그램 담당자, 훈련 데이터를 선택한 데이터 전문가, 개입을 막지 못한 보안 기술자, 최적화 목표를 승인한 비즈니스 리더, 아니면 우리 중 누구의 책임일까?

알고리즘 시대의 성공 전략

1. 갈수록 알고리즘이 확산되고 인간의 삶에 영향을 미치는 이때 알고리즘 리더들은 늘 '왜 그런가?'라는 물음을 던질 준비가 되어야 한다. 법률만으로 파괴적 변화에 보조를 맞추기 어려운 오늘날, 법률 준수만을 윤리 기준으로 삼아서는 안 된다.

2. 알고리즘은 공정하지 않다. 우리의 편향과 관점이 알고리즘에 반영된다. 자동화에 의한 차별 문제를 사전에 방지하는 방법은 다양성을 수용하는 것이다. 주변 동료들의 의견을 수용하여 시스템과 데이터의 문화적 맥락을 이해하도록 노력해야 한다.

3. 머신의 결과 도출 과정을 완전히 이해하지 못해 고심이라면, 알고리즘 리더들은 실행 가능한 절충점을 찾아야 한다. 시스템이 추천 결과를 도출한 과정을 완전히 이해하지 못하더라도 머신러닝의 혜택을 얻는 방향으로 절충점을 찾아야 한다.

4. 우리가 실제로 이해할 수 있는 수준으로 AI 플랫폼을 지나치게 단순화하면 AI의 효과성을 떨어뜨릴지 모른다. 대개는 알고리즘이 결과를 도출하기까지 그 과정을 파악하기보다는 특정한 최적화 상태나 목표가 선택된 이유를 파악해야 한다.

5. 기업조직들이 날이 갈수록 알고리즘 머신을 닮아가고 있다. 이런 상황에서 종단간 시스템의 원리를 이해하지 못할 우려가 생긴다. 비즈니스의 복잡성 및 시스템의 세부적인 작동원리를 간과하지 말아야 한다.

9장

의심이 들 때는
인간에게 물어라

철학적으로 또 지적으로 모든 면에서 인류사회는
인공지능의 부상에 준비가 되어 있지 않다.

–헨리 키신저Henry Kissinger, 미국의 전 국무장관

기업들은 저마다 고객을 섬기는 것이 사명이라고 선전한다. 그런데 알고리즘이나 데이터와 결합될 때 '서비스'가 의미하는 바는 무엇일까? 표준화되거나 단순화된 상품을 의미할까? 늘어난 고객 정보를 이용해 한층 더 복합적인 맞춤형 서비스를 제공하는 것일까?

샌프란시스코 금융지구 키어니 거리와 서터 거리, 사람들로 붐비는 그 모퉁이에 인공지능 병원 포워드Forward가 들어서 있다. 포워드에 걸어 들어가 보면, 애플스토어에 온 게 아닌가 하는 착각이 들 정도다. 그게 아니라면 진료실을 애플 리테일팀이 설계했을지도 모른다는 생각이 든다. 그리고 이 부분이 정확히 핵심이다. 자신의 헬스 스타트업을 설명해달라는 질문에 창립자 아드리안 오운Adrian Aoun은 의사의 진

료실 같은 느낌이 들어야 하고 시간이 갈수록 학습되고 의뢰인들로부터 얻은 데이터로 학습한 교훈을 적용해야 한다고 답했다.

진료시간에 맞춰 포워드의 진료실에 들어가면, 먼저 벽면에 붙은 바디 스캐너가 고객 정보를 분석한다. 이 바디 스캐너는 다수의 신체 특징을 확인하고 몸에 착용한 웨어러블 디바이스가 수집한 신체활동 수준과 박동수 등 진료 데이터를 내려받는다. 그다음 의뢰인의 개인정보가 알고리즘에 반영된다. 질병의 증상을 식별하고 진단하도록 설계된 알고리즘은 잠복해 있는 문제들을 조사해야 한다며 건강팀에 경고를 보내는 수단이 된다.

우리가 진료실에 들어갈 즈음에는 바디 스캐너와 웨어러블 디바이스가 수집한 데이터가 처리 과정을 거쳐 환자와 의사 앞에 있는 대형 터치스크린에 나타난다.

사람들로 붐비는 개인병원에 다녔던 어린 시절이 떠오른다. 소리지르는 아이, 오래된 잡지, 눅눅한 젤리빈 항아리, 섬뜩한 해골 모형이 기억난다. 포워드가 인공지능을 활용해 정확하고 빠른 진단을 하는 모습과는 딴판이었다. 포워드에서는 의사가 데이터와 알고리즘을 이용해 정밀한 진료를 하는 미래 진찰실의 모습을 엿볼 수 있다.

표준화하지 말고 인간답게

우리 인간은 복잡하고 다면적인 존재다. 그런데 우리는 흔히 기업이나 플랫폼에 의해 고객, 의뢰인, 이용자, 환자로 취급된다. 의미 있는 존재가 아니라 그저 숫자로 취급되며 거래된다. 그래서 오래전부터 은행 업종에서는 고객 수가 아니라 계좌 수로 따진다는 농담이 유행했다(지금도 그리 유쾌하지 않다).

이처럼 기술로 인해 인간성 상실 효과가 퍼지는 이유를 이해하려면, 생산 프로세스는 물론 비즈니스 프로세스가 산업화된 대량생산의 초창기로 거슬러 올라가야 한다.

표준화와 단순화는 20세기 산업사회를 뒷받침하는 주요 기둥이었다. 헨리 포드Henry Ford가 모델 T(자동차의 대중화를 이끈 포드의 획기적 모델-옮긴이)를 검은색으로만 출시했던 것도 차주가 차 색깔을 바꿀 때 편리하다는 이유가 있었기 때문이다. 알고리즘 시대의 리더들과 기업들은 다양한 고객 경험을 창출했다기보다 표준화와 단순화, 전문화, 비용 절감에 중점을 두었으며 원형을 만들어 복제하고 독점하거나 전 세계로 확산시켰다. 고객에게 제공되는 서비스 이면에 깔린 원리가 상충했는데, 소수의 고객에게 다양한 선택을 제공하거나 다수의 고객에게 소수의 선택을 제공했다.

그러다 인터넷과 전자상거래가 도입된 이래 어느 순간 서비스의 공식이 바뀌었다. 그 상충점도 사라졌다. 비용을 급격히 올리지 않고 확실한 목표를 정해 개인화된 체험을 제공할 수 있다(규모에 맞게 서비스를 제공할 수 있다). 그러고 나니 기업조직의 관리자들은 새로운 문제에 직면했다. 다양하고 복잡한 인간 행동의 속성을 이해하여 의미 있는 개인 맞춤형 경험으로 전달할 수 있을까?

달리 말하면, 어떻게 실제 인간들의 마음을 읽어서 그에 맞는 제품과 서비스를 설계할 수 있을까?

애플의 수석 부사장 안젤라 아렌츠Angela Ahrendts는 2014년 애플의 리테일 및 온라인 스토어 부문 책임자로 취임했다. 아렌츠는 럭셔리 소매업체 버버리Bubbery에 입사한 이래 데이터 및 디지털 플랫폼을 확립하였으나 소비자 기술 판매업계에서는 신출내기에 불과했다. 이후 아렌츠가 애플로 자리를 옮겼을 때는 애플스토어가 평방 피트 매출sales per square foot(4,551달러) 기준으로 가장 가까운 경쟁 업체인 명품 브랜드 티파니Tiffany&Co(3,132달러)를 앞서며 미국 최고로 평가받은 이후였다.

애플의 평방 피트 매출이 계속 상승하여 2018년 5천 달러를 초과하였지만, 애플에 합류한 아렌츠는 매출 효과를 증대하기보다는 사람들의 연결과 사회적 소통을 강화하는 방향으로 리테일 운영을 재설계하는 데 중점을 두었다.

2017년 말 아렌츠는 애플스토어를 '타운 스퀘어town square' 형태로 대전환하겠다고 발표했다. 매장은 제품들이 전시된 '에비뉴Avenue'로 대체되었다. 트레이닝룸은 대화를 나누는 '포럼'이 되었으며, 대형 매장에는 콘서트와 이벤트를 위한 '플라자'가 생겼다. 그래서 예전에는 제품을 수리하기 위해 지니어스 바Genius Bar 앞에서 줄을 서서 순서를 기다렸다가 기술자와 상담했지만, 이제는 나무가 늘어선 지니어스 그로브genius grove에서 휴식을 취하며 사람들과 어울릴 수 있다. 그런데 아렌츠가 도시계획을 거론하며 사용한 표현이 논란이 되었다. 공공의 장소가 사익을 위해 소유되고 통제되는 경우가 늘어난다는 점이 부각되어 사람들이 '타운 스퀘어' 개념에 반발했다.

이렇게 예기치 않은 파문이 일긴 했지만, 애플의 행보는 소매 경험의 인간화로 돌아가자는 광범위한 경향에 맥을 같이했다. 인간 판매원을 전략적으로 이용하면서 또 때에 따라 자동화 기술을 활용하는가 하면 고객 정보를 이용하여 개별 고객들이 몰입할 수 있는 환경을 창출했다.

디지털 시대에는 소매업체에 매장이 필요하지 않다. 그런데 디지털 소매업체들이 저마다 매장을 만들고 있다. 오늘날 알고리즘 기반의 매장은 단순히 제품을 판매하는 목적 외에 고객들과 관계를 형성하는 플랫폼으로 설계되고 있다.

대표적인 사례로 아웃도어 스포츠 브랜드 파타고니아Patagonia는 무료 요가수업을 제공하는가 하면 환경보호를 주제로 한 토론을 주최하고 고객들에게 바느질 도구를 제공하고 수선법을 알려준다. 아마존이 시애틀에 개장한 콘셉트 스토어에는 계산대가 없다. 진열대에서 고른 제품을 컴퓨터 비전computer vision(컴퓨터가 인간의 시각을 대신해 사람의 움직임과 사물에 대한 정보를 처리하고 판단하는 기술-옮긴이)을 이용해 식별하며, 스마트폰으로 자동 결제를 한다. 주변에 있는 직원들은 주로 조언과 안내하는 역할을 한다. 미국 고급 백화점 체인 노드스트롬Nordstrom이 로스앤젤레스에서 시범 운영하는 콘셉트 스토어에서는 스타일리스트와 재단사가 상주하여 옷을 맞출 수 있게 원단을 골라준다.

노드스트롬은 빅데이터를 이용해 개인 맞춤형 소매 경험을 제공하는 데 있어 오랫동안 선도적 역할을 해왔다. 그런 일환으로 2011년 초 모바일POS, point of sale를 출시했다. 처음에는 고객들이 계산대 앞에 줄 서서 기다리는 시간을 줄이는 것이 목표였다. 그런데 예상치 못한 반전이 일어났다. 고객들이 구매를 고민하는 시간이 줄어들면서 구매를 포기하는 확률이 떨어졌으며, 평균 구매가격이 상승하고 판매된 품목의 수가 늘어났다. 이는 고객들의 충동 구매 성향을 잘 보여준다. 충동적으로 행동할 수 없다면, 어쩌면 그럴 일도 없을 것이다.

보험이나 퇴직연금 상품처럼 복잡하고 인생을 바꾸는 상품을 판매하는 경우에 인간에게 질문하는 능력이 있다는 것은 중요하다. 그 이유는 바로 '안심'이다. 제품을 전달하는 과정에서 알고리즘을 통해 효율성과 단순성을 높일 수는 있지만, 제품에 대한 고객들의 깊은 속마음은 전혀 단순하지 않다. '내게 무슨 일이 생기면, 우리 가족에게는 어떤 일이 벌어질까?' 혹은 '누군가가 내 집에 침입하여 물건을 훔쳐 가면 어떻게 될까?' 같은 질문을 우리는 인간으로서 갖는다. 이런 질문들은 대부분 걱정과 두려움에서 비롯되기에 인간의 도움이 필요하거나 아무리 못해도 고객 개인의 필요와 상황에 맞춰 매우 정교한 디지털 페르소나가 구축되어야 한다.

알고리즘 시대에는 대개 기술을 기반으로 프로세스의 자동화 및 상품과 서비스의 표준화가 이루어진다. 그래서 리더들은 오히려 그와는 상반되는 역할을 해야 한다. 고객들을 위해 다양하고 개인화된 몰입형 경험, 궁극적으로 인간 경험을 만들어내는 것이다.

갈수록 인간의 판단이 중요해진다

알고리즘 시대를 맞이한 우리는 난해한 인간 행동을 이해하는 데 그쳐서는 안 된다. 기계들 또한 인간 행동을 이해하게 만들어야 한다. 예측하기 어려운 인간 행동은 알고리즘 시스템에 하나의 도전과제다.

인간 행동을 예측하는 일에 관해서 알고리즘 시스템은 그 앞에 놓인 세상을 이해하는 능력, 딱 그만큼만 능력을 발휘한다. 특히 새로운 환경이나 명확하지 않은 상황에서는 학습 알고리즘이 데이터의 패턴을 '과도하게 적용'할 가능성이 있다. 이런 맥락에서 기계를 미신처럼 신봉하는 경우 심각한 문제가 발생한다.

소위 통계 모델statistical model을 맹신하는 경우 미신을 믿을 때와 똑같은 일이 벌어질 수 있다. 지나가는 길에 몇 번이고 검은 고양이를 마주치고 나서 안 좋은 일이 일어났다면, 우리는 두 사건이 연관된다고 추정할지도 모른다. 그런데 머신러닝 알고리즘도 같은 실수를 저지른다. 과적합overfitting은 필요 이상으로 통계 모델을 복잡하게 구성하는 것이 원인이 되어 발생한다. 변수는 상당히 많고 모델이 학습하기 위해 관찰하는 건이 소수에 불과한 경우 알고리즘이 현실이 아닌 패턴을 상상할 여지가 있다.

우리 삶에 얽힌 복잡성과 미묘함은 인간이 개입하여 전후 맥락 같은 것을 알려주지 않는 한 컴퓨터가 측정하기 어려운 영역일 수 있다. 오랫동안 의사결정의 자동화가 적용된 애플리케이션에서도 인간의 견해가 늘 유용한 것은 다 그런 이유 때문이다.

라이트Wright 형제가 1903년 첫 비행을 앞두고 강한 바람이 부는 곳을 찾아 노스캐롤라이나 키티호크Kitty Hawk의 모래 언덕에 오른 이래, 인간의 비행이 자동화되는 수준은 꾸준히 올라갔다.

현대 기종인 보잉 787 드림라이너와 초기 747 기종을 비교해보더라도 차이점이 눈에 확 들어온다. 조종석 사진을 보면, 계기판 버튼과 스위치가 1천 개가 넘었지만 지금은 터치스크린과 제어장치가 매우 단순화되었다. 그럼에도 항공 분야에서는 인간과 자동화 시스템 간의 관련성이 그리 간단하지 않다. 그래서 항공업계에서는 조종사와 개가 항공기에 가장 적합한 승무원이라는 농담이 유행한다. 조종사는 개에게 밥을 먹이고 개는 계기판을 건드리는 조종사를 무는 역할을 한다는 이야기다. 그런데 최첨단 항공기의 모든 요소가 자동화되었다고 해도 조종사가 가끔 창밖으로 착륙이 원활히 이루어지는지 지켜보고 다른 항공기가 나타나지 않는지 살핀다거나 기기가 보여주는 정보가 정확한지 확인하는 역할이 사라지지는 않을 것이다.

더욱이 특정한 상황에서 조종사가 개에게 비스킷을 물리고 항공기를 통제할 수 있어야 하는 이유가 당연히 존재한다. 컴퓨터는 판단력이 부족하기 때문이다. 우리는 머신러닝 알고리즘을 훈련시켜 패턴을 발견하고 신호를 감지하게 할 수 있지만, 전후 사정을 파악할 능력까지는 부여하지 못했다.

구글 브레인을 이끈 앤드루 응 교수의 연구진이 유튜브 영상을 알고리즘에 학습시켜 3일 만에 고양이를 인식하는 데 성공한 사례를 떠올려보자. 그런데 이 알고리즘은 '고양이'의 시각적 패턴은 인식했겠지만, 고양이를 둘러싼 상황을 알지는 못했다. 고양이가 개와 싸우고 새를 사냥한 일, 혹은 고양이가 주인과 냉담한 관계에 있다는 식의 내용을 알지 못했다는 말이다. 단연코 그런 관점에서는 인간들조차도 고양이를 제대로 이해하지 못하지만, 기계보다는 훨씬 많은 것을 알고 있다.

알고리즘과 관련하여 맥락context은 좀처럼 풀리지 않는 현안이다. AI 학계는 상징적 인공지능('규칙 기반 인공지능'이라고 한다. 숫자나 단어 등 인간이 이해할 수 있는 기호로 표현하는 인공지능-옮긴이)을 통해서만 알고리즘을 학습시킬 수 있다고 주장하는 쪽, 통계적 패턴 시스템을 통해 인공지능을 구축하려는 쪽, 이렇게 두 진영으로 나뉘었다. 상징적 인공지능은 세상에 관해 인간이 이해할 만한 관찰을 하고 이를 토대로 전문가 시스템을 구축하여 컴퓨터에 추론과 의사결정을 하게 한다. 이런 측면에서 만약 유튜브 고양이 감지기가 애완동물 관리라는 주제를 두고 정보를 축적하게 만들기 위해 고양이가 새와 개를 이해하는 과정을 두고 일정한 수준에서 프로그램을 구성할 것이다. 거기서 더 나아간다면, 고양이가 주인을 인식하는 과정까지 적용하기 마련이다.

2012년 이미지 식별 대회가 열리기 전까지 연구자들은 대부분 상징적 접근법을 바탕으로 지능 시스템을 구축하려고 했다. 철학 교수 존 호그랜드John Haugeland가 1985년에 저술한 『인공지능: 그 발상Artificial Intelligence: The Very Idea』에서 규칙 기반의 인공지능을 '고파이

GOFAI, Good Old-Fashioned Artificial Intelligence(좋은 옛날식 인공지능)'라고 불렀다. 상징적 인공지능은 적응형 머신러닝과는 매우 딴판이었다. 상징적 인공지능은 인간이 입력하는 논리와 규칙, 구조화된 정보를 바탕으로 작동한다.

미래에는 두 진영의 접근법이 통합되고 이를 기반으로 한 AI가 개발될 가능성이 크다. 그렇다고 해도 인간은 변함없이 핵심 역할을 할 것이다. 도메인 전문가가 머신러닝 프로그래머와 협업하여 잘못된 예측을 하는 알고리즘을 조정하거나 기호학자가 일반상식과 유사한 규칙을 고안하든지 간에 AI에 맥락을 학습시키는 일에서 인간은 없어서는 안 될 존재다.

콘텐츠를 다루는 일이 전형적인 사례다. 맥락이 사라진 콘텐츠는 클릭베이트(클릭click과 미끼bait의 합성어로 자극적인 제목이나 이미지로 사람들을 끌어들이는 '낚시성 기사'를 의미함-옮긴이)나 가짜뉴스 등의 자극적인 소재로 쉽게 변질될 우려가 있다.

유튜브는 2017년 10월에서 12월까지 동영상 8백만 편을 내렸다. 해당 동영상들은 테러 관련 콘텐츠와 혐오 발언 같은 자극적인 내용으로 구성되었기에 유튜브의 모기업인 구글이 골머리를 앓았다. 윤리적이고 정치적인 고찰을 별개로 하고 광고주들은 그들의 브랜드에 혹시라도 부적절한 콘텐츠가 반영될까 봐 나날이 걱정이 늘어갔다. 구글이 알고리즘과 머신러닝을 이용해 유해한 콘텐츠를 제거하긴 하지만, 유튜브의 최고경영자인 수잔 보이치키Susan Wojcicki는 2017년 말 폭력적 극단주의와 보복테러 행위, 인권 문제에 특화된 전문가들을 정규직으로 채용했을 뿐만 아니라 콘텐츠를 검증하는 인력을 대거 고용했다.

이처럼 구글이 콘텐츠 관련 인력을 충원한 것은 인간이 좋은 협력자가 되어 머신러닝 알고리즘을 학습시킬 수 있다고 판단했기 때문이다. 보이치키가 유튜브의 공식 블로그 포스트에서 설명한 바에 따르면, 콘텐츠를 두고 전후 사정을 파악하여 결론을 내리기까지 인간이 개입하지 않으면 안 되기 때문에 유해한 콘텐츠를 제거하고 머신러닝 시스템을 훈련하기 위해 관련 전문 인력이 꼭 필요했다.

그 일환으로 유튜브의 신뢰 및 안전 팀들trust and safety teams이 2017년 6월부터 12월까지 직접 조정한 동영상만 2백만 편이 넘는다. 이처럼 동영상을 직접 검열함으로써 문제시되는 동영상이 실제로 유튜브의 운영규정에 위반되는지를 가릴 수 있을 뿐만 아니라 더 중요하게는 알고리즘을 학습시켜 그 기능을 개선한다.

물론 다양성이 부족한 문화에서는 편견과 차별적 콘텐츠를 없애겠다고 인력을 충원해봐야 별 의미가 없다. 이런 점에서 보이치키는 기술 분야에 뿌리 깊게 박힌 남성 중심 문화를 두고 오래전부터 직언을 아끼지 않았다. 2014년 유튜브 최고경영자를 맡은 보이치키는 그간 여성 직원의 비율을 24퍼센트에서 30퍼센트로 끌어올렸다. 같은 기간에 구글에서 일하는 여성 직원의 수는 1퍼센트에서 31퍼센트까지 증가했다.

그런데 인간의 역할은 공격적인 콘텐츠를 감지하도록 알고리즘을 돕는 것은 물론 시스템이 인간들의 취향을 이해하도록 돕는다는 점에서 가치가 있다. 넷플릭스에서 흔히 넷플릭스 태거Netflix tagger로 알려진 오리지널스 크리에이티브 애널리스트originals creative analyst가 선망의 직업으로 떠오른 것도 다 그런 이유 때문이다. 넷플릭스 태거는 대개 하루 종일 넷플릭스의 콘텐츠를 감상하며 주로 사용자의 취향과 연관된 메타데이터를 이용해 영화를 태그한다. 사용자들은 영화나 드라마에 관한 기본 정보를 쉽게 확인하겠지만, 그 이면에서 넷플릭스 태거는 직접 콘텐츠를 감상하면서 콘텐츠의 줄거리와 장르, 분위기 같은 추상적 정보를 분류하고 공포감을 주는 요소가 있는지 여주인공의 활약이 두드러지는지 등 콘텐츠의 특성을 분석한다.

음원 검색 엔진 판도라Pandora도 뮤직 게놈 프로젝트Music Genome Project를 도입하여 사용자들에게 취향에 맞는 음악을 제공한다. 판도라에 고용된 음악 전문가들이 지난 10년간 무수한 시간 동안 다양한 장르의 음악을 분석하여 총 450개 기준에 따라 음원을 분류하여 등록했다. 이로써 개인 취향에 맞게 자동 선곡 서비스를 제공하여 판도라가 대세로 자리 잡게 되었다.

인간의 삶을 형성하고 지배하는 의사결정권을 알고리즘에 위임하는 경향이 늘어나는 현실에서 알고리즘 시스템에 인간 삶의 복잡성을 정확히 반영하거나 아무리 못해도 인간이 자신의 실수를 확인하고 수정하는 수단을 제공하는 일 또한 매우 중요해질 것이다.

인간은 예기된 규칙에서 벗어나 사고하고 행동하는 습관이 있다. 이런 경향으로 인해 알고리즘의 예측에 문제가 생기기도 한다. 해외로 출국한 사람이 은행의 추적을 받는 일이 생기는 것은 은행 컴퓨터 시스템이 신용카드가 도난당한 것으로 오인했기 때문인데, 이를 보면 알고리즘 회로가 혼란에 빠졌다는 사실이 분명해진다.

머지않아 알고리즘이 우리 삶의 거의 모든 측면에 관여할 것이다. 해외에서 입국할 때(미국 세관은 소셜 미디어 계정명을 입력하라고 요구한다), 기차표를 구매할 때(중국의 사회신용체계가 좋은 예다), 아마존 같은 쇼핑몰에서 물품을 구매할 때도(아마존은 고가 제품의 반품이 잦은 고객들에 대해 계정폐쇄 조치를 할 수 있다) 알고리즘이 우리에게 권한을 줄지 말지를 결정하는 것은 매우 흔한 일이 될 것이다. 따라서 알고리즘의 결정을 바로잡거나 그에 이의를 제기할 일이 생길 때 인간의 판단은 매우 중요해질 수밖에 없다.

그런데 알고리즘 시스템이 날이 갈수록 복잡해지고 이해하기 어려워짐에 따라 인간이 고객이나 직원으로서 알고리즘의 결정에 이의를 제기할 권한을 갖는 일 또한 쉽지 않다. 그럼에도 우리의 개입이 질대적으로 필요한 시점이 된 것은 분명하다. 이런 점에서 우리의 삶은 기계가 아니라 창문 밖을 바라보며 상황을 면밀히 살피는 사람의 역량에 따라 달라질 것이다.

소수가 아닌 모두를 위한 해법

인간의 역할이 중요하다는 것은 단지 고객이 중요하다는 의미가 아니다. 고객이 될 사람 또한 중요하다는 말이다. 다시 말해, 과거에

너무 어렵거나 너무 비용이 많이 들어갔거나 만족시키기 어려웠던 사람이 중요해졌다는 의미다. 왜 그럴까? 알고리즘 시대가 닥치면서 시장을 형성하는 고객들을 광범위하게 고찰할 수 있기 때문이다. 경직된 프로세스와 조직 구조를 가진 전통 기업들은 마진이 낮거나 세분화된 고객 세그먼트를 운영하기에는 유연성이 부족한 상태에 있다. 그래도 다행히 자동화로 인해 그런 경향에 변화가 생겼다.

보건, 금융, 보안, 교통 등 모든 분야를 막론하고 알고리즘 사회가 실제로 움직이려면 각 분야의 규모가 확대되어야 한다. 인구, 경제, 문화의 경계를 넘어 구성원 모두의 문제를 해결하여 각자 자기 분야에서 핵심 데이터를 확보하고 성공의 여세를 몰아갈 수 있다. 아마존이 세계 최대 소매유통기업으로 성장한 것은 단지 부유한 미국인들에게 물품을 판매하기 때문이 아니다. 미국뿐만 아니라 다른 많은 국가에서도 비용이 절감되고 신뢰할 수 있는 배송 서비스를 제공하기 때문이다. 그렇다면 재정 자문과 자산관리 등 대개 부유층이 이용하는 서비스에 같은 논리를 적용하면 어떨까?

람야 조셉Ramya Joseph의 아버지는 딸을 양육하는 방식이 남달랐다. 딸이 어렸을 때부터 수학 공부는 공식과 원리가 아니라 현실적인 문제의 해결법을 배우는 것이라고 가르쳤다. 기술자였던 그는 딸에게 숫자에 관한 관심을 북돋우려 애썼다. 그처럼 딸의 일이라면 열정을 쏟다 보니 조셉은 인생을 살면서 사소한 일에서도 도전의식을 가질 수 있었다. 어느 날 고등학생이던 조셉이 미적분 공부에 필요하다며 값비싼 계산기를 사달라고 했을 때, 그는 조셉에게 웃으며 말했다. "계산기는 사주지 않을 거야. 미적분 공부에 굳이 계산기가 필요하지 않지." 덕분에 조셉은 계산기 없이도 미적분을 계산할 줄 알게 되었다.

조셉이 뉴욕에 설립한 회사 페핀Pepin을 방문한 적이 있다. 회사 입구에 들어서자마자 눈앞에 펼쳐진 광경을 보고 어리둥절했던 기억이 난다. 거대한 탁자 위에 모서리가 해진 책들이 높이 쌓여 있는 모습이 인상적이었다. 페핀은 기술 스타트업이면서 아이러니하게 아날로그 시대를 대표하는 것 같았다. 다양한 제목의 책 중 일론 머스크의 전기, 논픽션 작가이자 금융 저널리스트인 마이클 루이스Michael Lewis가 집필한 여러 저서가 눈에 들어왔다.

"아, 책 빌려주는 우리 도서관을 보신 거군요." 나를 맞이하던 조셉이 웃으며 말했다. "저를 위한 것은 아니고요. 저는 주로 킨들로 읽는답니다."

조셉은 메릴랜드 주립대학 볼티모어카운티 캠퍼스에서 컴퓨터공학을 전공한 이후 컬럼비아대학에서 인공지능과 금융공학, 두 분야에서 석사학위를 취득했다. 또한 스물세 살의 나이에 소프트웨어 아키텍처 분야의 특허를 공동 출원했다.

컴퓨터공학과 금융을 전공한 배경을 가진 조셉은 첨단기술에 집중하던 월스트리트 기업에 가장 잘 맞는 적임자였다. 조셉은 곧 알고리즘 트레이딩이라는 비교적 새로운 영역에서 진로를 찾았다. 1990년대 초반이었던 그즈음 전자 거래가 금융 업종에 퍼지기 시작했다. 거래량의 15퍼센트를 차지하던 알고리즘 트레이딩이 20퍼센트까지 상승했으며, 이후 90퍼센트 이상을 차지했다. 그로부터 얼마 지나지 않아 월스트리트에 진출한 조셉은 모건 스탠리Morgan Stanley에서 수십억 달러의 포트폴리오를 관리하다가 골드만삭스로 자리를 옮겨 프랍 트레이딩Proprietary Trading(증권자사 가기 자본을 이용해 주식, 상품, 채권 등에 투자해 수익을 내는 투자 방식-옮긴이) 부문의 임원으로 일했다. 그러던 중 2008년 금융위기가 닥쳤다. 조셉은 직장을 잃지는 않았지만, 그녀의 아버지는 직장을 잃었다.

60세였던 조셉의 아버지는 어느 날 갑자기 예상치 못한 조기 퇴직을 앞두게 되었다. 부호들의 자산관리를 해온 조셉은 아버지의 상황을 지켜보고 금융위기로 어려움에 부닥친 중산층 사람들에게도 전문가의 도움이 필요하다는 것을 깨달았다.

조셉의 부모님은 모두 지적이고 학식이 뛰어났다. 그녀의 아버지는 두 분야에서 석사학위를 보유했으며, 어머니는 박사학위를 가졌다. 그런데 아무리 석사학위나 박사학위가 있더라도 재정적 결정을 내릴 때면 쉽게 선택하지 못하고 갈팡질팡하기 마련이다. 머리가 명석한 사람들도 마찬가지다. 그래서 조셉은 부모님을 위해 대량의 엑셀 스프레드시트를 구성했다. 정리를 마치기까지 2주나 걸렸다. 부모님의 의료보험부터 사회보장연금, 어머니가 지출하는 식비, 아버지가 받는 보조금까지 엑셀 파일 하나로 정리해 모든 것을 한눈에 확인할 수 있었다. 급기야 조셉은 아버지 앞에 앉아 아버지에게 가장 적합한 재무 설계에 관해 설명했다. 아버지가 안도하는 모습이 확연히 드러났다. 아버지는 그간의 재무 설계에 잠재된 위험을 어느 순간 파악했다.

조셉의 아버지가 당시 재정적 결정을 쉽게 내리지 못한 데는 이유가 있었다. 금융기관들이 대개 문제해결보다는 상품 판매를 목적으로 삼았기 때문이다. 그들은 아버지에게 연금이나 생명보험 상품을 판매하려고 하면서 아버지의 은퇴에 따른 문제를 어떻게 해결해야 할지에 대한 해법은 제공하지 못했다. 설사 그들로부터 상품을 구매하더라도 마땅한 솔루션을 제공하지 않았다. 조셉의 가족에게 필요했던 것은 여느 가족들과 다르지 않았다. 단순하게 규격화된 솔루션, 그리고 부유층이 재무 설계 전문가의 도움을 받듯 일종의 맞춤형 전략, 양자 사이에서 적절한 균형이 필요했다.

이런 현실에서 조셉은 고민에 빠졌다. 부대조건 없이 신뢰할 수 있는 방식으로, 또 적정히 조정된 가격으로 재정 자문을 제공할 수 있을까? 이 물음을 두고 조셉은 6개월을 고민하고 솔루션 제공에 필요한 기술을 조사한 끝에 확신을 얻었으며 곧바로 직장을 그만두고 사업에 뛰어들었다. 세계 최초의 AI 재정 고문인 페핀은 그렇게 탄생했다.

페핀은 피드포워드 feed-forward (데이터가 입력층에 입력된 후 은닉층을 거쳐 마지막에 위치한 출력층으로 출력값을 내보내는 과정-옮긴이) 신경망이다. 의뢰인의 행동과 거래와 관련한 데이터가 입력층에 입력되고 일련의 연결된 노드들을 통해 그 정보가 처리된다는 말이다. 이런 과정에서 노드들을 통해 재정 규칙과 관련성이 파악되고 출력 또는 재정적 계획이 산출된다. 의뢰인이 아이를 가지거나 집을 사는 등 관련 데이터에 변화가 있더라도 신경망이 자동으로 그 출력과 재정적 계획을 갱신한다. 이 시스템은 의뢰인의 발상이나 계획이 아닌 실제 행동과 관련한 데이터로 학습하며, 그에 따라 추천 결과를 조정한다.

조셉이 고안한 플랫폼을 보면, 알고리즘이 수많은 사람에게 대규모 개인 맞춤형 서비스를 제공한다는 점만 빼고는 고액의 보수를 받고 고객에게 서비스를 제공하는 재정 전문가와 다를 게 없다.

설계자처럼 사고하는 법

자율주행차를 운전하면서 맞이할 수 있는 가장 위험한 순간은 자동차가 주행할 때가 아니다. 자동차의 통제권이 인간에게 넘어갈 때 위태로운 순간을 맞이할지도 모른다. 통제센터가 이동하는 바로 그 순간, 운전자가 준비되어 있지 않으면 예상치 못한 방식으로 반응하게 된다. 아니면 자율주행에 의존하다 보니 운전 경험이 부족해 치명적인 결과를 맞이할지도 모른다.

자동화 시스템에서 수동조작 방식으로 전환이 제대로 이루어지기까지 뛰어난 처리능력이나 정확한 센서보다는 설계에 모든 것이 달렸다. 설계자의 눈으로 세상을 바라봄으로써 알고리즘 리더는 특정한 상황에서 사람들이 보이는 행동방식을 예측할 뿐만 아니라 특정 플랫폼을 이용하는 인간에게 진정으로 필요한 것을 파악한다.

실제 문제를 해결할 수 있어야 AI가 유용한 도구로 제 기능을 할 수 있다. 인간에게 필요한 것을 정확히 식별하고 분석하여 데이터로 입력하지 않고서는 알고리즘이 실제 문제를 제대로 포착한다고 볼 수 없다. AI 시스템을 구축하는 기업들이 인간 중심의 머신러닝이라는 새로운 기조에 편승한다는 사실도 같은 맥락에서 이해할 수 있다. 소프트웨어 공학과 인터페이스 설계에 대한 반복적인 접근법으로 인간에게 필요한 것을 찾아내는 과정(민족지학 현지 조사, 맥락적 조사, 인터뷰, 관찰, 여론조사, 고객 지원 티켓 처리 등)은 여간 어려운 일이 아니다. 이 때문에 소위 디자인싱킹이 그와 같은 난해한 작업과 조화를 이룬다.

요컨대, 우리는 설계자처럼 사고하면서 시스템을 더더욱 유용하고 적합한 도구로 만들어갈 수 있다. 설계자는 잠재 고객, 고객들의 니즈와 행동에 초점을 맞춰 상품을 설계한다. 또한 이를 위해 인터페이스 설계, 상호작용 모형, 실제 알고리즘에 인간 요소human factors(인간과 관련된 요소에 관한 연구-옮긴이)와 인간공학ergonomics(인간의 신체적·인지적 특성, 한계를 공학적으로 연구하는 학문 분야-옮긴이), 맥락적 지식을 적용한다. 구글 설계팀이 게시한 블로그 포스트를 보면, 머신러닝이 인간의 필요에 초점을 맞춰가면서 고유의 방법으로 인간의 욕구를 충족시키는 과정에 인간 중심의 설계가 녹아 있다는 사실을 알 수 있다.

구글 기술자들은 알고리즘 시스템을 설계하는 과정에서 다음과 같은 질문을 던진다.

- 오늘날 이론상의 인간 '전문가'는 일을 어떻게 처리할까?
- 인간 전문가가 일을 처리한다면, 우리가 어떻게 대응해야 다음

에 발전이 이루어질까?

- 인간이 이 일을 처리한다면, 사용자가 어떤 추정이 도출되길 바랄까?

설계자처럼 사고한다는 것은 심미적으로 만족스러운 사용자 인터페이스를 창출하는 것보다 훨씬 더 복잡한 일이다. 소프트웨어 공학에서 코드 작성 프로세스가 정립되었다 해도 AI 플랫폼 구축과 적용에 관련한 작업 흐름을 이해하는 면에서 우리는 여전히 초기 단계에 머물러 있다. 이와 관련하여 앤드루 응은 온라인 머신러닝 강좌에서 AI 챗봇의 설계와 관련한 문제를 설명하면서 좋은 사례를 제시한다.

우리가 기술 기업의 상품 관리자라면, 소프트웨어 기술자에게 챗봇의 필수 기능에 관해 어떻게 설명할까? 모바일 애플리케이션이나 웹페이지를 다루는 것과 같은 방식으로 문제에 접근한다면, 와이어프레임wireframe(웹사이트나 모바일 애플리케이션을 제작하기 위한 설계도-옮긴이)을 그려서 우리에게 필요한 기능을 설명할 것이다. 그런데 이런 경우 AI 챗봇이라고 하면 채팅 풍선이 이어지는 수준에 그치고 만다. 와이어프레임으로는 상호작용의 복잡한 특성이라든가 다양한 상황에서 AI가 반응하는 과정을 제대로 설명하지 못한다.

바이두에서 연구를 추진하며 해당 문제에 직면한 응은 상품 관리자들과 기술자들을 한자리에 모아두고 챗봇이 사용자와 나누었으면 하는 대화 50개를 적어보라고 했다. 이렇게 인간 경험을 떠올리는 과정에서 챗봇에 필요한 기능이 무엇인지에 대해 상품 관리자와 기술자 사이에 대화가 오고 갔다. 상품 관리자는 사용자가 만족할 만한 것을 찾아내고 기술자는 실현 가능한 것을 구체화하는 역할을 해야 하기 때문이다.

웅은 상품팀과 기술팀의 상호교류를 더욱 강화하기 위해 상품 관리자들에게 문제시되는 것들에 관한 데이터 세트를 구성하게 했다. 상품팀은 데이터를 이용하여 기술팀과 효과적으로 소통했다. 음성인식 기술을 개발한 과정이 대표적인 사례다. 상품 관리자는 시끄러운 자동차 환경, 카페의 소음, 사투리 등 음성 인식에 방해가 될 만한 요소를 포함하여 무수히 많은 오디오 음성을 떠올려야 했을 것이다. 이처럼 챗봇을 설계하기 위해 예시 대화를 활용한 것처럼 샘플 데이터를 이용하여 추상적인 인간 욕구와 구체적인 의사결정, 이 둘 사이의 틈을 좁혀 보다 원활히 상품을 설계하고 가공할 수 있다.

설계자처럼 사고한다는 것은 또한 시간이 지나면서 바뀌는 사용자 행동을 예상하고 그에 대응한다는 의미가 있다. 다른 무엇보다 불확실한 변화에 학습하고 진화하는 적응형 시스템을 설계할 때 늘 사용자의 멘탈 모델을 염두에 두어야 한다. AI 시스템과 상호작용하는 사용자들도 장차 산출될 결과물에 영향을 미친다. 이어서 이런 적응 과정이 또 다른 사용자들의 상호작용에 영향을 미치고 피드백 고리feedback loop를 형성한다. 그런데 사용자들이 시스템에 대해 잘못된 멘탈 모델을 가지고 있거나 자신들이 만들어낸 규칙에 따라 산출물을 조작하는 경우 그와 같은 고리가 때에 따라 소위 음모론으로 변질되기도 한다. 사용자들이 시스템을 파괴하려는 것이 아니라 명쾌한 상호작용이 이루어지도록 시스템이 설계되지 않았기에 시스템 작동과정에 대한 잘못된 전제를 가지고 사용하는 것일 뿐이다.

이런 음모론이 자리 잡지 않도록 알고리즘을 설계하는 것이 무엇보다 중요하다. 넷플릭스가 좋은 본보기다. 넷플릭스에 접속하면, 곧바로 화면에 추천 콘텐츠가 설명과 함께 나타난다. 〈더 크라운The Crown〉을 시청했던 사람에게는 영국 여왕 엘리자베스 2세의 일대기를 다룬 영화나 드라마가 추천된다. 넷플릭스의 추천 시스템 덕분에 쓸데없는 오해를 하지 않게 된다. 그렇지 않다면, '우리가 영어 별명을 써서 넷플릭스가 그런 콘텐츠를 추천하는 걸까? 우리가 코츠월드 언덕Cotswolds에서 휴일을 보낼 생각을 한다는 것을 아는 걸까? 예전에 르네상스 페어Renaissance Faire 입장권을 구매했던 사실을 아는 걸까?' 식의 의문을 품었을지도 모른다.

어떤 알고리즘 시스템을 구축하더라도 사용자 자신과 플랫폼에 상호 이로운 방향으로 행동하게 하는 명쾌한 멘탈 모델을 반드시 사용자들에게 제공해야 한다. 그러면 미래의 설계자들도 심미적인 부분에 머물지 말아야 하는 이유를 이해하고 AI 상품에 대한 체험과 상호작용을 형성해야 하는 당위성을 이해한다.

완전한 자동화는 어렵다

제프리 힌튼 교수 연구팀이 2012년 이미지 식별 대회(2장 참고)에서 우승을 차지하자 의료계가 들썩였다. 당시 힌튼 교수는 방사선 전문의를 '벼랑 끝에 서서 아직 아래를 내려다보지 않은 코요테'에 비유했다. 이미지 인식 알고리즘이 인간보다 훨씬 더 효율적으로 일할 것이므로 방사선과 의사를 교육하는 일을 당장 중단해야 한다고 힌튼 교수는 주장했다. 그러나 힌튼 교수의 예측은 방사선 전문의의 실제 업무를 간과했다는 점에서 문제가 있었다. 사실, 전문 의료인들이 반복해온 단순 작업을 알고리즘으로 자동화하면 방사선 전문의는 진정으로 가치 있는 일에 시간을 더 할애하게 된다.

차세대 전문 의료인인 휴 하비Hugh Harvey는 의료계 최일선에서 활동하면서 머신러닝과 알고리즘 분야에도 발을 들여놓았다. 방사선 전문의이자 바빌론 헬스 규제업무팀의 책임자로 일했다. 지금은 딥러닝을 이용해 유방암을 진단하는 AI 스타트업 케이론 메디컬Kheiron Medical에서 임상관리자로 일하고 있다. AI가 방사선 전문의들을 대체하기보다 그들의 역량을 높이고 놓쳐서는 안 되는 인간적 상호작용에 집중하도록 도울 것이라고 하비는 확신한다.

21세기에 방사선 전문의들이 나아가야 할 방향을 물었더니 하비는 이렇게 대답했다. "방사선 전문의는 속된 말로 '혹 전문가' 또는 단지 혹을 찾아 측정하는 사람에서 데이터 랭글러data wrangler(데이터에 알고리즘을 적용하는 작업을 데이터 랭글링이라고 하며 랭글링을 수행하는 사람을 데이터 랭글러라고 한다-옮긴이)로 변모했습니다. 데이터 랭글러들은 다양한 알고리즘으로 추출한 결과물을 조합하고 데이터에 기반한 추론과 진단을 합니다."

하비의 의견에 따르면, AI는 방사선 전문의를 대체한다기보다 방사선학에 변화를 일으킬 것이다. 즉 방사전 전문의들은 눈으로 직접 진단결과를 살펴기보다는 알고리즘 시스템을 토대로 머신의 출력물을 점검, 평가하게 된다. 하비는 방사선 전문의 생활을 하는 내내 여러 개의 CT 스캔으로 림프절을 진단하고 뼈에 전이된 정도를 보고하는 일에 시간을 다 빼앗겼다고 말했다. 지금은 시스템이 림프절을 정확히 진단하고 척추에 전이된 상태를 제대로 확인했는지 점검한 다음 진단결과를 제출하는 방식으로 일을 술술 처리한다.

이렇게 머신러닝을 이용해 방사선 전문의의 역할을 강화하여 마치 데이터 전문가처럼 활동할 수 있다고 하비는 주장한다. 임상의와 환자 모두와 소통하고 협업하는 것이 방사선 전문의의 주요한 역할이 되었다는 말이다. 정교한 도구를 잘 다룰 줄 알아야 하고 한편으로 가장 중요한 이슈와 통찰에 집중하는 식으로 난해한 출력물을 분석할 줄 알아야 데이터를 잘 처리하고 전송할 수 있다.

그런데 의료 분야 외 판매나 회계관리 같은 분야에서 비슷한 변화가 일어날지도 모른다. 판매 예측부터 제안서 작성, 수익률 설정, 계약 체결, 신제품 홍보물 발송에 이르기까지 영업의 거의 모든 부분이 알고리즘에 의해 자동화될지도 모른다. 그렇다고 하여 인간의 역할이 완전히 대체된다는 말이 아니다. 방사선 분야에서 일어난 변화처럼 어느 분야를 막론하고 자동화는 관계와 소통을 강화할 기회가 된다.

금융이나 생필품 관련 업종에서 거래의 자동화가 일반화되었다고 해도, 알고리즘이 인간의 역할을 완전히 대체하지는 않았다. 알고리즘을 이용해 위험을 예측하고 가격을 설정할 수야 있겠지만, 계약당사자나 유통업자, 공급자와의 관계가 사라지는 것은 아니다.

판매는 인간의 고유한 능력이며 완전히 자동화하기 어렵다. 우리는 제품을 판매할 뿐 아니라 우리 자신을 판매하기 때문이다. 이런 점에서 두 조직 간의 복잡한 관계를 잘 유지하려면, 기술적 사안을 제휴하는 데 그치는 것이 아니라 비전을 공유하며 한배를 탄 협력자들을 설득해야 한다. 기계가 최적의 거래구조를 찾아내더라도 투자자와 파트너, 고객들을 납득시키려면, 한 발짝 더 나아가야 한다.

인간에게 물어봐야 하는 것이다.

알고리즘 리더를 위한 질문❓

• 상품이나 서비스의 전달을 대부분 자동화할 수 있다면, 어떻게 해야 인간의 역할을 잘 활용하여 전반적인 고객 경험을 강화할 수 있을까?

알고리즘 시대의 성공 전략

1. 알고리즘 시대를 맞이한 기업들은 기술을 이용하여 상품을 표준화하고 간소화하고 있다. 인간 행동의 복잡성을 수용하여 개인화된 몰입형 경험을 창출하는 것이 기업들에 최대의 승부수가 될 것이다.

2. 알고리즘 시스템에는 일반상식이 부족해 심각한 오류와 편견, 예상치 못한 선택이 도출되지 않도록 대개 인간의 판단이 개입되어야 한다. 앞으로는 알고리즘의 결정에 개입할 권한이 반드시 인간에게 위임되어야 우리가 삶의 안정을 유지할 수 있다.

3. AI는 소수의 특권층을 위한 상품이 아니라 다수에게 서비스를 제공하는 플랫폼이 되어야 한다. 람야 조셉이 설립한 페핀이 그 모범 사례로, AI가 어떻게 다수에게 맞춤형 재정 자문을 제공하는지 잘 보여준다. 이는 금융 분야에 국한된 이야기가 아니다. 데이터 중심의 시스템이 다수에게 서비스를 제공해야 한다는 당위성을 감안하여 알고리즘 리더는 현재의 고객 세그먼트가 유리하다는 가정을 재점검해야 한다.

4. 머신러닝에 인간 중심의 설계가 녹아들어야 인간의 필요를 제대로 파악할 수 있다. 인간의 문제에 공감하고 실제로 도움이 되는 방향으로 AI가 활용되어야 한다.

5. AI가 일을 자동화할 수는 있어도 인간의 역할을 대체하기는 어렵다. 우리는 AI를 기반으로 반복되는 업무에서 벗어나 실제로 중요한 인간적 상호작용에 집중한다.

목적을 좇다 보면
이익은 따라온다

일은 우리에게 의미와 목적을 제공한다.
일 없는 삶은 빈껍데기 삶을 살아가는 것이다.

–스티븐 호킹Stephen Hawking

사람들은 여러 이유로 일을 한다. 대개는 생활비를 벌기 위해서 혹은 세금을 내기 위해 일을 한다. 개인 취향에 맞는 삶을 살고 싶어 일하는 사람들도 있다. 그런데 한 걸음 물러나 인간 사회가 발전해온 과정을 들여다보면, 인간이 일하지 않고서, 또 어떤 경우 일주일에 80시간을 일하지 않고도 무수히 많은 방법으로 욕구와 갈망을 충족한 사례가 있다.

보편적 기본소득제Universal Basic Income, 이하 UBI의 도입을 주장하는 지인이나 동료를 주위에서 흔히 찾아볼 수 있다. 우리의 경제적 설계에 급격한 변화가 일어나고 있기에 UBI의 도입이 현안으로 떠오르고 있다. UBI는 계층 간 불평등이나 AI로 인한 실업 급증에 대한 해법이 될 수도 있고 안 될 수도 있다. 내 의견을 말하자면, 그 가능성을 완전히 확신하기 어렵다. 배스대학의 정책연구소 연구원 루크 마르티넬리Luke Martinelli가 '감당할 만한 UBI는 불충분하고, 충분한 UBI는 감당하기 어렵다'고 했던 부분을 잘 들여다봐야 한다. 어느 경우에나 자동화로 인해 발생할 심각한 부작용을 완화하기에 UBI가 충분한 대책이 될 가능성은 희박하다. 인간의 목적이 상실되는 현상을 해결할 수 없다는 말이다.

일하는 목적을 찾게 하라

급진적 방법으로 경제 환경을 설계하고 기술을 이용하여 우리의 물질적 필요를 채운다고 해도 평소 하던 일이 사라지면 사람들은 상실감, 절망, 의욕 저하, 공허함에서 벗어나지 못할 것이다. 단순히 일만 하면서 사는 삶이 아니라 인간이라면 누구나 목적의식이 있는 삶을 살고 싶어 한다. 뇌의 생물학적 기능과 보상체계를 이해하면 할수록 일을 하면서 삶에서 의미와 목적을 찾을 수 있다는 사실은 더욱 분명해진다.

우리는 일을 하면서 정체성을 형성한다. 오랫동안 일을 하면서 습득한 기술과 경험을 활용하는 방식이라든가 노력의 결과를 바라보는 관점에서 정체성이 드러난다. 일에서 정체성을 찾겠다고 스키 챔피언이나 글로벌 기업의 최고경영자, 록스타가 될 필요는 없다. 우리

자신과 일과의 연결고리를 놓치지 않기만 해도 삶의 목적과 의미를 찾을 수 있다.

UBI의 도입을 주장하는 사람들에 따르면, 대규모 생산 자동화로 로봇 지배자가 우리의 물질적 욕구를 해소하기 때문에 인간은 결국 시간에서 자유로워져 다른 활동에서 삶의 의미와 목적을 찾는다고 한다. 어떤 면에서 3000년 전에도 비슷한 일이 있었다. 당시 사회가 생산성과 효율성을 성취하지 않았다면, 고전적 세계에서 문화와 예술의 부흥이 일어났을까?

그리스 최초의 철학자이자 7대 현인, 철학의 아버지라 불리는 탈레스Thales of Miletus는 당시 사회가 실용적 기술(농작물 경작, 가축 사육, 높은 벽으로 쌓인 도시 건설, 바다 항해, 잘 훈련된 군대로 자국 수비)을 완성한 덕분에 시간을 들여 세상에 관해 고찰할 수 있다고 했다. 실용적 기술이 걸림돌이 된 것이 아니라 오로지 효율성 덕분에 시간에서 자유로워져 철학에 집중할 수 있었다. 물론, 가축을 돌보고 돌을 운반하고 배를 운항하고 적을 죽이는 등 노동 현장에서 바쁜 시간을 보낸 사람은 삶에 대해 다른 관점을 가졌다. 이는 노예들이 살아가는 삶의 모습이었다.

자동화 덕분에 곧 세상이 풍요로워진다는 말은 믿을 수 없다. 알고리즘 시대를 살아가는 우리에게 닥칠 실제 위험은 시간이 남아돌고 할 일이 사라지는 현상이 아니라 일하는 이유를 망각하는 수준까지 일의 본질이 갑자기 흐트러지는 현상이 될 것이다.

독일의 사상가 칼 마르크스Karl Marx가 펴낸 『공산당 선언』에는 노동자가 단순히 노동의 도구로 전락해 소외되고 그로 인해 혁명이 일어난다고 설명한다. 노동자 소외는 산업혁명이 일어나고 곧이어 노동의 본질이 흐트러지면서 생긴 결과였다.

산업혁명이 일어난 이래 숙련된 장인들이 생산라인으로 대체되었다. 특별한 기술이 없는 노동자들이 마치 기계의 톱니바퀴처럼 생산라인에 배치되어 물품이나 옷을 제작했다. 당시 노동자들은 특별한 목적의식 없이 부품 조립 같은 단순 작업을 매일 되풀이했다.

오늘날 기업의 노동자들이 공장 노동자가 아니라 지식 노동자이지만, 여전히 소외될 위험이 존재한다. 네덜란드의 ING 은행이 2015년 고객 중심의 상품을 더 신속하고 유연하게 전달하도록 직원들에게 권한과 책임을 부여하는 등 대대적이고 신속한 개혁을 단행한 배경에는 직원들에게 목적의식을 불어넣겠다는 의지가 주요한 동기로 작용했다. ING는 구글, 넷플릭스, 스포티파이 같은 알고리즘 기업에서 영감을 얻어 9명으로 구성된 스쿼드를 350개나 만들어 고객 중심 문화에 적합한 활동에 집중하게 하는 등 변혁을 추진했다. 이 350개의 스쿼드는 회사가 원대한 목표를 향해 나아가도록 13개의 트라이브tribe(부족, 연계된 미션을 가진 스쿼드들)로 조직되었다.

변혁의 결과를 알고 싶어 ING 은행의 최고정보책임자CIO이자 변혁 프로그램을 고안한 사람 중 하나인 피터 제이콥스Peter Jacobs와 이야기를 나누었다. 대기업에서 난해한 프로젝트가 세분화되고 기본적으로 가상의 생산공정에서 작업이 이루어지는 경우 직원들이 목적의식을 상실하기도 한다고 제이콥스는 설명했다. 그 때문에 궁극의 목적을 위한 책임감과 주인의식을 갖지 못하는 결과가 초래된다.

"선생님이 매우 총명한 20대 중반의 마케터나 엔지니어라고 상상해보세요. 회사는 선생님에게 이렇게 말할 겁니다. '당신은 매우 특별합니다. 당신에게 가장 적합한 프로젝트에 참여하기 바랍니다.' 그리고 선생님이 집에 들어가면 부인이 선생님에게 이렇게 묻습니다. '여보, 당신이 하는 일이 언제 성과를 내죠?' 그러면 선생님이 답합니다. '아! 물어본다는 걸 깜박했네.' 다음 날 선생님이 회사에 출근하고 동료의 이야기를 듣습니다. '흠, 자네 고객들이 자네가 한 일로 혜택을 보는 건 한 4년 후가 될 거야.' 선생님은 다른 무엇보다 목적을 잃었습니다. 조직에 들어가자마자 목적이 사라진 거죠."

제이콥스의 의견에 따르면, 목적의식을 다시 불러일으킬 열쇠는 장인정신으로 돌아가는 것이다. 직원들은 일하는 근본 이유를 이해해야 할 뿐 아니라 업무의 흐름을 처음부터 끝까지 들여다볼 줄 알아야 한다. 때로는 소규모 프로젝트를 두고 광범위한 역할을 부여하여 직원들이 책임감 있게 일하면 좋다고 제이콥스는 말했다.

제이콥스는 설명을 이어갔다. "직원들이 특별한 존재라고 인식하도록 하는 방법의 하나는 직원들에게 부담을 주지 않는 것이지요. 직원들에게 목표를 부여하는 겁니다. 이를테면, 다리를 만들어야 한다고 하지 말고 강을 건널 방법을 함께 생각해보자고 하는 겁니다."

그렇다고 직원들이 일해야 하는 이유를 찾는 데 그쳐서는 안 된다. 회사의 변화와 혁신이 필요한 이유를 찾는 일 또한 중요하다. 기업조직에서 변화를 이끌어가는 일은 여간 어렵지 않다. 예상치 못한 난관에 부딪히기도 하고 알력다툼에 휘말리기도 한다. 조직 구성원들이 선뜻 변화를 시도하지 않을지도 모른다. 조직 구성원들을 변화의 여정에 동참시키고 싶다면, 먼저 변화가 필요한 이유를 찾게 해야 한다. 높은 수익이나 낮은 비용, 시장 점유율 확대, 심지어 기업의 생존 따위는 우리의 생각과 달리 동기가 되지 않는다. 그 어느 것도 일해야 하는 이유가 되지 않는다.

우리가 디지털 변혁을 시도할 때 수익이 아니라 목적이 주요한 동기 요인이 되어야 한다. 자선을 베풀어야 한다거나 세상을 구해야 한다는 식의 사명을 추구하라는 말이 아니다. 그렇지만 기업들이 저마다 세상을 다 구할 것처럼 뜬구름 잡는 선언을 하는 것이 엄연한 현실이다.

세계 기아 문제를 종식하고 환경을 보호하고 온 세상에 기쁨이 가득하게 하는 일에 모든 기업이 동참할 필요는 없다. 품질 좋은 화장지를 만들어도 좋고 믿을 만한 실리콘을 생산해도 좋다. 풍미가 뛰어난 커피를 만드는 것으로도 충분하다.

직원들을 일과 연결한다고 해서 일의 본질을 그럴싸하게 포장하라는 뜻은 아니다. 일상에서 유익한 일을 해도 충분히 의미가 있다. 직원들의 공헌을 인정하고 가치 있게 바라보는 곳, 안정되고 존중받는 업무 환경을 제공하는 방식으로 기술을 이용해 일의 능률을 끌어올려도 세상에 충분히 기여하는 것이다.

더 중요하게는 직원들을 위해 충분히 이바지하는 것이다.

알고리즘으로 인한 불평등의 덫

"미래에 당신은 알고리즘의 통제를 받거나 운이 좋으면 알고리즘 상에서 일할 것이다."

도쿄에서 함께 녹차 한 잔을 하던 중 숀 고울리Sean Gourley가 냉혹한 표정으로 설명했다. 강연하러 한 행사장에 갔다가 강연을 마치고 나온 고울리를 인터뷰하던 자리였다. 인터뷰 내용은 이후 팟캐스트에 올렸다. 뉴질랜드 출신인 고울리는 옥스퍼드대학에서 물리학 박사학위를 받았다. 그는 복잡계에 관한 학술연구의 하나로 '전쟁의 수학들mathematics of war'을 연구했으며, 미 국방부와 UN에서 정치고문으로 일하며 충돌사태의 가능성을 예측하는 일을 했다. 반란자들의 관계망을 찾는 것이 그의 특기였다. 또한 데이터 시각화 전문 기업 및 머신 인텔리전스 전문 기업, 이렇게 두 개의 AI 기업을 설립하기도 했다.

고울리는 인간과 기계가 원활히 협업하기를 진심으로 고대하면서도 한편으로 장차 계층이 나뉘지 않을까 우려했다. 알고리즘을 상사로 인식하는 대중(이를테면 우버 운전기사), 알고리즘 시스템을 설계하고 학습시킬 기술과 역량을 가진 전문가 특권층, 알고리즘 시스템을 실제로 소유한 귀족에 가까운 소수 초부유층으로 계층이 구분될 수 있다는 말이었다.

알고리즘이 저렴한 비용으로 인간 대신 일을 한다는 사실을 이제는 누구나 알고 있다. 오늘날 라피Rappi(콜롬비아의 음식배달 스타트업-옮긴이), 우버이츠Uber Eats(우버 테크놀로지가 시작한 음식배달 플랫폼-옮긴이), 인스타카트Instacart(인도의 온라인 기반 농작물 배송 서비스업체-옮긴이), 태스크래빗TaskRabbit(미국의 온라인 단기 아르바이트 중개 서비스-옮긴이) 등 알고리즘 기반의 서비스가 전 세계로 확산되고 있다. 멕시코나 콜롬비아 수도 보고타 같은 도시에 사는 고객들은 주문할 때 1달러 정도를 지불하거나 월 7달러만 내면 광대한 온디맨드 네트워크on-demand network(주문 즉시 물품이나 서비스를 제공한다-옮긴이)에 접속해 음식이나 식료품은 말할 것도 없고 원하는 것은 무엇이든 배송받을 수 있다. 아마존은 아마존 플렉스Amazon Flex라는 배송 플랫폼을 운영하는데, 개인 운전자가 소비자에게 상품을 배송하는 서비스 플랫폼이다. 머지않아 드론으로 처리할 수 없는 일을 모두 맡게 될 것이다. 거리에서 소비자에게 직접 물품을 전달하거나 자동차 트렁크에 물품을 싣는 일은 드론이 할 수 없다. 더군다나 소비자의 집에 직접 들러 냉장고에 식료품을 넣어주는 일은 사람만이 할 수 있다. 아마존은 향후 몇 년 동안 전 세계적으로 아마존 플렉스에 인력을 1백만 명 이상 고용할 것으로 예상했다.

알고리즘의 통제를 받으며 한시적 노동을 하는 사람들이 갈수록 늘어나면 어떤 현상이 벌어질까? 그렇게 배달 일을 하는 방랑자들은 홀로그래픽 전화와 골전도 헤드폰(뼈를 통해 음향을 전달하는 원리를 응용한 헤드폰), 빠르게 반응하는 증강현실 안경 같은 첨단기술로 무장하겠지만, 틀림없이 새로운 알고리즘 하층계급의 물리적 표상이 되고 말 것이다. 그렇다. 인간이 할 수 있는 일이 있다는 것은 나쁜 소식이 아니다. 그러나 노동조건이 제대로 보장되지 않아 21세기에 인간다운 삶을 살아가는 데 부족하다면, 그와 관련한 모든 이에게 사회적·정치적으로 매우 치명적인 결과가 초래될 것이다.

경제학자 존 메이너드 케인스John Maynard Keynes는 1930년 '우리 손주 세대의 경제적 가능성Economic Possibilities for Our Grandchildren'이라는 제목의 에세이에서 2028년도의 삶을 예측했다. 케인스는 2030년이 되면 물자가 부족한 경제적인 문제는 해결되어 인간은 그로 인해 얻은 시간을 비경제적인 목적에 쏟을 것이라고 예견했다. 그런데 기술로 인해 기술적 실업technological unemployment(기술의 변화로 인해 실업이 발생한다는 의미의 경제학 용어-옮긴이)이 발생한다는 사실이 함정이다. 이런 맥락에서 기술적 고용 확산과 동시에 심각한 불평등이 발생하는 사례를 케인스는 제대로 예측하지 못했다.

기업조직 내부를 들여다보더라도 불평등이 심해지고 한시적 근로자들과 경영진 사이의 격차가 벌어지는 현상이 두드러진다. 한시적 근로자들은 일자리를 바꿔가며 불안정한 삶을 산다. 앞으로 아마존이나 월마트 같은 데이터 기반 기업에서는 고액 보수를 받는 소수 직원이 모여 최첨단 자동화 기술을 바탕으로 일할지도 모른다. 그렇게 되면 다수의 자유계약직 노동자들이 낮은 보수를 받으며 업무를 도울 것이다.

그렇지만 아직 확실치 않은 문제를 해결하려 애써봐야 오히려 긁어 부스럼을 만들 수 있다. 이미 포퓰리즘에 젖은 정부와 규제 기관들이 글로벌 디지털 기업들을 공격하느라 여념이 없다. 기업들이 납세의 의무를 회피하지 못하게 하고 자유계약직 노동자들의 노동조건을 향상시키고 기업들의 데이터 수집을 규제하고 심지어 기업의 로봇에게까지 세금을 부과하려 하고 있다. 이와 관련하여 이해가 가는 부분도 있지만, 너무 급히 서두르거나 잘못된 판단에 기인한 정치 쇼에 불과한 부분들도 있다.

단지 기업들에 세금을 부과하고 규제를 해서는 알고리즘으로 인한 불평등을 완전히 해소하기 어렵다. 장기간의 해법으로 21세기에 적합한 교육 시스템을 제공하는 편이 낫다. 말 그대로 뿌린 대로 거두는 법이다. 가시적인 결과가 나오기까지 시간이 걸리겠지만, 미래에 대비해 직원 교육에 투자하는 기업들은 단기간의 정치적 이익만 좇는 기업들과는 비교할 수 없는 경쟁력을 발휘할 것이다. 이러한 격차는 알고리즘으로 인한 불평등의 정도로 잘 드러날 것이다. 혹은 알고리즘이 지역의 기반시설과 공공시설에 동력이 된다면, 알고리즘의 통제를 받으며 일하는 지역 주민들의 비율로 평가될 것이다.

100년 전 테일러리즘의 부활?

직원 관리에도 알고리즘을 이용할 수 있다. 그런데 알고리즘이 많은 수의 직원을 관리한다고 해서 꼭 직원을 잘 관리한다는 법은 없다. 효율성과 확장성, 진보라는 말을 앞세우며(그리고 변혁 같은 온갖 숭고한 가치를 내걸고) 알고리즘이 팀과의 상호작용을 더 많이 관리하도록 장려할 수도 있다.

결론부터 말하자면, 그러지 말아야 한다.

물론, 알고리즘을 이용해 정규직 직원들을 법정 근무시간 이하로 일하도록 근무자 명단을 작성하고 출근 시간에 5분 이상 지각하는 직원들에게 자동으로 이메일이 가도록 설정할 수 있다. 또한 인센티브로 직원들의 동기를 자극하여 개인 시간을 투자해서라도 업무에 전념하게 하고 각종 센서를 이용해 공장 노동자들을 관찰하며 평소보다 작업시간이 늘어날 때 그 사실을 알릴 수 있다. 이뿐인가. 사무실 조명의 색온도를 그때그때 조절하여 직원들의 생체시계가 늦은 오후에도 여전히 이른 아침처럼 느끼게 할 수도 있다. 이 모든 기술은 이미 상용화가 가능하며 여러 기업이 곧 도입할 것으로 보인다. 그렇지만 결국 역효과가 일어날 것이다.

이는 우리가 이미 겪어봤던 일이다. 대략 100년 전 세상에 과학적 관리라는 생산성 혁명이 일어났다. 과학적 관리법은 테일러리즘Taylorism으로 더 잘 알려져 있다. 미국의 기계공학자이자 경영학자였던 프레더릭 윈즐로 테일러Frederick Winslow Taylor는 노동자들의 과업을 체계적으로 관리하여 효율성을 높이는 방법을 궁리한 끝에 1911년『과학적 관리법The Principles of Scientific Management』에 연구 결과를 모두 담아 책으로 펴냈다.

테일러리즘의 많은 원칙은 오늘날 디지털 또는 AI 기반의 방식으로 다시 주목받고 있다. 실증적 데이터 수집, 프로세스 분석, 효율성, 불필요한 낭비 제거, 모범 사례의 표준화, 인습에 대한 경멸, 대량생산과 규모의 경제, 직원들 간 지식 이전, 도구 및 프로세스, 문서로의 지식 이전 등 알고리즘 시대에 유행하는 개념들을 떠올려보자. 마치 21세기에 디지털 변혁이 실현될 것처럼 보이지만, 100년 전 테일러가 이미 구상했던 개념들로 노동자 소외와 쟁의행위, 생산성 하락 같은 안타까운 결과로 이어지고 말았다.

그럼에도 알고리즘으로 인해 100년 전 모습으로 되돌아갈 것 같다. 대표적 예로 아마존은 물류 창고 직원의 작업 효율을 높이기 위해 업무 추적용 손목밴드 관련 특허를 두 건이나 등록했다. 손목밴드로 초음파 진동을 내보내서 직원이 주문을 효율적으로 처리하도록 모니터링하는 것이다. 또한 IBM은 카페인 음료를 배달하는 드론에 대한 특허를 등록했다. 직원들에게 배포된 센서를 통해 동공팽창과 표정이 관찰되고 수면의 질과 회의 일정에 관해 수집된 데이터를 이용하여 카페인이 필요한 직원에게 드론이 음료를 배달한다.

100년 전 세상이 테일러리즘을 맹신했듯 알고리즘을 이용한 관리에 과도하게 의존하다가 업무현장에 불안을 야기하고 사회적 불안을 확산시킬지도 모른다. 만약 파업이 늘어나면 규제 기관이 개입해야 할 것이다. 앞으로 기업의 경영자들 또한 그와 같은 문제에 직면할 수밖에 없다. 그러면 AI가 전적으로 맡은 일을 감독하여 인간을 대리하는 일을 줄여야 할지, 분산화되고 자율권을 가진 팀을 더 늘려야 할지를 두고 사회적 논란이 야기되기 마련이다. 그런데 순전히 경제적 관점에서 보면, 어떤 접근법이 옳다고 말하기 어렵다. 업종 및 직원들의 역량에 따라 접근법이 달라지기 때문이다. 그래서 두 접근법 사이에서 적절한 균형을 유지해야 한다. 알고리즘 리더는 이와 같은 일종의 미묘한 딜레마를 다룰 준비가 되어야 한다. 이런 점에서 알고리즘을 신중히 이용해야 한다. 어느 날 알고리즘이 역으로 우리를 이용하고 있을지도 모를 일이다.

우리 자신을 위한 플랫폼을 구축하라

미래에는 회사를 위해 일하지 않는다. 우리는 플랫폼을 위해 일할 것이다. 그 차이는 말 그대로 큰 의미가 있다. 기초 수준의 일자리에서만 그런 현상이 일어나는 것이 아니다. 사람들은 일자리 배치가 유연하게 이루어지길 바라고, 기업들은 조직을 운영하는 모든 측면에서 문제해결에 적합한 인력을 채용하여 인력 운영을 유용하게 하려 한다. 그에 따라 우리는 정규직보다는 자유계약직에 가까운 처지에서 일해야 한다.

기업들은 이미 인재채용 플랫폼으로 변모하고 있다. 우버 같은 기업은 인력을 채용하지 않고 기술 플랫폼을 제공하여 사람들이 운전자로서 가치를 창출하도록 돕는다. AT&T도 자체 기술교육 플랫폼을 두고 사다리형이 아닌 격자형 경력개발시대에 대비하고 있다. 이렇게 신규 기술을 배우는 직원들은 직무의 범위를 넘어 비선형적 방법으로 기술을 활용하고 신규 직무를 맡을 수도 있다. 사탈리아에서는 최고경영자 대니얼 흄이 이끄는 팀이 머신러닝을 이용하여 문제해결과 의사결정을 적임자에게 맡기는 시도를 하고 있다.

알고리즘 매칭의 대상이 우버 운전자와 배달원에 국한되지 않고 장차 전문직 종사자들로 확대되는 모습을 보게 될 것이다. 다국적 광고 대행사인 퍼블리시스Publicis는 이미 알고리즘을 이용하여 회계 담당자, 프로그램 담당자, 그래픽 디자이너, 광고 문안 작성자를 비롯한 8만 명의 직원들에게 직무를 배치했다. 새로운 프로젝트나 광고 의뢰가 있을 때마다 최상의 결과를 낼 만한 인재들을 알고리즘이 추천한다.

물론, 인재 플랫폼의 설계가 조작되고 남용될 우려를 배제하기 어렵다. 일부 소매기업들이 자동 소프트웨어 시스템으로 비정상적이고 불공정하게 직원을 배치했다가 비난을 받은 바 있다. 그럼에도 작업 일정 자동화 시스템은 강력한 비용 절감 도구가 될 수 있다. 매출이 떨어질 때 재택근무를 진행하든, 조직 내부의 여건이 변화하거나 계절 승진이 실시될 때 서둘러 인력을 늘리든 비용을 관리하는 데 도움이 된다. 또한 기업들이 제약사항을 회피하는 데 이용되기도 한다. 예컨대, 청소년들로부터 큰 인기를 끌었던 글로벌 패션 브랜드 포에버 21은 인력관리 최적화 플랫폼인 크로노스Kronos를 도입한 지 2주도 채 지나지 않아 정규직 직원 수백 명을 시간제 근무 직원으로 전환하고 건강보험 혜택을 제공하지 않겠다고 직원들에게 통보했다.

조직 내 모든 계층을 아우르는 인재 플랫폼을 설계하는 가장 공정한 방법이 있다. 최고경영진부터 맨 아래 말단직원까지 모든 조직 구성원에게 일관된 원칙을 적용하는 것이다. 1971년 미국의 철학자 존 롤스John Rawls는 '무지의 장막veil of ignorance'이라는 사고실험을 고안했는데, 완전히 공정해지려면 무지無知의 상태가 되어야 한다고 믿었다. 롤스가 제시한 이론에 따르면, 정치적·사회적으로 공정한 결정을 내리는 가장 좋은 방법은 다음 날 아침에 눈을 뜨고 자신이 그런 결정에 직접 영향을 받았으며 의사결정 과정에 전혀 개입하지 않았다는 사실이 어떻게 느껴질지 상상해보는 것이다. 알고리즘 리더도 인력관리 시스템을 구축할 때 그와 같은 접근법을 취해야 한다.

AI와 알고리즘을 이용해 유연하고 성취감을 주는 근무방식을 설정할 수 있다. 그 기회는 무한하다. 다만 일관된 원칙에 따라 같은 인력 플랫폼을 이용해야 한다.

조직의 성패를 쥐고 있는 알고리즘 리더

알고리즘 리더가 되는 여정은 근본적으로 리더의 책무를 다하는 과정이다.

변혁은 돈으로 살 수 없다. 디지털 변혁을 하겠다며 누구나 시늉은 할 수 있다. 임원진에게 그럴싸한 전략 프레젠테이션을 하려고 값비싼 비용을 들여 전문 컨설턴트를 고용할 수도 있고, 직원들에게 무료 코딩 수업을 제공할 수도 있다. 최신 기업용 기술스택technology stack(응용 프로그램을 구현하는 데 쓰이는 프로그래밍 언어와 프레임워크-옮긴이)으로 업그레이드를 할 수도 있으며, 심지어 유명한 AI 스타트업 기업들을 인수하여 합병할 수도 있다. 그럼에도 21세기에는 직원들에게 자율권을 부여하는 방식에 따라, 또 리더가 이끌어가는 조직문화에 따라 조직의 성패가 갈라진다.

즉 근무환경을 변화시키기에 앞서 일하는 방식을 변화시켜야 한다. 그러기 위해 스스로 그 목적에 연결되어야 한다. 단지 수익을 늘리거나 시장을 점유할 목적으로 변혁을 추진하면서 공공연히 관련 계획을 지지한다면, 우리와 주변 직원들은 자신도 모르게 목적에 정반대되는 일을 하게 될지도 모른다. 조직의 변혁에 나서기에 앞서 자신을 들여다보며 변화의 당위성과 이유를 충분히 이해해야 한다.

알고리즘 리더라는 개념이 매우 흥미로운 것은 사람들에게 그들이 하는 일을 다시 상상해보게 하는 '타불라 라사 tabula rasa(라틴어로 깨끗한 석판을 뜻하며 아무것도 그려져 있지 않은 백지상태를 말한다-옮긴이)'를 제공하기 때문이다. 우리는 상상하는 것을 백지에 그려나가야 한다. 우리가 막 직장생활을 시작하는 신입사원이든, 업계에서 장기간 경력을 쌓은 전문가든, 혹은 대기업에서 임원으로 있든, 자유계약직으로 혼자서 일하든, 우리는 모두 전환점에 서 있다. 이런 현실에서 무엇보다도 자신의 목적과 잠재력을 재평가하고 재해석해야 한다.

향후 몇 년 안에 10년 전에는 상상하지 못했던 직업과 일자리가 유행처럼 생겨날 것이다. 일례로 내 지인인 레픽 아나돌은 현재 세계에서 가장 성공한 데이터 조각가로 인정받고 있는데, 데이터 조각이라는 분야가 생긴 건 불과 얼마 되지 않았다. 터키 출신인 아나돌은 미디어와 시각디자인 분야를 광범위하게 공부했지만, 어린 시절 일찍이 미래와 기술 등의 주제에 눈을 떴다. 여덟 살 때 비디오테이프로 영화 〈블레이드 러너Blade Runner〉를 본 아나돌은 그때부터 알고리즘과 데이터를 예술의 재료로 활용하겠다는 꿈을 키웠다.

얼마 전 아나돌은 건축가 프랭크 게리Frank Gehry 및 로스앤젤레스 필하모니 관현악단과 협업하여 악단의 본거지인 할리우드 볼Hollywood Bowl에서 프로젝트 맵핑(건축물에 프로젝트로 영상을 구현하는 기법-옮긴이)을 선보였다. 할리우드 볼의 외벽은 오케스트라의 음원과 함께 영상으로 가득 채워졌다. 이후 아나돌은 구글에 머물며 머신러닝 팀과 함께 AI를 적용한 건축 구조물을 제작했다. 그들은 오스만 제국 시대로부터 전해 내려온 170만 개가 넘는 기록물을 '아카이브 드리밍Archive Dreaming'이라는 AI 전시물로 구현해냈다. 폭이 6미터(18피트)나 되는 원형의 전시물은 머신러닝 알고리즘을 이용해 데이터베이스의 일부를 검색하고 분류하고 보여준다. 인터페이스를 이용하면 가상의 도서관에서 찾고자 하는 항목을 검색할 수 있다. 그런데 만약 AI가 쉬고 있다면, 보관 중인 문서들에서 뜻밖의 상관관계를 '꿈꾸고' 있는 것이다.

아나돌이 아카이브 드리밍에 관해 설명해주었다. "가까운 장래에 건축의 설계, 건축물의 공간이 어떻게 달라질지 생각해보면 제 말이 이해되실 겁니다. 건물의 표면은 머신러닝이 수집한 정보 같은 것으로 채워질지 모릅니다. 건물은 기업에 관한 기억을 간직하고 아직 존재하지 않는 미래를 표현할 겁니다."

얼마 전 유럽 최대의 통신업체인 도이치 텔레콤Deutsche Telecom이 오스트리아의 알프스 고지대에 터를 둔 알프바흐Alpbach의 그림 같은 마을에서 T3 경영자 회의를 개최했다. 여기서 Top 200 글로벌 리더들에게 이 책의 소재를 소개할 기회가 생겼다. 강연을 마치고 나오니 도이치 텔레콤의 최고경영자인 팀 회트게스Tim Höttges가 다가와 고견을 전달했다.

"선생님이 언급한 알고리즘 리더에 대해 알고 있지요." 회트게스가 미소를 지으며 말했다. "선생님도 아시다시피, 그들이 늘 그런 방식이었던 건 아닙니다. 그들 중 상당수는 처음에 꽤나 아날로그적이었어요. 그들의 다른 점은 변화하기 위해, 그들 주위에 올바른 사람들을 두기 위해, 또 다른 방식으로 운영하기 위해 의식적으로 의사결정을 내린다는 것이지요."

알고리즘은 도구일 뿐이다. 우리가 만들지 않으면 인간의 직업세계로 들어올 로봇 지배자는 없다. 적어도 현재는 인간들이 지배권을 쥐고 다음 일을 결정해나가고 있다. 우리가 직접 결정을 내릴 때도 있고 우리를 위해 의사결정이 이루어질 때도 있다. 어떤 결정을 하느냐에 따라 가까운 미래에 우리 자신의 삶과 진로가 달라질지도 모른다. 수년이 지난 후에 결과가 나타날 수도 있다. 이런 모든 요인을 통제할 수 없기에 더더욱 문제에 접근하고 의사결정 하는 방식을 달리하면서 '지금 시작'해야 한다.

우리는 혼자가 아니다. 우리는 성장과 재창조를 추구하는 리더들의 관계망에 위치해 있다. 알고리즘 시대의 복잡성은 간단한 해법으로 처리하기 어렵다. 영웅 같은 한 사람이 해결하지도 못한다. 이 때문에 우리를 인도하는 최첨단 기계와 함께, 가치와 목적의식을 다시 생각하고 새로운 사고방식을 바탕으로 모두가 협력할 때, 비로소 진정으로 조직과 업계를 변혁하고 더 나아가 세상을 바꿀 수 있다.

알고리즘 리더를 위한 질문 ❓

- 더는 생계를 위해 일할 필요가 없다면, 무급으로 어떤 일을 하겠는가?

알고리즘 시대의 성공 전략

1. 우리는 단지 물질적 필요를 충족하고자 일을 하는 것이 아니다. 우리가 하는 일은 자신의 정체성과 목적의식과 연결되어 있다. 작업환경에 알고리즘이 확산하면서 노동 이면의 가치와 근본 이유를 상실할 위험에 처했다.

2. 미래에는 알고리즘의 통제를 받거나 알고리즘 속에서 일하게 될 것이다. 알고리즘으로 인한 불평등의 덫에 갇히지 않으려면, 새로운 형태의 과세제도나 규제 외에 많은 대책이 필요하다. 또한 기업과 국가가 훈련과 교육에 계속 투자해야 한다.

3. 알고리즘을 이용해 조직을 관리하는 경우, 테일러리즘의 부작용이 반복될 소지가 있다. 알고리즘 경영에 신중히 접근하지 않는다면, 전 세계적으로 사회 불안이 야기되고 파업이 속출할지도 모른다.

4. 자유계약직으로 일하든 글로벌 기업에서 탄력근무를 하든지 간에 미래에는 인재 플랫폼의 통제를 받으며 일하게 될지도 모른다. 따라서 기업의 관리자들은 모든 조직 구성원을 아우르는 플랫폼을 설계해야 한다.

5. 변혁의 시작과 끝에 우리가 함께해야 한다. 우리는 대부분 아날로그 시대의 리더로서 변혁의 여정을 시작했다. 인내하고 지속해야 함을 늘 의식해야 한다. 또한 미래가 우리에게 원하는 것을 충족해야 한다. 바로 알고리즘 리더가 되는 것이다.

이끌 것인가, 끌려갈 것인가

미래에 관한 책을 쓸 때 주로 겪는 난관은 주장이 틀려서가 아니라 주장이 증명되기까지 오랜 시간이 걸리는 데 있다. 그런 숙명을 피하기 위해 예측에 머물기보다 여러 원칙을 바탕으로 헀다. 미래를 맞이할 때 피할 수 없는 것이 있다. 인간 리더들이 이끄는 세상을 맞이할 것인가, 알고리즘의 통제를 받는 세상을 맞이할 것인가는 오로지 우리 자신의 결정에 달렸다.

지금까지 강조했듯이, 알고리즘 리더는 아날로그 시대의 전임자들과는 사고와 행동이 달라야 한다. 이 점을 늘 고찰해야 한다.

알고리즘 리더는 다음과 같이 사고하고 행동해야 한다.

- 기존 고객이 아니라 미래 고객에게 집중한다.

- 마진이 아니라 배수에 집중한다.

- 유추가 아니라 제1원칙으로 문제를 분석한다.

- 늘 옳은 판단을 해야 한다고 생각하지 않고 시간이 갈수록 개선할 방법을 찾는다.

- 표준화하고 단순화하지 않고 인간답고 복합적인 방향으로 구상한다.

- 법률 준수보다는 사용자 권한에 중점을 둔다.

- 결과를 얻고 있는가보다는 올바른 접근법을 가지고 있는가를 고찰한다.

- 프로세스보다는 원칙을 바탕으로 관리한다.

- 자동화를 도입하여 인력을 제거하지 않고 직원들을 승격시켜야 한다고 생각한다.

- 단지 수익을 창출하기 위해서가 아니라 목적을 위해 변혁한다.

위 원칙을, 성공하는 리더를 위한 필요조건쯤으로 생각해선 안 된다. 그보다는 자신만의 여정을 떠나기 위한 출발점으로 삼아야 한다. 비즈니스의 복잡성 때문에 완전한 자동화가 이루어지기 어렵듯이, 인간의 리더십을 간단히 정의하기 어렵다. 알고리즘 세상이 문제해결과 의사결정, 기회 창출에 대한 참신한 접근법을 끊임없이 만들어 내고 있지만, 우리는 모두 변혁으로 향하는 우리 자신만의 길을 찾아야 한다.

이 책에서 제시한 사례들을 거울삼아 미숙하지만 성장해나가는 리더가 되어 자신과 주변 사람들을 변혁해나가기 바란다. 아날로그 시대가 막을 내리는 시점에 알고리즘 리더들이 새로운 스마트 머신의 시대로 나아갈 나침반이 되어주길 바라마지 않는다.

참고 문헌

프롤로그 | 알고리즘 리더의 시대가 왔다

마크 안드레센Marc Andreessen. "This Is Probably a Good Time to Say that I Don't Believe Robots Will Eat All the Jobs." 마크 안드레센의 블로그. 2014년 6월 13 일. blog.pmarca.com/2014/06/13/this-is-probably-a-good-time-to-say-that-i-dont believe-robots-will-eat-all-the-jobs

W. 브라이언 아서W. Brian Arthur. "Where Is Technology Taking the Economy?" 맥킨지 앤드 컴퍼니의 맥킨지 보고서. 2017년 10월. mckinsey.com/business-functions/mckinsey-analytics/our-insights/where-is-technology-taking-the-economy

제임스 E. 베센James E. Bessen. "Automation and Jobs: When Technology Boosts Employment." 보스턴대학교 법학대학, 법률경제연구소 논문 No. 17-09. 2018 년 3월 23일. ssrn.com/abstract=2935003

———. "The Automation Paradox."《디애틀랜틱The Atlantic》. 2016년 1월 19일. theatlantic.com/business/archive/2016/01/automation-paradox/424437

———. "How Computer Automation Affects Occupations: Technology, Jobs, and Skills." 보스턴대학교 법학대학, 법률경제연구소 논문 No. 15-49. 2016년 10월 3일. ssrn.com/abstract=2690435

나네트 번즈Nanette Byrnes. "As Goldman Embraces Automation, Even the Masters of the Universe Are Threatened."《MIT 테크놀로지 리뷰》. 2017년 2월 7일. technologyreview.com/s/603431/as-goldman-embraces-automation-eventhe-masters-of-the-universe-are-threatened

마이클 추이Michael Chui, 제임스 만이카James Manyika, 메디 미르마디Mehdi Miremadi. "What AI Can and Can't Do (Yet) for Your Business." 맥킨지 앤드 컴퍼니의 맥킨지 보고서. 2018년 1월. mckinsey.com/business-functions/mckinsey-analytics/our-insights/what-ai-can-and-cant-do-yet-for-your-business

존 데트릭시John Detrixhe. "Lesson from the Cupcake ATM: Better to Be a Baker Than a Seller." 미국의 경제 온라인 매체 쿼츠Quartz. 2017년 7월 4일. qz.com/1014632/lesson-from-the-cupcake-atm-better-to-be-a-baker-than-a-seller

데이브 게르쉬고른Dave Gershgorn. "The Data That Transformed AI Research-and Possibly the World." 쿼츠. 2017년 7월 26일. qz.com/1034972/the-data-that-changed-the-direction-of-ai-research-and-possibly-the-world

――――. "DeepMind Has a Bigger Plan for Its Newest Go-Playing AI." 쿼츠. 2017년 10월 18일. qz.com/1105509/deepminds-new-alphago-zero-artificialintelligence-is-ready-for-more-than-board-games

리 카이푸Lee Kai-Fu. "Tech Companies Should Stop Pretending AI Won't Destroy Jobs."《MIT 테크놀로지 리뷰》. 2018년 2월 21일. technologyreview.com/s/610298/tech-companies-should-stop-pretending-ai-wont-destroy-jobs

클리포드 린치Clifford Lynch. "Stewardship in the Age of Algorithms." 오픈 인터넷 저널《퍼스트먼데이First Monday》22권 (12). 2017년 12월 4일. http://firstmonday.org/ojs/index.php/fm/article/view/8097/6583

샨 레이Shaan Ray. "The Emergence of Artificial Intelligence." 데이터 사이언스 전문 매체《투워드 데이터 사이언스Towards Data Science》. 2018년 2월 5일. February 5, 2018. towardsdatascience.com/the-emergence-of-artificial-intelligence-3cde7378768e

존 롭John Robb. "How Algorithms and Authoritarianism Created a Corporate Nightmare at United." 오픈 인터넷 매체 뉴코 쉬프트Newco Shift. 2017년 4월 17일. shift.newco.co/2017/04/17/How-Algorithms-and-Authoritarianism-Created-a-Corporate-Nightmareat-United

마크 반 리즈매넘Mark Van Rijmenam. "Algorithms Are Changing Business: Here's How to Leverage Them." 비영리 미디어 매체 네트워크 컨버세이션Conversation. 2016년 3월 20일. theconversation.com/algorithms-are-changing-business-heres-how-to-leverage-them-56281

1장 미래로부터 되짚어나가라

이안 보고스트Ian Bogost. "Apple's Airpods Are an Omen."《디애틀랜틱》. 2018년 6월 12일. theatlantic.com/technology/archive/2018/06/apples-airpods-are-an-omen/554537

찬드라세카르Chandrashekar, 아쇼크Ashok, 페르난도 아맛Fernando Amat, 저스틴 바실리코Justin Basilico, 토니 제바라Tony Jebara. "Artwork Personalization at Netflix." 넷플릭스 기술 블로그. 2017년 12월 7일. medium.com/netflix-techblog/artworkpersonalization-c589f074ad76

조쉬 호로위츠 Josh Horwitz. "The Billion-Dollar, Alibaba-Backed AI Company That's Quietly Watching People in China." 쿼츠. 2018년 4월 15일. qz.com/1248493/sensetime-the-billion-dollar-alibaba-backed-ai-company-thats-quietlywatching-everyone-in-china

윌 나이트 Will Knight. "China's AI Awakening." 《MIT 테크놀로지 리뷰》. 2017년 10월 10일. technologyreview.com/s/609038/chinas-ai-awakening

———. "Google and Others Are Building AI Systems That Doubt Themselves." 《MIT 테크놀로지 리뷰》. 2018년 1월 9일. technologyreview.com/s/609762/google-and-others-are-building-ai-systems-that-doubt-themselves

알렉시스 C. 마드리갈 Alexis C Madrigal. "Future Historians Probably Won't Understand Our Internet, and That's Okay." 《디애틀랜틱》. 2017년 12월 6일. theatlantic.com/technology/archive/2017/12/it-might-be-impossible-for-future-historians-to-understand-our-internet/547463

누네스 Nunes, 베르나도 Bernardo, 지오구 곤사우베스 Diogo Gonçalves. "Three Ways the Internet of Things Is Shaping Consumer Behavior." 온라인 행동경제학 네트워크 행동과학자. 2017년 2월 28일. behavioraleconomics.com/three-ways-the-internet-of-things-is-shaping-consumer-behavior

알렉산드라 새뮤얼 Alexandra Samuel. "Opinion: Forget 'Digital Natives.' Here's How Kids Are Really Using the Internet." 테드 Ted. 2017년 5월 4일. ideas.ted.com/opinion-forget-digital-natives-heres-how-kids-are-really-using-the-internet

양 Yang, 유안 Yuan, 잉지 양 Yingzhi Yang. "Smile to Enter: China Embraces Facial-Recognition Technology." 《파이낸셜타임스》. 2017년 6월 7일. ft.com/content/ae2ec0ac-4744-11e7-8519-9f94ee97d996

2장 10프로가 아닌 10배를 목표로 하라

나네트 번즈 Nanette Byrnes. "As Goldman Embraces Automation, Even the Masters of the Universe Are Threatened." 《MIT 테크놀로지 리뷰》. 2017년 2월 7일. technologyreview.com/s/603431/as-goldman-embraces-automation-even-the-masters-of-the-universe-are-threatened

J. S. 코노이어 J. S. Cournoyer. "Toward an AI-First World." 미디엄닷컴-리얼 Real. 2017년 12월 14일. medium.com/believing/toward-an-ai-first-world-9103374c94bc

베네딕트 에반스Benedict Evans. "The Amazon Machine." 베네딕트에반스닷컴Benedict Evans. 2017년 12월 12일. ben-evans.com/benedictevans/2017/12/12/the-amazon-machine

드웨인 게퍼리Dwayne Gefferie. "Become Data-Driven or Perish: Why Your Company Needs a Data Strategy and Not Just More Data People." 《투워드 데이터 사이언스》. 2018년 2월 6일. towardsdatascience.com/become-data-driven-or-perish-why-your-company-needs-a-data-strategy-and-not-just-more-data-peopleaa5d435c2f9

모니카 랭글리Monica Langley. "Ballmer on Ballmer: His Exit from Microsoft." 《월 스트리트저널》. 2013년 11월 17일. wsj.com/articles/ballmer-on-ballmer-his-exitfrom-microsoft-1384547387

버나드 마르Bernard Marr. "Really Big Data at Walmart: Real-Time Insights from Their 40+ Petabyte Data Cloud." 《포브스》. 2017년 1월 23일. forbes.com/sites/bernardmarr/2017/01/23/really-big-data-at-walmart-real-time-insights-fromtheir-40-petabyte-data-cloud/#2586a566c105

라이언 나카시마Ryan Nakashima. "Why AI Visionary Andrew Ng Teaches Humans to Teach Computers." 에이피 뉴스Ap News. 2017년 8월 21일. apnews.com/83b60f5e55f04e8184608b0eb1bf7d0a

토드 로저스Todd Rodgers와 생명보험 스타트업 헤븐라이프 Haven Life. "How AI Will Power the Future of Life Insurance." 기술 웹사이트 벤처비트Venture Beat. 2017년 3월 30일. venturebeat.com/2017/03/30/how-ai-will-power-the-future-of-life-insurance

밍 젱 Ming Zeng. "Alibaba and the Future of Business." 《하버드 비즈니스 리뷰》. 2018년 10월. hbr.org/2018/09/alibaba-and-the-future-of-business

3장 갈수록 중요해지는 컴퓨팅 사고력

아그라왈Agrawal, 에이제이Ajay, 조슈아 간스Joshua Gans. 애비 골드팝Avi Goldfarb. "How AI Will Change the Way We Make Decisions." 《하버드 비즈니스 리뷰》. 2017년 7월 26일. hbr.org/2017/07/how-ai-will-change-the-way-we-make-decisions

크리스티나 보닝턴Christina Bonnington. "It Was a Big Year for A.I." 웹진 슬레이트 Slate. 2017년 12월 28일. slate.com/blogs/future_tense/2017/12/28/year_in_artificial_intelligence_most_impressive_ai_and_machine_learning.html

앤드루 브로드벤트Andrew Broadbent. "It's Not Too Late to Save Your Job from Automation." IT 매체 더넥스트웹The Next Web. 2018년 8월. thenextweb.com/contributors/2018/08/11/how-to-save-your-job-from-automation

안젤라 첸Angela Chen. "How AI Is Helping Us Discover Materials Faster Than Ever." 뉴스 웹사이트 더버지The Verge. 2018년 4월 25일. theverge.com/2018/4/25/17275270/artificialintelligence-materials-science-computation

소피아 첸Sophia Chen. "New Kepler Exoplanet Discovery Fueled by AI." 월간 잡지 《와이어드Wired》. 2017년 12월 14일. wired.com/story/new-kepler-exoplanet-90i-discovery-fueled-by-ai

추이Chui, 마이클Michael, 케이티 조지Katy George, 메디 미르마디Mehdi Miremadi. "A Ceo Action Plan for Workplace Automation." 맥킨지 앤드 컴퍼니의 맥킨지 보고서. 2017년 7월. mckinsey.com/featured-insights/digital-disruption/a-ceo-action-plan-for-workplace-automation

제이슨 콜린스Jason Collins. "Don't Touch the Computer." 온라인 행동경제학 네트워크 행동과학자. 2017년 7월 13일. behavioralscientist.org/dont-touch-computer
———. "What to Do When Algorithms Rule." 온라인 행동경제학 네트워크 행동과학자. 2018년 2월 6일. behavioralscientist.org/what-to-do-when-algorithms-rule

버클리 다이어트보스트Berkeley Dietvorst, 조지프 P. 시몬스Joseph P. Simmons, 케이드 매시Cade Massey. "Overcoming Algorithm Aversion: People Will Use Imperfect Algorithms If They Can (Even Slightly) Modify Them." 2016년 4월 5일. ssrn.com/abstract=2616787

데이브 게르쉬고른Dave Gershgorn. "By Sparring with AlphaGo, Researchers Are Learning How an Algorithm Thinks." 쿼츠. 2017년 2월 16일. qz.com/897498/by-sparring-with-alphago-researchers-are-learning-how-an-algorithm-thinks

케일리오글루Kalelioğlu, 필리즈Filiz, 야세민 귈바하르Yasemin Gülbahar, 볼칸 쿠쿨Volkan Kukul. "A Framework for Computational Thinking Based on a Systematic Research Review." 국제학술 오픈 액세스 저널 《BJMC(Baltic Journal of Modern Computing)》 4 (3), 583-596. 2016년 4월 20일. bjmc.lu.lv/fileadmin/user_upload/lu_portal/projekti/bjmc/Contents/4_3_15_Kalelioglu.pdf

니코 카르부니스Niko Karvounis. "Three Questions to Ask Your Advanced-Analytics

Team." 《하버드 비즈니스 리뷰》. 2012년 9월 21일. hbr.org/2012/09/three-questions-to-ask-your-ad

마이클 리Michael Li, 메디나 카센갈리예바Madina Kassengaliyeva, 레이몬드 퍼킨스Raymond Perkins. "Better Questions to Ask Your Data Scientists." 《하버드 비즈니스 리뷰》. 2016년 11월 25일. hbr.org/2016/11/better-questions-to-ask-your-data-scientists

수잔 맥기Suzanne McGee. "Rise of the Billionaire Robots: How Algorithms Have Redefined Hedge Funds." 《가디언Guardian》. 2016년 5월 15일. theguardian.com/business/us-money-blog/2016/may/15/hedge-fund-managers-algorithms-robots-investment-tips

클레어 케인 밀러Claire Cain Miller, 제스 비드굿Jess Bidgood. "How to Prepare Preschoolers for an Automated Economy." 《뉴욕타임스》. 2017년 7월 31일. nytimes.com/2017/07/31/upshot/how-to-prepare-preschoolers-for-an-automated-economy.html

잰 라이스Xan Rice. "So Much for 'The Table Never Lies': Data Unravels Football's Biggest Lie of All." 영국의 시사문예 주간지 《뉴 스테이츠먼New Statesman》. 2017년 2월 19일. newstatesman.com/politics/sport/2017/02/so-much-table-never-lies-data-unravels-footballs-biggest-lie-all

글렌 리프킨Glenn Rifkin. "Seymour Papert, 88, Dies; Saw Education's Future in Computers." 《뉴욕타임스》. 2016년 8월 1일. nytimes.com/2016/08/02/technology/seymour-papert-88-dies-saw-educations-future-in-computers.html

애덤 사타리아노Adam Satariano, 니샨트 쿠마르Nishant Kumar. "The Massive Hedge Fund Betting on AI." 《블룸버그》. 2017년 9월 26일. bloomberg.com/news/features/2017-09-27/the-massive-hedge-fund-betting-on-ai

존 스토크스Jon Stokes. "How Intel Missed the iPhone Revolution." 기술 산업 관련 뉴스 온라인 출판사 테크크런치Techcrunch. 2016년 5월 17일. techcrunch.com/2016/05/17/how-intel-missed-the-iphone-revolution

밍 젱Ming Zeng. "Alibaba and the Future of Business." 《하버드 비즈니스 리뷰》. 2018년 10월. hbr.org/2018/09/alibaba-and-the-future-of-business

4장 불확실성을 기꺼이 받아들여라

마르시아 W. 블렌코Marcia W. Blenko, 마이클 맨킨스Michael Mankins, 폴 로저스Paul Rogers. "The Decision-Driven Organization." 《하버드 비즈니스 리뷰》. 2010년 6월. hbr.org/2010/06/the-decision-driven-organization

도르너Dörner, 카렐Karel, 위르겐 메페르트Jürgen Meffert. "Nine Questions to Help You Get Your Digital Transformation Right." 맥킨지 앤드 컴퍼니의 맥킨지 보고서. 2015년 10월. mckinsey.com/business-functions/organization/our-insights/nine-questions-to-help-you-get-your-digital-transformation-right

애덤 엡스타인Adam Epstein. "'The Algorithm's Argument Is Gonna Win': Cary Fukunaga Explains How Data Call the Shots at Netflix." 쿼츠. 2018년 8월 28일. qz.com/quartzy/1372129/maniac-director-cary-fukunaga-explains-how-data-call-the-shots-at-netflix

저스틴 폭스Justin Fox. "From 'Economic Man' to Behavioral Economics." 《하버드 비즈니스 리뷰》. 2015년 5월. hbr.org/2015/05/from-economic-man-to-behavioral-economics

브래드 굴릭슨Brad Gullickson. "In the Future, All Your Favorite Movies Will Be Greenlit by Artificial Intelligence." 영화 리뷰와 인터뷰, 영화산업에 관한 블로그 필름 스쿨 프로젝트Film School Rejects. 2018년 7월 5일. filmschoolrejects.com/in-the-future-all-your-favorite-movies-will-be-greenlit-by-artificial-intelligence

P.K. 자야데반P.K. Jayadevan. "How the 'Amazon of Japan' Plans to Drink from Its Data Firehose." 인도의 뉴스 미디어 스타트업 팩터 데일리Factor Daily. 2017년 9월 18일. factordaily.com/rakuten-data-strategy

엘리자베스 콜버트Elizabeth Kolbert. "Why Facts Don't Change Our Minds." 《뉴요커》. 2017년 2월 27일. newyorker.com/magazine/2017/02/27/why-facts-dont-change-our-minds

마이클 리Michael Li, 메디나 카센갈리예바Madina Kassengaliyeva, 레이먼드 퍼킨스Raymond Perkins. "Better Questions to Ask Your Data Scientists." 《하버드 비즈니스 리뷰》. 2016년 11월 25일. hbr.org/2016/11/better-questions-to-ask-your-data-scientists

린지 페팅길Lindsay Pettingill. "4 Principles for Making Experimentation Count." 에어비앤비 엔지니어링 데이터사이언스 블로그Airbnb Engineering & Data Science Blog. 2017년 3월 21일. medium.com/airbnbengineering/4-principles-for-making-experimentation-count-7a5f1a5268a

잣 라나Zat Rana. "Jeff Bezos: How to Make Smart Decisions." 인디 작가들의 스토리 공유 플랫폼 퍼스널 그로스Personal Growth. 2017년 9월 21일. medium.com/personal-growth/what-you-can-learn-fromjeff-bezos-and-amazon-about-achieving-your-goals-30701ef1f3c

마이클 슈라지Michael Schrage. "4 Models for Using AI to Make Decisions."《하버드 비즈니스 리뷰》. 2017년 1월 27일. hbr.org/2017/01/4-models-for-using-ai-to-make-decisions

니콜라스 탐피오Nicholas Tampio. "Look up from Your Screen." 디지털 잡지 《이온Aeon》. 2018년 8월 2일.aeon.co/essays/children-learn-best-when-engaged-in-the-living-world-not-on-screens

바버라 타우Barbara Thau. "J.C. Penney and Macy's Replace Human Merchants with Data Algorithms."《포브스》. 2017년 11월 6일. forbes.com/sites/barbarathau/2017/11/06/j-c-penney-and-macys-replace-human-merchants-with-data-algorithms/#62338b986c17

5장 무엇이 성공하는 조직을 만드는가

제니퍼 알세버Jennifer Alsever. "Is Software Better at Managing People Than You Are?"《포춘》. 2016년 3월 21일. fortune.com/2016/03/21/software-algorithms-hiring

로라 블리스Laura Bliss. "How We Work Has Perfectly Captured the Millennial Id." 《디애틀랜틱》. 2018년 3월. theatlantic.com/magazine/archive/201gauthier 프랑스어 가우시어8/03/we-work-the-perfect-manifestation-of-the-millennial-id/550922

사라 케슬러Sarah Kessler. "IBM, Remote-Work Pioneer, Is Calling Thousands of Employees Back to the Office." 쿼츠. 2017년 3월 21일. qz.com/924167/ibm-remotework-pioneer-is-calling-thousands-of-employees-back-to-the-office

닉 코스토브Nick Kostov, 다비드 고티에-빌라르David Gauthier-Villars. "Advertising's 'Mad Men' Bristle at the Digital Revolution."《월스트리트 저널》. 2018년 1월 19일. wsj.com/articles/data-revolution-upends-madison-avenue-1516383643

사티아 나델라Satya Nadella. "Microsoft's Next Act." 맥킨지 앤드 컴퍼니의 맥킨지 보고서. 2018년 4월. mckinsey.com/industries/high-tech/our-insights/microsofts-next-act

마이클 슈나이더Michael Schneider. "Google Spent 2 Years Studying 180 Teams. The Most Successful Ones Shared These 5 Traits." 경제 매체 아이엔씨닷컴(Inc). inc.com/michael-schneider/google-thought-they-knew-how-to-create-the-perfect.html

발레리 스트라우스Valerie Strauss. "The Surprising Thing Google Learned about Its Employees—and What It Means for Today's Students."《워싱턴포스트》. 2017

년 12월 20일. washingtonpost.com/news/answer-sheet/wp/2017/12/20/the-surprising-thing-google-learned-about-its-employees-and-what-it-means-fortodays-students

6장 일하지 말고 일을 디자인하라

제임스 베센 James Bessen. "How Computer Automation Affects Occupations: Technology, Jobs, and Skills." 웹 기반 뉴스 매체 복스 Vox. 2016년 9월 26일. voxeu.org/article/how-computer-automation-affects-occupations

스티븐 A. 코헨 Steven. A Cohen, 그레네이드 A. Granade, 매튜 W. Matthew. "Models Will Run the World." 《월스트리트 저널》. 2018년 8월 19일. wsj.com/articles/models-will-run-the-world-1534716720

엘레나 크레시 Elena Cresci. "Chatbot that Overturned 160,000 Parking Fines Now Helping Refugees Claim Asylum." 《가디언》. 2017년 3월 6일. theguardian.com/technology/2017/mar/06/chatbot-donotpay-refugees-claim-asylum-legal-aid

톰 데이븐포트 Tom Davenport. "The Rise of Cognitive Work (Re)Design: Applying Cognitive Tools to Knowledge-Based Work." 회계법인 딜로이트 Deloitte. 2017년 7월 31일. www2.deloitte.com/insights/us/en/deloitte-review/issue-21/applying-cognitive-tools-to-knowledge-work.html

루크 도멜 Luke Dormehl. "Meet the British Whiz Kid Who Fights for Justice with a Robo-Lawyer Sidekick." 기술뉴스 정보 웹사이트 디지털 트렌드 Digital Trends. 2018년 3월 25일. digitaltrends.com/cool-tech/robot-lawyer-free-access-justice

주리안 케이머 Jurriaan Kamer. "How to Build Your Own Spotify Model." 조직모델 설계 컨설팅 기업 더레디 The Ready. 2018년 2월 9일. medium.com/the-ready/how-to-build-your-own-spotify-modeldce98025d32f

윌 나이트 Will Knight. "The Machines Are Getting Ready to Play Doctor." 《MIT 테크놀로지 리뷰》. 2017년 7월 7일. technologyreview.com/s/608234/the-machines-are-getting-ready-to-play-doctor

왕 단 Wang Dan. "How Technology Grows(A Restatement of Definite Optimism)." 왕 단. 2018년 7월 24일. danwang.co/how-technology-grows

7장 피할 수 없는 자동화, 그 이후

데이비드 H. 아우터 David H. Autor. "Skills, Education, and the Rise of Earnings Inequality among the Other 99 Percent." 과학 학술지 《사이언스Science》 344 (6186), 843 – 851. 2014년 5월 23일. science.sciencemag.org/content/344/6186/843

크리스 바라닉Chris Baraniuk, "How Algorithms Run Amazon's Warehouses." BBC 뉴스. 2015년 8월 18일. bbc.com/future/story/20150818-how-algorithms-run-amazons-warehouses

제임스 베센James Bessen. "How Computer Automation Affects Occupations: Technology, Jobs, and Skills." 복스. 2016년 9월 22일. voxeu.org/article/how-computer-automation-affects-occupations

나네트 번즈Nanette Byrnes. "As Goldman Embraces Automation, Even the Masters of the Universe Are Threatened." 《MIT 테크놀로지 리뷰》. 2017년 2월 7일. technologyreview.com/s/603431/as-goldman-embraces-automation-even-the-masters-of-the-universe-are-threatened

마틴 듀허스트Martin Dewhurst, 폴 윌모트Paul Willmott. "Manager and Machine: The New Leadership Equation." 맥킨지 앤드 컴퍼니의 맥킨지 보고서. 2014년 9월. mckinsey.com/featured-insights/leadership/manager-and-machine

로렌 딕슨Lauren Dixon. "7 Steps to Rethink Jobs in the Age of Automation." 인적자본 미디어 탤런트 이코노미Talent Economy. 2017년 2월 22일. clomedia.com/ 2017/ 02/22/7-steps-rethink-jobs-age-automation

존 도노반John Donovan, 캐시 벤코Cathy Benko. "AT&T's Talent Overhaul." 《하버드 비즈니스 리뷰》. 2016년 10월. hbr.org/2016/10/atts-talent-overhaul

피터 S. 굿맨Peter S. Goodman. "The Robots Are Coming, and Sweden Is Fine." 《뉴욕 타임스》. 2017년 12월 27일. nytimes.com/2017/12/27/business/the-robots-are-coming-and-sweden-is-fine.html

아스마 칼리드Asma Khalid. "From Post-it Notes to Algorithms: How Automation Is Changing Legal Work." 내셔널 퍼블릭 라디오의 프로그램 〈올 싱즈 컨시더드All Things Considered〉. 2017년 11월 7일. npr.org/sections/alltechconsidered/2017/11/07/561631927/from-post-itnotes-to-algorithms-how-automation-is-changing-legal-work

베가드 콜비욘스르드Vegard Kolbjørnsrud, 리처드 아미코Richard Amico, 로버트 J. 토머스Robert J. Thomas. "How Artificial Intelligence Will Redefine Management." 《하버드 비즈니스 리뷰》. 2016년 11월 2일. hbr.org/2016/11/how-artificial-intelligence-willredefine-management

쿠마르 리트윅Kumar Ritwik, 비니스 미스라Vinith Misra, 젠 월라벤Jen Walraven, 라반야 샤
란Lavanya Sharan, 바하레 아자르노우쉬Bahareh Azarnoush, 보리스 첸Boris Chen, 니르
말 고빈드Nirmal Govind. "Data Science and the Art of Producing Entertainment
at Netflix." 넷플릭스 기술 블로그The Netflix Tech Blog. 2018년 3월 26일. medium.
com/netflix-techblog/studio-production-data-science-646ee2cc21a1

크리스티나 라슨Christina Larson. "Closing the Factory Doors." 국제 외교지 《포린 폴
리시Foreign Policy》. 2018년 7월 16일. foreignpolicy.com/2018/07/16/closing-
the-factory-doors-manufacturing-economy-automation-jobs-developing

토머스 리Thomas Lee. "New Technology Means New Opportunities—and Anxiet
for Today's Workers." 일간지 《샌프란시스코 크로니클San Francisco Chronicle》. 2017
년 10월 17일. sfchronicle.com/business/article/New-technology-means-new-
opportunities-and-12282975.php

제임스 만이카James Manyika, 마이클 스펜스Michael Spence. "The False Choice between
Automation and Jobs." 《하버드 비즈니스 리뷰》. 2018년 2월 5일. hbr.
org/2018/02/the-false-choice-between-automation-and-jobs

안톤 마티노-트러스웰Antone Martinho-Truswell. "To Automate Is Human." 디지털 잡지
《이온》. 2018년 2월 13일. aeon.co/essays/the-offloading-ape-the-human-is-
the-beast-that-automates

케이드 메츠Cade Metz. "I Took the AI Class Facebookers Are Literally Sprinting to
Get Into." 《와이어드》. 2017년 3월 27일. wired.com/2017/03/took-ai-class-
facebookersliterally-sprinting-get

크리스토퍼 밈즈Christopher Mims. "Automation Can Actually Create More Jobs."
《월스트리트 저널》. 2016년 12월 11일. wsj.com/articles/automation-can-
actually-create-more-jobs-1481480200

캐롤라이나 A. 미란다Carolina A. Miranda. "The Unbearable Awkwardness of
Automation." 《디애틀랜틱》. 2018년 6월 13일. theatlantic.com/technology/
archive/2018/06/the-unbearable-awkwardness-of-automation/562670

선다 피차이Sundar Pichai. "Digital Technology Must Empower Workers, Not
Alienate Them." IT 전문 매체 리코드Recode. 2018년 1월 18일. recode.
net/2018/1/18/16906970/sundar-pichaigoogle-alphabet-skills-employment-
jobs-education-code-coding-workers

조지프 피스트루이Joseph Pistrui. "The Future of Human Work Is Imagination, Creativity, and Strategy." 《하버드 비즈니스 리뷰》. 2018년 1월 18일. hbr.org/2018/01/the-future-of-human-work-is-imagination-creativity-and-strategy

니코 피트니Nico Pitney. "Inside the Mind That Built Google Brain: On Life, Creativity, and Failure." 《허핑턴포스트》. 2017년 12월 6일(updated). huffingtonpost.com/2015/05/13/andrew-ng_n_7267682.html

아론 프레스맨Aaron Pressman. "Can AT&T Retrain 100,000 People?" 《포춘》. 2017년 3월 15일. fortune.com/att-hr-retrain-employees-jobs-best-companies

다나 레머스Dana Remus, 프랭크 S. 래비Frank S. Levy. "Can Robots Be Lawyers? Computers, Lawyers, and the Practice of Law." 2016년 11월 27일. https://papers.ssrn.com/sol3/papers.cfm?abstract_id=2701092

벤 셰스타코프스키Ben Shestakofsky. "High-Tech Hand Work: When Humans Replace Computers, What Does It Mean for Jobs and for Technological Change?" 인류학 웹로그 더 캐스택 블로그The Castac Blog. 2015년 7월 7일. blog.castac.org/2015/07/high-tech-handwork

노아 스미스Noah Smith. "As Long as There Are Humans, There Will Be Jobs." 《블룸버그》. 2018년 3월 23일. bloomberg.com/view/articles/2018-03-23/robots-won-ttake-all-jobs-because-humans-demand-new-things

엘리자베스 보이케Elizabeth Woyke. "AI Can Now Tell Your Boss What Skills You Lack—and How You Can Get Them." 《MIT 테크놀로지 리뷰》. 2018년 8월 7일. technologyreview.com/s/61179

8장 답이 X면, Y라고 물어라

줄리아 앵윈Julia Angwin, 제프 라슨Jeff Larson, 수리아 매튜Surya Mattu, 로렌 키르히너Lauren Kirchner. "Machine Bias." 비영리 인터넷 언론 프로퍼블리카ProPublica. 2016년 5월 23일. propublica.org/article/machine-bias-riskassessments-in-criminal-sentencing

토비아스 베어Tobias Baer, 비슈누 카말나스Vishnu Kamalnath. "Controlling Machine-Learning Algorithms and Their Biases." 맥킨지 앤드 컴퍼니의 맥킨지 보고서. 2017년 11월. mckinsey.com/business-functions/risk/our-insights/controlling-machine-learning-algorithms-and-their-biases

에릭 반스Eric Barnes. "'Deep Patient' May Point the Way to Better Care." 영상의학 포털 앤트미니Auntminnie. 2017년 5월 11일. auntminnie.com/index.aspx?sec=ser

&Sub=deF&pag=diS&ItemId=117351

솔론 바로카스Solon Barocas, 소피 후드Sophie Hood, 말테 지비츠Malte Ziewitz. "Governing Algorithms: A Provocation Piece." 알고리즘 콘퍼런스 사이트 거버닝 알고리즘Governing Algorithms. 2013년 3월 29일. governingalgorithms.org/resources/provocation-piece

아드리안 부스Adrian Booth, 니코 모어Niko Mohr, 피터 피터스Peter Peters. "The Digital Utility: New Opportunities and Challenges." 맥킨지 앤드 컴퍼니의 맥킨지 보고서. 2016년 5월. mckinsey.com/industries/electric-power-and-natural-gas/our-insights/the-digital-utility-new-opportunities-and-challenges

로버트 브라우네이스Robert Brauneis, 엘런 P. 굿맨Ellen P. Goodman. "Algorithmic Transparency for the Smart City." 2017년 8월 2일. 《예일 법률 및 기술 저널 Yale Journal of Law & Technology》 103 (2018); GwU Law School Public Law Research Paper. ssrn.com/abstract=3012499

디 랑게De Langhe, 바르트Bart, 스테파노 푼토니Stefano Punton 리처드 라릭Richard Larrick. "Linear Thinking in a Nonlinear World." 《하버드 비즈니스 리뷰》. 2018년 6월. hbr.org/2017/05/linear-thinking-in-a-nonlinear-world

시몬 데니어Simon Denyer. "In China, Facial Recognition Is Sharp End of a Drive for Total Surveillance." 《시카고 트리뷴Chicago Tribune》. 2018년 1월 7일. chicagotribune.com/news/nationworld/ct-china-facial-recognition-surveillance-20180107-story.html

대니얼 에란 딜거Daniel Eran Dilger. "Editorial: More Companies Need to Temper Their Artificial Intelligence with Authentic Ethics." 애플 전문 매체 애플 인사이더Apple Insider. 2018년 5월 25일. appleinsider.com/articles/18/05/25/editorial-more-companies-need-totemper-their-artificial-intelligence-with-authentic-ethics

브렌트 다이크스Brent Dykes. "Crawl with Analytics before Running with Artificial Intelligence." 《포브스》. 2017년 1월 11일. forbes.com/sites/brentdykes/2017/01/11/crawl-with-analytics-before-running-with-artificial-intelligence/#2cbf86dc299c

윌 나이트Willl Knight. "The Dark Secret at the Heart of AI." 《MIT 테크놀리지 리뷰》. 2017년 4월 11일. technologyreview.com/s/604087/the-dark-secret-at-theheart-of-ai

──────. "The Financial World Wants to Open AI's Black Boxes." 《MIT 테크놀

로지 리뷰〉. 2017년 4월 13일. technologyreview.com/s/604122/the-financial-world-wants-to-open-ais-black-boxes

──────. "The U.S. Military Wants Its Autonomous Machines to Explain Themselves."《MIT 테크놀로지 리뷰》. 2017년 3월 14일. technologyreview.com/s/603795/the-us-military-wants-its-autonomous-machines-to-explain-themselves

마이클 코신스키Michal Kosinski, 데이비드 스틸웰David Stillwell, 소어 그래펠Thore Graepel. "Private Traits and Attributes Are Predictable from Digital Records of Human Behavior." 미국국립과학회보(PNAS). 2013년 4월 9일. pnas.org/content/110/15/5802

한나 쿠클러Hannah Kuchler. "Facebook Official's Memo Urged Staff to Collect Less Data."《파이낸셜타임스》. 2018년 7월 24일. ft.com/content/9850b9ba-8f92-11e8-b639-7680cedcc421

아델 피터스Adele Peters. "This Tool Lets You See—and Correct—the Bias in an Algorithm." 월간 비즈니스 잡지《패스트 컴퍼니Fast Company》. 2018년 6월 12일. fastcompany.com/40583554/this-tool-lets-yousee-and-correct-the-bias-in-an-algorithm

선다 핀차이Sundar Pinchai. "AI at Google: Our Principles." 구글 공식 블로그 더 키워드 블로그The Keyword Blog. 2018년 6월 7일. blog.google/technology/ai/ai-principles

팀 프루덴테Tim Prudente. "Baltimore Mayor to Bring in Crime Fighting Strategist with High-Tech Policing Model." 메릴랜드주 최대 일간신문《볼티모어 선Baltimore Sun》. 2018년 1월 31일. baltimoresun.com/news/maryland/crime/bs-md-ci-sean-malinowski-20180123-story.html

올리비아 로세인Olivia Rosane. "Beyond Machine Sight: What We Miss When We Privilege the Eye in Digital Discourse." 생활 잡지《리얼 라이프Real Life》. 2017년 12월 14일. reallifemag.com/beyond-machine-sight

그레이엄 루딕Graham Ruddick. "Facebook Forces Admiral to Pull Plan to Price Car Insurance Based on Posts."《가디언》. 2016년 11월 2일. theguardian.com/money/2016/nov/02/facebook-admiral-car-insurance-privacy-data

존 손힐John Thornhill. "Only Human Intelligence Can Solve the AI Challenge."《파이낸셜타임스》. 2017년 4월 17일. ft.com/content/ad1b7e86-2349-11e7-a34a-538b4cb30025

폴 부센Paul Voosen. "How AI Detectives Are Cracking Open the Black Box of Deep Learning." 과학 학술지 《사이언스Science》. 2017년 7월 6일. sciencemag.org/news/2017/07/how-ai-detectives-are-cracking-open-black-box-deep-learning

데이비드 와인버거David Weinberger. "Optimization over Explanation." Berkman Klein Center. 2018년 1월 28일. medium.com/berkman-klein-center/optimization-over-explanation-41ecb135763d

9장 의심이 들 때는 인간에게 물어라

브라이언 버그스타인Brian Bergstein. "The Great AI Paradox." 《MIT 테크놀로지 리뷰》. 2017년 12월 15일. technologyreview.com/s/609318/the-great-ai-paradox

캐서린 커리지Catherine Courage. "A Year of Learning and Leading Ux at Google." 구글 디자인Google Design. 2017년 1월 11일. medium.com/google-design/a-year-of-learning-and-leading-ux-at-google-c81577b3cb56

킷 닷슨Kyt Dotson. "AI-Augmented Crowdsourcing Company Crowdflower Raises $20m for Enterprise Push." AI, 빅데이터, 블록체인 등 신기술 관련 미디어 실리콘 앵글Silicon Angle. 2017년 6월 15일. siliconangle.com/2017/06/12/ai-augmented-crowdsourced-labor-company-crowdflower-raises-20m-funding

롭 걸링Rob Girling. "AI and the Future of Design: What Will the Designer of 2025 Look Like?" 미국 출판사 오라일리O'Reilly. 2017년 1월 4일. oreilly.com/ideas/ai-and-the-future-of-design-what-will-the-designer-of-2025-look-like

폴 골든 Paul Golden. "Asset Managers Turn to Machine Leading." 투자 전문 잡지 《글로벌 인베스터Global Investor》. 2017년 6월 9일. globalinvestorgroup.com/articles/3687955/asset-managers-turn-to-machine-leading

짐 구스츠자Jim Guszcza. "Smarter Together: Why Artificial Intelligence Needs HumanCentered Design." 비즈니스 저널 《딜로이트 리뷰Deloitte Review》. 딜로이트 인사이트Deloitte Insights. 2018년 1월 22일. www2.deloitte.com/insights/us/en/deloitte-review/issue-22/artificial-intelligence-human-centric-design.html

휴 하비Hugh Harvey. "Why AI Will Not Replace Radiologists." 투워드 데이터 사이언스. 2018년 1월 24일. towardsdatascience.com/why-ai-will-not-replaceradiologists-c7736f2c7d80

조이 이토Joi Ito. "AI Engineers Must Open Their Designs to Democratic

Control." 미국시민자유연맹(ACLU). April 2, 2018. aclu.org/issues/privacy-technology/surveillance-technologies/ai-engineers-must-open-their-designs-democratic?redirect=issues/privacy-technology/consumer-privacy/ai-engineers-must-open-their-designs-democratic-control

리나 자나Reena Jana. "Exploring and Visualizing an Open Global Dataset." 구글 AI 블로그. 2017년 8월 25일. ai.googleblog.com/2017/08/exploring-and-visualizing-open-global.html

니샨트 쿠마르Nishant Kumar. "How AI Will Invade Every Corner of Wall Street." 《블룸버그》. 2017년 12월 4일. bloomberg.com/news/features/2017-12-05/how-ai-will-invade-every-corner-of-wall-street

조시 러브조이Josh Lovejoy, Jess Holbrook. "Human-Centered Machine Learning." 구글 디자인. 2017년 7월 9일. medium.com/google-design/human-centered-machine-learning-a770d10562cd

캐롤라인 신더스Caroline Sinders. "The Most Crucial Design Job of the Future." 《패스트 컴퍼니》. 2017년 7월 24일. fastcompany.com/90134155/the-most-crucial-design-job-of-the-future

리코 다카하시Lico Takahashi. "AI and Human-Centered Design: What's the Future?" 디자이너 커뮤니티 Ux 콜렉티브. 2017년 10월 28일. uxdesign.cc/ai-and-human-centered-design-whats-the-future-5c88f523c07a

수잔 보이치키Susan Wojcicki. "Expanding Our Work against Abuse of Our Platform." 유튜브 공식 블로그. 2017년 12월 4일. youtube.googleblog.com/2017/12/expanding-our-work-against-abuse-of-our.html

10장 목적을 좇다 보면 이익은 따라온다

올리비아 골드힐Olivia Goldhill. "Time Is a Human Invention That Controls How We Work." 쿼츠. 2018년 1월 28일. qz.com/1188370/time-is-a-human-invention-that-controls-how-we-work

로리 골러Lori Goler, 자넬 게일Janelle Gale, 브린 해링턴Brynn Harrington, 애덤 그랜트Adam Grant. "Why People Really Quit Their Jobs." 《하버드 비즈니스 리뷰》. 2018년 1월 11일. hbr.org/2018/01/why-people-really-quit-their-jobs

짐 하터Jim Harter. "Dismal Employee Engagement Is a Sign of Global Mismanagement." 갤럽 블로그(Gallup Blog). 2017년 12월 20일. news.gallup.com/opinion/

gallup/224012/dismal-employee-engagement-sign-global-mismanagement.aspx

카밀라 호지슨^{Camilla Hodgson}. "IBm looks for caffeine buzz with coffee delivery drones." 《파이낸셜타임스》. 2018년 8월 22일. ft.com/content/51a801b2-a464-11e8-8ecf-a7ae1beff35b

제임스 만이카^{James Manyika}, 매튜 테일러^{Matthew Taylor}. "How Do We Create Meaningful Work in an Age of Automation?" 맥킨지 앤드 컴퍼니의 맥킨지 보고서. 2018년 2월. mckinsey.com/featured-insights/future-of-work/how-do-we-create-meaningful-work-in-an-age-of-automation

에이미 메릭^{Amy Merrick}. "Walmart's Future Workforce: Robots and Freelancers." 《디애틀랜틱》. 2018년 4월 4일. theatlantic.com/business/archive/2018/04/walmarts-future-workforce-robots-and-freelancers/557063

칼 뉴포트^{Cal Newport}. "Beyond Black Box Management." 칼 뉴포트의 블로그. 2018년 4월 21일. calnewport.com/blog/2018/04/21/beyond-black-box-management

사라 오코너^{Sarah O'Connor}. "When Your Boss Is an Algorithm." 《파이낸셜타임스》. 2016년 9월 7일. ft.com/content/88fdc58e-754f-11e6-b60a-de4532d5ea35

바이올라 로스차일드^{Viola Rothschild}. "China's Gig Economy Is Driving Close to the Edge." 《포린 폴리시》. 2018년 9월 7일. foreignpolicy.com/2018/09/07/chinas-gigeconomy-is-driving-close-to-the-edge

마르셀라 사포네^{Marcela Sapone}. "Job Titles Make Everyone Worse at Their Jobs." 쿼츠. 2018년 2월 1일. qz.com/work/1195640/job-titles-are-making-everyone-worse-at-their-jobs

올리비아 솔론^{Olivia Solon}. "The Rise of 'Pseudo-AI': How Tech Firms Quietly Use Humans to Do Bots' Work." 《가디언》. 2018년 7월 6일. theguardian.com/technology/2018/jul/06/artificial-intelligence-ai-humans-bots-tech-companies

로렌 웨버^{Lauren Weber}. "Some of the World's Largest Employers No Longer Sell Things, They Rent Workers." 《월스트리트 저널》. 2017년 12월 28일. wsj.com/articles/some-of-the-worlds-largest-employers-no-longer-sell-things-they-rent-workers-1514479580

로버트 C. 월코트^{Robert C. Wolcott}. "How Automation Will Change Work, Purpose, and Meaning." 《하버드 비즈니스 리뷰》. 2018년 1월 11일. hbr.org/2018/01/how-automation-will-change-work-purpose-and-meaning

데이터가 지배하는 세상에서 성공하는 법

알고리즘 리더

초　판 1쇄 발행 2020년 9월 25일
개정판 1쇄 발행 2024년 3월 29일

지은이 | 마이크 월시
옮긴이 | 방영호
펴낸이 | 정광성
펴낸곳 | 알파미디어
출판등록 | 제2018-000063호
주소 | 서울시 강동구 천호옛12길 18, 401호
전화 | 02 487 2041
팩스 | 02 488 2040
ISBN | 979-11-91122-60-2　03300
값 17,000원

이 도서의 국립중앙도서관 출판예정도서목록(CIP)은 서지정보유통지원시스템 홈페이지(http://seoji.nl.go.kr)와 국가자료종합목록 구축시스템(http://kolis-net.nl.go.kr)에서 이용하실 수 있습니다. (CIP제어번호 : CIP2020038076)

출판을 원하시는 분들의 아이디어와 투고를 환영합니다.
alpha_media@naver.com